MORALE THÉORIQUE

ET

NOTIONS HISTORIQUES

Le *Cours complet de morale*, rédigé conformément aux
programmes de l'Enseignement secondaire des jeunes filles,
3e, 4e et 5e années, sous la direction de M. R. THAMIN,
recteur de l'Académie de Rennes, comprend :

1° **Causeries de morale pratique**, rédigées conformément
aux programmes de 3e année, par Mme TH. BENTZON, avec
la collaboration de Mlle A. CHEVALIER. Un vol. in-16, cartonnage toile.   3 fr.

2° **Morale théorique et notions historiques** comprenant :
1° *Un petit traité de morale théorique*; 2° *Des extraits des
moralistes anciens et modernes*, rédigés conformément aux
programmes de 4e année, par M. C. CHABOT, professeur à la
Faculté des lettres de Lyon. Un vol. in-16, cart. toile.   3 fr.

3° **Psychologie appliquée à la morale et à l'éducation**,
rédigée conformément aux programmes de 5e année, par
M. RAUH, maître de conférences à l'École Normale supérieure, avec la collaboration de M. D'ALLONNES, professeur
agrégé de philosophie au lycée d'Auch. Un vol. in-16, cartonnage toile,   3 fr.

550-04. — Coulommiers. Imp. PAUL BRODARD. — 8-04.

MORALE THÉORIQUE

ET

NOTIONS HISTORIQUES

(Extraits des Moralistes anciens et modernes)

PAR

M. Charles CHABOT
Professeur à la Faculté des lettres de Lyon

DEUXIÈME ÉDITION

PARIS
LIBRAIRIE HACHETTE ET Cie
79, BOULEVARD SAINT-GERMAIN, 79

1904

PRÉFACE

Si ce petit livre peut aider celles qui s'en serviront à mieux comprendre l'enseignement de la morale qui leur sera donné, et surtout exciter en elles le goût de la réflexion puis de l'action morales, nous serons heureux de l'avoir écrit et récompensés au delà de la mesure.

S'il doit être pour elles ou pour la plupart d'entre elles un manuel qui sert à apprendre vite et mal pour la classe ou l'examen, un memento qui dispense ou même empêche de réfléchir et discrédite ainsi la morale — peut-être la moralité — ce sera une faute ou une maladresse de l'avoir écrit. La morale, en effet, n'est pas matière de memento ou de manuel : mieux vaudrait ne pas l'étudier que l'étudier ainsi ; on garderait au moins, pour les heures de la vie où les questions morales s'imposent à la réflexion, toute la fraîcheur de son esprit et de sa conscience. L'ignorance vaut donc mieux là-dessus, et peut-être ailleurs, qu'un savoir de catéchisme et de brevet ou de certificat, ou plutôt, car cela ne saurait être un savoir, une récitation vite oubliée, que n'a jamais vivifiée la pensée personnelle et qui dégoûte de penser.

Et pourtant, il y a un bon enseignement et un bon usage du livre. Si le livre ne peut remplacer l'enseignement vivant, il y peut aider comme une lecture à côté. Loin d'être opposé aux leçons de la classe et de prétendre les remplacer, ou d'être un encombrement pour l'élève et pour le professeur, il doit fournir seulement un texte plus concis ou plus arrêté en ses formules. Surtout il doit, lui aussi, comme la leçon, faire penser et exciter à trouver, en proposant à l'esprit, à la conscience de l'élève, les réflexions d'un autre esprit, les suggestions morales d'une autre conscience. Qu'on ne l'ouvre pas si on attend de lui autre chose; qu'on le ferme s'il donne autre chose.

EXTRAITS DES PROGRAMMES OFFICIELS

DE L'ENSEIGNEMENT SECONDAIRE DES JEUNES FILLES

(QUATRIÈME ANNÉE)

Morale théorique et notions historiques

I

La conscience morale et l'idée du devoir.

Part à faire au sentiment, à l'intérêt et au désir du bonheur dans la vie morale. — La vertu.

La responsabilité morale. — Les sanctions morales.

L'idée du droit. — La personne humaine et ses principaux droits.

II

Les grandes idées morales et les grands moralistes; lecture et commentaire de passages choisis de leurs ouvrages.

Moralistes anciens.

Socrate : les lois non écrites; la famille; le travail, la Providence.

Platon : le sentiment de l'idéal, la justice, le châtiment.

Aristote : la vertu et le bonheur; l'amitié; les vertus pratiques; l'éducation.

Les Stoïciens : Epictète, Marc-Aurèle : le devoir, la liberté, la force d'âme, l'amour des hommes.

Moralistes modernes.

Montaigne, Descartes, Pascal, Bossuet, Nicole : pages choisies.

La philosophie morale au xviii° siècle : le droit; la justice; la tolérance.

Kant : le devoir absolu; le respect; la personne morale; le mensonge; les croyances nécessaires impliquées par la vie morale.

La philosophie morale au xix° siècle : l'humanité; la solidarité.

PREMIÈRE PARTIE

MORALE THÉORIQUE

LEÇON I

Définition de la Morale théorique.

L'éducation de la famille et celle de l'école, dirons-nous à une élève de Quatrième année, vous ont appris et vous apprennent chaque jour vos devoirs. L'étude de la morale pratique vous a portée à réfléchir pour les classer et les analyser. Cette réflexion en appelle une autre dont l'idée s'est plus d'une fois sans doute présentée, imposée peut-être à votre esprit. Pourquoi les devoirs sont-ils ainsi classés? Comment sont-ils rattachés les uns aux autres? Chaque devoir commande d'obéir à sa conscience, de faire le bien ou de bien faire : Qu'est-ce que la conscience? Qu'est-ce que le bien? Qu'est-ce que le devoir lui-même?

Le bien, le devoir, la conscience sont des autorités incontestées; mais il ne suffit pas de leur accorder un respect de convention et une vague confiance. Il faut y penser de son mieux, avec toute la force de son esprit, pour leur obéir de tout son cœur et avec toute sa volonté. C'est ce que vous avez déjà pressenti quand vous avez prolongé seule, en vous-même, la réflexion que la classe avait commencée, quand un deuil vous a inquiétée sur le sens de la vie, quand vous avez songé aux grandes fautes ou aux grands héroïsmes, surtout peut-être à ces héroïsmes obscurs dont l'idée remue l'âme tout entière.

En un mot, vous avez déjà pensé aux *principes* de la vie morale. L'étude méthodique de ces principes, c'est ce qu'on appelle la *morale théorique*. Mais peut-être plus d'une fois, au seuil de cette analyse, avez-vous eu peur qu'elle ne finît par ébranler votre assurance naturelle, et porter le trouble, le doute dans votre conscience au lieu de l'affermir. Né voit-on pas de ces âmes qui se perdent en réfléchissant trop, et qui, de ces analyses et discussions sur le devoir, reviennent tout inquiètes et comme désorientées ou découragées de l'action? Cela est vrai, et il faut les plaindre, encore que le doute loyal et l'inquiétude consciencieuse aient une haute valeur morale; mieux vaut cette angoisse que la torpeur ou une orgueilleuse assurance. Mais si l'on s'égare, c'est bien plutôt faute de réfléchir assez ou de réfléchir avec méthode; car la réflexion doit trouver au fond de la conscience la certitude de la raison.

Si l'étude de la morale théorique n'a pas toujours l'intérêt et le résultat qu'il faudrait, c'est que l'on s'adresse à la mémoire ou au sens commun plus qu'à la réflexion personnelle. On esquive à tort les vrais grands problèmes, qui tôt ou tard se poseront à la conscience. En effet, on n'échappe guère, de nos jours, à la nécessité de philosopher; ce n'est plus seulement un besoin pour quelques-uns, c'est un devoir pour tous, et on n'a pas le droit de s'y soustraire par une habileté de paresseux. Enfin, que vaudraient donc ces principes de la vie morale, et quelle confiance mériteraient-ils s'ils devaient être ruinés par l'examen d'une conscience plus exigeante! Il ne faut bâtir que sur ce qui résiste. Et, dût notre réflexion s'avouer insuffisante, dût notre raison reconnaître la supériorité de l'instinct ou du sentiment, il faudrait encore raisonner, et réfléchir, puisque c'est le seul moyen de nous mettre d'accord avec nous-mêmes. « Travaillons à bien penser, dit Pascal, c'est le principe de la morale. »

LEÇON II

La conscience morale.

1° *Différence entre la conscience morale et la conscience psychologique.* — Avoir conscience de soi-même, c'est s'apercevoir de ce que l'on sent, pense ou fait : on perd cette conscience dans l'évanouissement, dans le délire, dans l'ivresse, dans certains cas de folie; c'est la *conscience psychologique*, ainsi appelée parce qu'elle permet d'étudier l'âme ou parce qu'elle est la vie même de l'âme : c'est un témoin. Agir consciencieusement, obéir à sa conscience, c'est faire ce qu'il faut faire, ce que commande la loi morale. La joie de la conscience nous récompense d'une bonne action; son tourment, qui est le remords, nous punit d'une mauvaise action; telle est la *conscience morale* : c'est un souverain et un juge.

Cette distinction est nette, et tout le monde la comprend; elle trouve son application dans des exemples de chaque jour. Encore faut-il l'y chercher, et s'exercer chaque jour à démêler en soi les renseignements de la conscience psychologique et les appréciations de la conscience morale. On ne comprendra rien en psychologie ni en morale sans cet apprentissage et cette discipline. Il faut réfléchir : la leçon de morale théorique ne peut aller ici sans le précepte de pratique morale. Faudra-t-il donc s'y appliquer à tout instant et s'en tourmenter partout, chez soi et hors de chez soi, du matin au soir? Faudra-t-il, à force de réfléchir, n'apporter à la vie extérieure et sociale qu'une attention distraite et toujours prête à se retourner vers le dedans? Faudra-t-il, tout au moins, réserver des heures fixes dans son emploi du temps pour cette gymnastique d'analyse intérieure, et consigner sur un cahier ses observations ou découvertes? Rien de tout cela : l'étude de la psychologie ne réclame pas une monomanie, et la vie consciencieuse n'est pas une inquiétude perpétuelle; l'état de *scrupule* n'est pas la santé morale ni la vertu. Il faut vivre, sinon comme tout le monde, du moins la vie de tout le monde, de bon cœur et avec joie ou avec entrain. Mais il est facile de trouver du temps et des occasions pour l'examen de conscience[1] psychologique et moral. Ces occasions sont plus nombreuses qu'on ne croit, et dans la vie de chaque jour; car elle n'est pas toute monotone, toute unie et plate, comme si souvent elle paraît l'être. Bons mouvements ou défaillances, accès de mauvaise humeur ou de paresse, élans de pitié ou d'indignation, il y a des reliefs et des ressauts qui nous invitent à la réflexion et s'offrent comme des problèmes. La leçon de morale, en particulier, doit fournir une de ces occasions. Dans tous les cas, l'habitude de s'examiner à la fin de la journée, sincèrement et brièvement,

1. Cf. *Causeries de morale pratique,* p. 266.

comme l'ont recommandé le Stoïcisme et le Christianisme, est toujours possible à chacun de nous et suffisante; elle éclaire et élève l'âme, sans troubler la vie.

On pourra donc, et on devra apprendre à se connaître et à se juger. On comprendra ainsi en quoi diffèrent la conscience psychologique et la conscience morale : la constatation d'un désir et sa condamnation, l'analyse qui démêle ce qui est et l'ordre qui prescrit ce qui doit être, etc. Mais il sera plus malaisé sans doute de saisir le lien qui unit ces deux formes de la conscience, puis le rapport de la conscience morale avec la loi du devoir et l'idée du bien. Ces deux points sont essentiels.

2° *Rapports entre la conscience morale et la conscience psychologique.* — Tout d'abord, qui voudra apprécier ses actions, mesurer l'étendue d'une faute, démasquer la fausse conscience et les mensonges de l'égoïsme, qui voudra redresser pour l'avenir sa ligne de conduite et fixer son devoir, celui-là devra analyser des faits intérieurs, porter un regard clair sur ses pensées, désirs ou habitudes; et il ne fera œuvre morale qu'en faisant d'abord œuvre de curieux et d'observateur. La clairvoyance de sa conscience psychologique sera la condition de la rectitude de sa conscience morale; si on se trompe sur soi-même, on se juge mal et on se dirige mal. Réciproquement, si l'on n'est pas sincère, sévère, consciencieux en un mot dans cette analyse, on manque la vérité : la faute d'une conscience entraîne l'erreur de l'autre.

Voilà une relation étroite, une véritable solidarité. Ne faudrait-il pas dire, malgré les différences indiquées et qui subsistent, qu'il n'y a qu'une conscience, tantôt *théorique*, tantôt *pratique*, mais une et identique au fond? C'est ce que suggère le langage ordinaire, et même, souvent, le langage des philosophes. Ne dit-on pas d'un homme qui à la fois se connaît et sait se conduire : c'est une conscience! Socrate, qui est le fondateur de la morale, n'a-t-il pas résumé toute la morale en ce précepte : connais-toi toi-même? Et ne peut-on dire, aujourd'hui encore, que la morale n'est que la psychologie appliquée? Connaître la nature de l'âme, les lois du développement de nos facultés et de leurs relations, comprendre en particulier les conditions du plaisir qui n'est rien sans l'activité, la hiérarchie des sentiments qui va de l'égoïsme au besoin d'idéal, le jeu des opérations intellectuelles qui ne s'explique que par l'effort de la raison, l'opposition entre le désir qui est aveugle et la volonté qui est la raison agissante, n'est-ce pas poser la subordination naturelle du désordre des appétits à l'unité de la raison, c'est-à-dire la loi morale elle-même? N'est-ce pas découvrir le sens même de notre nature et la fin à laquelle l'homme est destiné? Pour parler un langage moins abstrait, celui qui s'interroge, s'observe et arrive à voir clair en soi-même n'aperçoit-il pas du même coup l'ordre qui devrait y régner et la loi de sa conduite? Avoir conscience de l'action qu'on a faite, en comprendre le sens, n'est-ce pas en même temps la juger et en avoir la joie intérieure ou le remords?

Bien voir la portée de ce qu'on va faire, n'est-ce pas sentir la règle du devoir? Enfin, se connaître, n'est-ce pas déjà être meilleur puisqu'on établit la paix en soi? N'est-ce pas, comme dit Socrate, l'ignorance de soi qui est la vraie faute, et la vertu est-elle autre chose que la science, entendons la science de l'homme et de soi-même? En prenant les choses ainsi, il n'y aurait donc qu'une conscience, à la fois psychologique et morale.

Cette idée, trop simple, n'est qu'à moitié juste, Il est très vrai qu'il faut se connaître pour connaître la loi morale, car c'est au dedans de nous que nous la découvrons. Mais il ne suffit pas de s'étudier pour devenir meilleur; et il y a des braves gens, fort peu cultivés, qui sont moralement supérieurs à de savants psychologues. S'analyser en curieux, par une réflexion très subtile, comme on ferait d'un insecte que l'on examine au microscope, c'est exercer la conscience psychologique, ce n'est pas nécessairement raffermir ou même éclairer la conscience morale. Ceux qui savent le mieux dessiner leur portrait moral ne sont pas toujours les plus beaux exemples de vertu, ni même les juges les plus sévères de leurs actions : le cardinal de Retz s'est analysé aussi bien que Marc-Aurèle. Il y a donc quelque chose de plus ou d'autre dans la conscience psychologique. Quand on les rapproche jusqu'à les confondre, on sous-entend trop facilement, avec la connaissance de soi, une appréciation qui semble naturelle au sens commun, mais qui peut manquer. On peut se contenter d'analyser des faits intérieurs sans les rapporter à une règle, sans en rechercher la valeur; on peut constater ce qui se passe sans penser à ce qui devrait être. Si rare que cela soit, et si odieux, on peut raconter et expliquer ses fautes, ses crimes même, comme on décrit et explique les mœurs d'un animal ou d'une plante; la conscience psychologique pourrait s'en tenir là.

Voici pourquoi l'appréciation de la conscience morale paraît s'y joindre naturellement. Se connaître vraiment, cela veut dire aussi connaître en soi l'homme et ce qu'il est dans l'Univers, dans la hiérarchie des êtres, au-dessous de l'ange, au-dessus de la bête, pourrait-on dire avec Pascal. C'est saisir non plus l'ordre dans lequel les faits se succèdent, mais l'ordre dans lequel s'harmonisent les êtres et leurs actions; non plus la succession des causes et des effets, mais le sens des rôles et des destinées; non plus *comment* nous vivons, mais *pourquoi* nous sommes et ce que nous valons. Cela aussi est connaître l'homme, et se connaître soi-même. C'est se connaître comme *sujet* qui pense et qui agit, non comme un objet et un mécanisme de phénomènes. C'est la connaissance philosophique, qui saisit les choses dans leur ensemble ou le moi dans son acte; supérieure, quoique moins assurée, à la connaissance scientifique qui s'attache au détail positif et aux faits précis. Ainsi nous trouvons en nous de quoi nous dépasser nous-mêmes et nous élever au-dessus des faits. La conscience psychologique n'est pas tout empirique, et limitée à la constatation de ce qui se passe; elle est aussi et au moins l'affirmation du sujet vivant que nous sommes et qui refuse, même en s'étudiant, de se réduire à l'objet de son étude. Elle ne va pas plus loin que cette affirmation même; mais, aller jusque-là, c'est déjà trouver en soi la raison, la liberté sans doute, les conditions de la moralité enfin.

Toutefois, cette conscience est toujours la réflexion sur ce qui est, non sur ce qui doit être ou qui devait être. Affirmer la loi idéale des actions, concevoir ou sentir, avant ou après l'acte, l'ordre idéal que la raison réclame pour la discipline de notre nature, c'est le propre de la conscience morale, qui reste ainsi, malgré les relations, distincte de la conscience psychologique. Elle en diffère comme le sentiment de l'idéal diffère de la connaissance ou de l'affirmation du réel, quels que soient leurs rapports et le naturel effort qui soulève le réel vers l'idéal, je veux dire le sujet raisonnable vers le bien que réclame la raison.

LEÇON III

Données de la conscience morale.

Analysons maintenant la conscience morale. Lisons, ou relisons la belle et célèbre apostrophe de Rousseau : « Conscience ! Conscience ! instinct divin, immortelle et céleste voix... » ; ne dirons-nous pas avec lui : « Nous pouvons être hommes sans être savants ; dispensés de consumer notre vie à l'étude de la morale, nous avons à moindres frais un guide plus assuré... » ? Et ne voilà-t-il pas de quoi justifier tous ceux et toutes celles qui ont peu de goût pour l'étude abstraite de la morale ? Si nous avons en nous un « juge infaillible du bien et du mal », et s'il suffit de « fuir le monde et le bruit » pour écouter en soi la voix de la nature, à quoi bon tous nos efforts d'analyse et de raisonnement ?

Mais Rousseau, qui sait si bien séduire la générosité de notre cœur et la paresse de notre esprit, est trop confiant en la nature et trop heureux de discréditer les philosophes. Consultons, comme il dit lui-même, la nature, et prenons — il y faut déjà tout notre effort — la conscience toute seule et toute simple. Que nous dit-elle sur le bien et sur le mal ? Suffit-elle toujours à nous conduire et à tout juger ?

En un sens, oui ; en un autre, non. Il faut distinguer.

1° *Théoriquement*, avons-nous une intuition, c'est-à-dire une connaissance immédiate et claire du bien, qui nous dispenserait de raisonner sur le bien et sur le mal ? Platon l'a pensé, et beaucoup d'autres après lui ; mais il ne l'attribuait qu'à certaines intelligences d'élite et longuement préparées à cette contemplation de la divine lumière. Quand on fait appel aujourd'hui aux intuitions de la conscience, on attribue à chacun de nous, et non aux philosophes seuls, cette vision intérieure du bien. On écarte seulement comme indignes ou incompétentes les consciences abolies, obscurcies ou faussées, c'est-à-dire non seulement celles des aliénés, mais encore ces consciences dégénérées qui, endurcies au vice ou simplement habituées au mensonge intérieur, à la paresse, à la lâcheté, ne savent plus discerner le bien du mal. Pas plus pour le monde moral que pour le monde physique, il ne faut demander une exacte vision des choses aux infirmes et aux malades, et l'habitude de se mentir à soi-même produit une déformation, une anomalie du sens moral.

Mais, dans l'état de santé avons-nous vraiment un sens qui nous révèle le bien comme la vue nous révèle les couleurs ? Que chacun, aux heures de sérénité et de lucidité morales, cherche en soi cette lumière qui éclaire tous les hommes ; qu'il se livre simplement, franchement, avec toute son âme, à cette contemplation ; qu'il fixe, si possible, son regard sur la perfection, et qu'il essaye de définir ou décrire le bien, comme il ferait d'une réalité sensible ou d'une figure géométrique, d'un *objet* enfin posé devant les yeux de l'esprit. Il n'y réussira pas. Personne ne réussit à proposer une formule où chacun reconnaisse son intuition du bien. Nous nous accordons sur une idée géométrique, non pas sur l'idée du bien. Nous n'en avons donc pas une connaissance naturelle et infaillible. Nous affirmons tous *que* le bien existe; mais cette commune et instinctive assurance, qui est la conscience elle-même, n'est pas une connaissance positive de *ce qu'est* le bien.

2° *Pratiquement*, que se passe-t-il? Nous jugeons les actes de nos semblables et les nôtres; nous avons tous, avant d'agir, l'idée d'un bien à faire, d'un mal à éviter. Et nous ne pouvons mieux faire, sur le moment, que d'obéir à cette idée, c'est-à-dire à notre conscience. Mais trouvons-nous là une intuition universelle et infaillible? Voyez quelle diversité, parfois quelles contradictions dans ces jugements, et comment les mêmes actes (suicide, intolérance, vengeance, etc.) sont honnis par les uns, glorifiés par les autres. Ceux-ci ont tort, sans doute; mais on reconnaît qu'on ne saurait attribuer à tous une même et immédiate connaissance du bien. Voyez encore combien de décisions embarrassent notre conscience, combien de fois, très sincèrement, nous cherchons de quel côté est le bien, très résolus à marcher, très inquiets de ne pas voir la lumière. S'agit-il du choix d'une carrière, d'un mariage, de l'éducation d'un enfant, d'une œuvre de justice, d'assistance sociale, de patriotisme, etc.; nous ne demandons qu'à faire le bien, mais notre conscience ne nous dit pas nettement ce qu'il faut faire. Et nous réfléchissons, comparons, discutons, demandons conseil, tourmentés de ce problème, souvent contraints d'agir avant de l'avoir résolu. Ainsi se posent les *cas de conscience*, loyalement examinés par certains moralistes comme les Stoïciens [1], tandis que d'autres, les casuistes du xvie siècle [2], ont discrédité la casuistique en l'exploitant pour un intérêt politique. En tous cas, personne n'a formulé des solutions définitives, parce que la vie renouvelle tout, et les difficultés même. Si la conscience est un guide infaillible, ce n'est donc pas qu'elle soit une connaissance positive, universelle du bien.

C'est, sans doute, qu'elle est un sentiment, une intuition du *cœur*. Le bien, comme Dieu suivant Pascal, est sensible au cœur. C'est cet instinct naïf, mais impeccable, que Rousseau, avocat passionné de la nature, opposait aux disputes des raisonneurs. *Sentiment moral* n'est-il pas en fait synonyme de conscience, et n'est-il pas vrai que nous *sentons* tous les choses morales avant de les définir ou sans pouvoir les définir? Nous échouons à traduire en une formule l'essence du bien; mais un élan nous emporte vers le bien sans jamais nous égarer, et les joies de l'enthousiasme moral ne nous trompent pas, ni les généreuses douleurs de l'indignation. Pratiquement

1. Voir Thamin, *Un problème moral dans l'antiquité.*
2. Voir Pascal, *Provinciales.*

surtout, au moment d'agir, nous sentons de quel côté est le bien; après l'action nous éprouvons une jouissance ou une souffrance qui se distinguent de toutes les autres et nous disent sûrement si nous avons bien ou mal fait. De même pour les actions d'autrui : nous sommes émus d'une sympathie respectueuse qui peut aller jusqu'à l'admiration, ou saisis d'une répulsion que le crime transforme en mépris. Voilà la conscience; et c'est parce qu'elle est un sentiment qu'elle peut être commune à tous les hommes. Il n'est pas possible à tous, ni même souhaitable, d'être savants; mais l'instinct du bien existe chez tous, jusque chez les plus humbles et les plus ignorants, plus impérieux même et plus assuré chez eux parce qu'ils sont plus près de la nature, moins pervertis par l'analyse. « Le cœur a ses raisons, que la raison ne connaît pas », et les *saints* n'ont pas à rendre compte aux *sages* de leurs inspirations.

Pourtant, ce sentiment du bien est variable comme l'idée; et les mêmes exemples qui nous montraient les contradictions des jugements moraux révèlent celles des sentiments; les mêmes cas de conscience trahissent les défaillances de cet instinct que l'on dit infaillible. Ne pensons-nous pas du reste qu'il y a un progrès de la conscience morale, et que la conscience moderne — sinon toujours la conduite, — est supérieure à celle des anciens? Si les « raisons » du cœur ne sont pas des raisons plus hautes, plus raisonnables en un sens, qui les distinguera des caprices, des appétits, des emportements de la passion, et qui voudra y voir

la règle universelle, présente et vivante en chacun de
nous? Tout cela n'est-il pas fait pour ébranler notre
confiance en l'infaillibilité du sentiment aussi bien que
de l'intuition, et nous obliger à y reconnaître une
œuvre de réflexion, plus ou moins bien fixée sur certains points par l'habitude?

Mais que nous reste-t-il donc pour nous guider; à
quoi nous fier si la conscience nous fait défaut? La
conscience même nous reste, et c'est elle qui nous
guidera, savante s'il se peut, ignorante au besoin. Elle
ne nous fait pas connaître le bien comme un objet
physique ou mathématique; elle n'est pas un sentiment simple auquel il serait commode de s'abandonner; mais elle est aussi universelle qu'une vérité
de la raison, aussi indéracinable qu'un instinct. En
réalité c'est la raison elle-même, mais la raison pratique, c'est-à-dire appliquée aux actions; et c'est
pourquoi elle paraît être tantôt une connaissance,
tantôt un sentiment, sans qu'on la puisse réduire à
l'un ou à l'autre. Ce n'est pas la connaissance d'un
objet et nous ne pouvons toujours dire précisément
ce que le bien est; c'est pourtant une certitude, et
nous tenons pour évident *que* le bien est, et qu'il y a
d'un côté le bien, de l'autre le mal. S'il s'agit de le
définir nous ne nous entendons pas; s'il s'agit de
l'affirmer nous sommes d'accord, et nous voilà pleins
d'assurance. Ainsi s'expliquent les contradictions des
intentions morales, qui portent au scepticisme, et la
solidité inébranlable de l'affirmation morale qui décourage le scepticisme.

De même, étant la raison *pratique*, elle se présente presque toujours comme un sentiment. Ce sont des émotions qui révèlent à l'enfant sa conscience et la rappellent à l'adulte. Mais un sentiment n'est pas sans une idée, au moins latente; et cette idée permanente, obstinée, invincible et universelle qui soutient le sens moral, c'est la raison. Universelle et impérieuse, la conscience paraît être un instinct; mais si elle parle en maître, elle aussi, c'est à la façon de la raison qui commande, non de l'instinct qui tyrannise.

Voilà expliquées les ressemblances, différences, relations entre ces termes, et dissipées nos inquiétudes. Il en reste une, pourtant. La conscience a-t-elle toujours parlé en maître, et ce que nous prenons pour une raison native et souveraine ne serait-il pas une habitude lentement fixée à travers l'histoire de l'humanité? N'est-ce pas la contrainte sociale, de jour en jour plus serrée, qui impose à l'individu l'habitude de songer au bien d'autrui; et cette habitude transmise et consolidée de génération en génération, cet héritage de toute l'humanité passée que chacun de nous apporte en naissant, n'est-ce pas ce que nous appelons la conscience morale, et n'est-ce pas pour cela qu'elle ressemble à un instinct? Elle est une forme de la raison; mais la raison elle-même n'est qu'un instinct, c'est-à-dire une habitude héréditaire.

Là encore il y a une confusion. Ce qui est lentement acquis et fixé au cours des siècles, c'est ce que nous appelons les conquêtes de la conscience; c'est, par exemple, la détermination, toujours plus exacte

et plus précise, de la dignité, de la justice, de la
bienfaisance. Les anciens justifiaient l'esclavage qui
soulève aujourd'hui notre indignation; les barbares,
comme actuellement encore certains sauvages, hono-
raient leurs dieux par des sacrifices humains dont
la pensée nous révolte. L'habitude, progressivement
étendue et consolidée de s'abstenir de ces pratiques
est devenue un instinct chez l'homme moderne et
civilisé. Nous ne pouvons plus comprendre le bien
autrement et nous travaillons à des progrès qui laisseront aux hommes de l'avenir des instincts meilleurs encore, une idée plus haute du bien. Mais ce
n'est pas toute la conscience qui est ainsi, étage par
étage, échafaudée; ou plutôt c'est la conscience elle-
même, je veux dire la raison qui, laborieusement,
pièce à pièce, édifie cette conception idéale du bien.
Elle n'est pas une simple résultante, un résidu d'actions sociales, un reflet en chacun de nous de l'autorité sociale. Certes, elle est stimulée, incessamment
renouvelée par la vie sociale, et cette excitation est
aussi nécessaire que féconde. Mais elle n'est ni com-
mandée, ni créée par la société. D'une part, en effet,
elle juge la société même; et il arrive qu'une conscience se dresse, inébranlable et sacrée, contre la
puissance sociale ou contre un préjugé universel. La
conscience n'est donc pas le culte, l'adoration de la
Société. D'autre part, elle n'en est pas un produit ou
un reflet, car il n'y a pas de société sans une raison
plus ou moins obscure qui en tienne groupés tous les
éléments, et il n'y a pas de société humaine sans une

aison active qui domine les instincts animaux, c'est-
-dire sans une conscience.

Concluons donc. Il y a quelque chose de stable
dans les jugements et sentiments moraux, et qui se
retrouve jusque dans leurs aberrations. Les anciens
qui, comme Aristote, tenaient l'esclavage pour légitime, se trompaient, mais ils voulaient et croyaient
faire le bien; ils étaient consciencieux. Les barbares
même, quand ils immolent pieusement des victimes
humaines, croient obéir à une loi supérieure; si
horrible que soit leur action, elle n'est pas bestiale,
et ce n'est pas un assassinat; ils sont consciencieux.
Voilà ce qui est universel et immuable; voilà ce qui
est en tout homme et qui l'éclaire, si fragile et vacil-
lante que parfois la lumière paraisse. La conscience
progresse en ce qu'elle s'enrichit d'idées plus claires
et plus justes sur le bien idéal, et ce progrès même
la rend de plus en plus exigeante; mais la conscience
est toujours cet effort vers le bien et cette raison de
tous les temps ou *raison pure* sans laquelle l'homme
n'existe pas. Si le *contenu* est variable, la *forme* reste
la même. En y reconnaissant ainsi une initiative de
conquête et un effort, au lieu d'un trésor une fois
donné, nous comprenons mieux son rôle avec ses
apparentes variations; et nous prenons de l'homme
une idée plus noble et plus haute, puisqu'il nous
apparaît comme l'ouvrier de son progrès.

LEÇON IV

L'idée du devoir.

Les définitions qui précèdent dominent toute la morale théorique. Il faudra les relire, et surtout y réfléchir si on ne les a pas bien saisies du premier coup. On reconnaîtra qu'elles permettent de comprendre en quoi diffèrent le devoir et le bien, et comment ils s'imposent ensemble, inséparables et solidaires.

Tout d'abord, on n'a pas à se demander si le devoir existe. Par cela seul que la conscience existe en nous et qu'elle est la raison même, nous sommes assujettis à la loi morale, à l'obligation. Être obligé, en effet, c'est être lié, non en fait mais en droit, rationnellement; c'est être idéalement tenu d'agir d'une façon en restant pratiquement libre d'agir autrement. Je dois payer ma dette, aimer mes parents et mes enfants, assister mon semblable, mon ennemi même; quoi que je fasse, je ne supprimerai pas le devoir, je ne me soustrairai pas à ce commandement parce que je ne me soustrairai pas à ma raison. Je pourrai désobéir, violer la loi; je ne la changerai pas, je ne ferai pas qu'elle ne soit pas la loi, ni ma loi. Suivant l'expression du grand moraliste Kant, le devoir est

in *impératif catégorique*, c'est-à-dire un commandement absolu, sans condition. Le devoir ne dit pas :
si tu veux être bien portant, heureux, estimé, il faut
agir ainsi, mais simplement : il faut agir ainsi. Il ne
dit pas : sois juste si tu veux qu'on te rende justice,
mais : Sois juste. C'est la vieille devise française :
Fais ce que dois, advienne que pourra. C'est le mot
de Corneille :

Faites votre devoir et laissez faire aux dieux.

Ainsi, le devoir n'est ni une loi physique, ni une
loi sociale. La loi physique n'est qu'un fait constant,
une nécessité de la nature; les planètes gravitent
autour du soleil; le son ne se propage pas dans le
vide; le sang se régénère dans les poumons. De telles
lois ne sauraient être violées; si elles l'étaient, c'est
qu'elles ne seraient pas des lois, car elles ne sont pas
des commandements, mais des faits. Mais quoi ! la loi
morale n'est donc pas une loi naturelle? Ici reparaît
l'équivoque déjà écartée à propos de la conscience.
La *nature* est-elle l'ensemble des faits qui se déroulent
nécessairement dans l'univers, hors de nous ou en
nous? Rien n'est plus absurde que d'y chercher le
devoir, car il n'est rien s'il n'est au-dessus des faits;
on ne commande pas de faire ce qui se fait tout seul
et *naturellement*. Appelle-t-on *nature* l'idéal d'un être
comme l'homme, son essence vraie, supra-sensible,
sa raison d'être? Alors, le devoir en est la plus saisis-
sante expression. Mais comment ne pas voir que ce
sont là deux sens opposés du mot nature? Si je suis

par nature sujet du devoir, c'est justement en tant
que j'échappe aux nécessités de la nature sensible.
La loi morale est donc tout le contraire d'une loi
physique.

Ce n'est pas non plus une loi sociale. Sans doute,
la société commande à l'individu; elle lui impose son
autorité en le laissant libre. Et le devoir, ajoute-t-on,
c'est la loi que nous donne la société au nom de la
tradition, au nom de son intérêt présent ou à venir,
au nom de l'humanité. Nouvelle équivoque. La société
est-elle seulement la masse des hommes dont la force
brutale peut me contraindre ou m'anéantir? Mais,
quelle que soit la solidarité qui nous tient unis, une
masse n'est pas une autorité; la protestation d'une
conscience, violente chez un révolté, résignée chez
un martyr, brise dans son triomphe même cette fragile ou plutôt apparente autorité; le devoir n'est pas
la loi du plus fort. La société est-elle un syndicat
d'intérêts garantissant à chacun par convention les
avantages d'une vie plus ou moins régulière ou civilisée? Mais le devoir n'est pas chose de convention
et toujours révocable; et l'intérêt du plus grand
nombre, s'il précède le devoir, n'est toujours que la
loi du plus fort. Enfin, la société est-elle une association de personnes, une union de consciences? En
ce cas, son autorité vient de la valeur de chacune de
ces consciences et de leur consentement; et c'est
en soi que chacune d'elles trouve la loi qui l'oblige.

Le devoir est donc supérieur à la nature et à la
société, à l'humanité même. Mais s'il est une loi

divine, ce n'est pas que Dieu nous l'impose par la force irrésistible de sa toute-puissance ou même de sa grâce. Je ne suis pas obligé, mais contraint, si je ne puis pas faire autrement; et, si le devoir venait du dehors, il ne pourrait s'imposer à moi que par contrainte ou me solliciter par un attrait sensible de plaisir ou d'intérêt. S'il vient de Dieu, c'est que Dieu a mis en moi-même cette loi avec la révélation *intérieure* de la conscience; mais je ne le saurai qu'après, et c'est d'abord le devoir et non pas Dieu qui m'est révélé. C'est donc ma loi, non seulement parce qu'elle m'oblige, mais parce qu'elle est ma raison elle-même. Ainsi je suis, en tant que raisonnable, le législateur et le sujet; je suis *autonome*. Là est le mystère, et la condition de la loi morale, dans cette raison à la fois divine et humaine, souveraine et personnelle. Mais, mystérieux ou non, cela n'est pas niable : la raison est en moi, mais elle n'est pas toute mienne et elle me dépasse. Elle est aussi en chaque homme; elle est ma raison et la raison de tous, le lien d'en haut qui nous unit. C'est en en prenant conscience que je suis le plus homme, puisqu'elle est l'essentiel de l'homme; mais c'est par là aussi que je suis le plus moi, car cette conscience, c'est moi-même, et je m'appartiens d'autant mieux qu'elle est plus claire et plus distincte. Que cette raison soit pratique ou théorique, qu'elle règle les actions ou les pensées, je ne puis m'y soustraire ni l'abolir en moi : et l'effort le plus désespéré du sceptique pour douter de tout, de la moralité comme de la vérité, cet effort est encore un acte de réflexion, c'est-à-dire de raison. Douter, c'est au moins affirmer son doute et sa raison avec sa pensée; nier la loi morale, c'est affirmer un droit que l'on croit supérieur et, par là, encore une loi, un devoir, la conscience enfin et la raison. Plus on veut s'y dérober, plus on s'y assujettit.

Voilà pourquoi la loi morale est à la fois humaine, universelle, immuable, obligatoire. Essayez d'expliquer ces caractères en la considérant comme une loi physique ou sociale, vous n'y pourrez réussir. Rapportez-les à la raison et à cette forme essentielle de la conscience sans laquelle l'homme n'est pas l'homme, ils se justifient ou plutôt ils s'imposent.

Tel est le sens des célèbres formules, ordinairement appelées maximes, que Kant a données comme expressions pratiques du devoir. Nous les rapportons ensemble ici afin qu'on les trouve plus commodément :

1° *Agis toujours de telle sorte que le motif de ton action puisse être érigé en loi universelle.*

2° *Agis toujours de telle sorte que tu traites la personne humaine en toi et dans les autres comme une fin, non comme un moyen.*

3° *Agis toujours comme si tu étais législateur en même temps que sujet dans la république des volontés libres et raisonnables.*

En chacune de ces formules apparaît la loi de la raison. Car c'est elle qui est, en chacun de nous, *universelle*, et qui fait de chacun de nous une *personne* et un *législateur*. C'est elle aussi qui va nous donner l'idée du bien, inséparable de celle du devoir.

LEÇON V

L'idée du bien.

Telle est la tyrannie ou plutôt l'impérieuse majesté du devoir. Il faut obéir, agir par devoir, quoi qu'on fasse; voilà la première ou même la seule loi. Mais agir ainsi, c'est faire ce qu'il faut, c'est *bien* faire, c'est agir de *bonne* volonté, avec bonne intention, la bonne volonté n'étant que l'effort de la raison. Et voilà qu'apparaît non une intuition ou connaissance directe du souverain Bien, mais l'idée de bien, en même temps que celle de devoir, et aussi nécessaire. De plus, si je puis bien agir sans être savant, parce que l'ignorance ou l'erreur n'empêchent pas la bonne volonté, cependant, en agissant par devoir, je crois réaliser le bien, c'est-à-dire un ordre meilleur et plus rationnel. Si je me trompe sur le but, je n'agis pas sans but : la même raison qui impose le devoir réclame un idéal du bien. Je croyais être juste et j'ai fait tort à mon semblable; je croyais l'assister et j'ai encouragé sa paresse. Sans doute j'ai agi par devoir, j'ai bien fait; pourtant il y a mieux à faire, puisque je me suis trompé. Avec la même bonne intention j'aurais mieux fait, étant plus instruit. Il y a donc quelque chose à savoir; il y a un bien que peut connaître l'intelligence, non pas avant mais suivant le devoir qui le réclame. Si la forme du devoir semble s'imposer d'abord, elle ne peut rester vide, sans contenu ; être obligé, c'est être, pour chaque cas donné, obligé à quelque chose. Si elle peut s'appliquer aux objets les plus divers, elle ne s'y adapte pas également : il y en a qu'elle éliminera, l'erreur une fois reconnue. C'est ainsi que l'intolérance qui a pu être pratiquée de bonne foi apparaît de plus en plus comme contradictoire avec le devoir. Et il y a un objet idéal que le devoir réclame parce qu'il est rationnel : c'est le bien. On voit tout de suite qu'on ne saurait le confondre ni avec le plaisir, ni avec le bien-être, particulier ou général.

Dire que le plaisir est le bien sous prétexte qu'il est la fin des êtres sensibles, c'est tout réduire à la sensibilité ; c'est nier la conscience en en faisant un instinct ; plus ou moins subtil, mais toujours animal. Rien ne vaut alors, en l'homme comme en l'animal, que la satisfaction des appétits et des désirs, tous légitimes, et dont le plus violent ou le plus actuel a le plus de droits parce qu'il promet le plus grand plaisir ; telle est bien la loi universelle de la sensibilité. — Mais n'y a-t-il pas des plaisirs plus nobles, des plaisirs supérieurs, comme le dit Stuart Mill ; et ne vaut-il pas mieux être « un Socrate mécontent qu'un pourceau satisfait » ? — Cela vaut mieux pour la raison, non pour le plaisir, où la quantité seule importe, non la qualité. — Mais ceux qui s'y connaissent, parce qu'ils ont goûté à tous les plaisirs, ne préfèrent-ils pas les jouissances de l'esprit et de la vertu ? — Non ; il n'y a pas de compétence ni d'autorité qui tienne pour moi devant le fait de mon plaisir, grossier ou non ; et il n'est pas vrai que les hommes les plus cultivés choisissent toujours les plaisirs les plus relevés. Plus d'un homme de talent ou de génie s'est complu dans les jouissances les plus sensuelles ; la plus haute société est souvent la plus pervertie : ainsi celle du xviiie siècle, et, à certains égards, celle de notre temps. C'est une loi fatale ; si le plaisir est le souverain bien, et si la raison est à son service, il n'y a ni dignité ni brutalité, ni corruption ; jouir est bon, rien ne prévaut contre le fait. Il y a toujours des lois naturelles ; il n'y a plus de loi morale. Il y a des animaux plus ou moins nerveux, affinés et inquiets ; il n'y a plus d'homme. Et c'est ce qui fait qu'aux heures de réflexion, dans le silence ou la fatigue des désirs, la vie de plaisirs est si morne, si désespérée, si près du suicide, pour les sociétés comme pour les individus.

L'homme apparaît, dira-t-on, et le bien de l'homme avec la réflexion qui calcule et qui substitue le bien-être ou le bonheur au plaisir, l'*intérêt* à l'appétit. C'est être homme que mettre de l'ordre dans sa conduite, sacrifier le plaisir du présent à celui de l'avenir et concevoir le bien de la vie tout entière. — L'homme seul en est capable, en effet ; mais ce bien n'est pas celui de l'homme. Le bonheur se résout ici en plaisirs, et c'est le plaisir toujours que l'on prend pour le bien. Si la raison a ici plus de place, elle n'a toujours, suivant le mot de Kant, que le rôle d'un intendant ; l'homme que je suis est toujours au service de l'animal qui est en moi. En cas de conflit, c'est l'animal qui l'emporte ; ainsi en est-il chez les égoïstes qui aménagent intelligemment leur vie. Sans doute, il arrive que la raison parfois l'emporte, car elle est faite pour régner, et elle rehausse ce bien-être de quelque apparente dignité. Mais si, vraiment, l'utile reste le principe du bien, il n'y a pas plus de loi morale que dans le cas précédent. Comment obliger celui qui veut jouir dans le présent à sacrifier le présent à l'avenir? Comment imposer un choix entre les plaisirs? Intelligent ou non, le plaisir préféré reste le meilleur ou le seul bon. Et, en visant l'avenir, on s'expose à des maladresses, c'est-à-dire à des fautes et à des remords. Pour mieux dire, on n'est jamais sûr de n'être pas coupable, car il est impossible de calculer le plaisir futur : comment savoir si je serai plus heureux demain ou même si je serai? Enfin, le plaisir obtenu ne vaut jamais le plaisir espéré ou imaginé, et cette intelligente organisation de la vie aboutit souvent au dégoût de la vie. On se trouve moins habile qu'on n'avait pensé ou qu'il ne fallait être; c'est la faute irrémédiable. On manque donc le plaisir à force de le chercher; ainsi éclate la vérité, si bien vue par Aristote, que le plaisir n'est pas le but, mais l'accompagnement de l'action. Agissez en homme, obéissez à la raison, et vous aurez par surcroît le plaisir de la vie vraiment humaine. L'oubli de soi reste l'habileté suprême; ou plutôt, il n'y a pas d'habileté qui vaille, et il faut renoncer à être habile pour avoir les joies de la moralité.

Le bien sera donc non le bonheur de celui qui agit, mais celui des autre , de la société, de l'humanité.

C'est encore l'intérêt, mais *l'intérêt général*, qui est le principe. Cette fois, le but est assez haut pour être, sinon tout le bien, du moins une partie du bien; la conscience y reconnaît un objet digne d'elle et un devoir de bonté; la raison y retrouve sa loi et l'idée d'un ordre intelligible où l'appétit individuel n'est plus le centre de l'univers. En réalité, ce n'est plus l'intérêt qui est le principe; c'est le désintéressement, l'oubli de soi, le sacrifice même que l'on commande à celui qui doit agir. Mais alors: 1° Il faut le faire franchement, sans équivoque, sans prétendre que le bonheur de chacun est toujours d'accord avec le bonheur de tous et qu'il est habile de se dévouer; car rien n'est moins assuré que cette coïncidence quand on ne cherche que le plaisir. Que l'on me dise : c'est un devoir de donner votre fortune, votre labeur, ou votre vie pour les autres, soit; voilà une grande idée et qui peut me décider à un grand acte; j'y pourrai, *au surplus*, m'étant donné sans réserve, trouver la joie la plus pure. Mais que les autres, ou même l'humanité tout entière me disent : donnez votre vie pour nous, parce que c'est votre intérêt aussi bien que le nôtre; tout s'obscurcit, et je ne vois plus ni le plaisir ni le devoir.

2° Il faut savoir ce qu'on entend par le bien des autres ou de la société. Est-ce leur plaisir, leur bien-être, comme le veut la morale de l'intérêt? En ce cas, distinguons. Sans doute il faut soulager ceux qui souffrent, c'est-à-dire ceux qui n'ont pas les moyens de vivre ou la force d'agir. Mais s'il y en a qui souffrent faute de satisfaire leur paresse ou leur vice — et cela aussi est une souffrance — est-il bon que je leur procure ces jouissances en me les refusant, comme si, dégradantes pour moi, elles étaient salutaires pour eux? Est-il bon d'offrir à l'ivrogne, qui souffre de ne pas boire, toutes les joies de l'ivresse? Est-il bon, comme tant de parents semblent le penser, d'assurer à ses enfants en se tuant à la peine les jouissances d'une vie de luxe et d'oisiveté? Dira-t-on sur ces exemples que le mal, c'est la douleur des autres, et que le bien, c'est le plaisir des autres? Que l'on envisage, si l'on veut, au lieu de la génération présente ou prochaine, l'humanité future, l'idéal paraîtra plus haut étant plus éloigné : le principe ne sera pas plus juste. Si ce n'était pas une chimère, en quoi serait-il bon que se réalisât dans quelques centaines d'années une société d'heureux rentiers égoïstes (ils le seraient n'ayant pas à qui se dévouer), qui n'auraient qu'à jouir de ce que nos efforts, notre labeur, nos souffrances enfin leur auraient assuré?

Disons donc que si certains plaisirs sont bons parce qu'ils accompagnent le bien, le plaisir n'est pas le bien, car, pris comme principe, il est la négation du devoir. On a pu avoir l'illusion de les réconcilier en proposant un plaisir de plus en plus éloigné ou de plus en plus étendu, plaisir de l'avenir ou de toute la vie, plaisir d'autrui, de la famille, de la société, de l'humanité. Et en effet, à chaque étape, on se rapproche de la vérité parce qu'on fait chaque fois une part plus grande à la raison, lui offrant un idéal plus large, et qui, à la dernière, paraît reculer à l'infini; c'est ainsi que toutes les grandes morales semblent converger vers un même idéal. Ce n'est pas assez, malgré tout. Le bien ne rejoint le devoir que si la raison, non la sensibilité, est le vrai principe du bien comme du devoir. Il faut donc que le bien soit l'idéal de la raison même, c'est-à-dire l'état de perfection où elle serait souveraine dans chaque individu et, par suite, dans l'humanité; ou mieux, c'est le progrès indéfini vers cette perfection, car notre destinée en cette vie n'est pas de nous arrêter à un état définitif, mais d'y tendre indéfiniment, de conquête en conquête.

Voilà pourquoi on place le bien dans la *dignité* ou valeur de la *personne* humaine, c'est-à-dire d'un être sensible, intelligent, raisonnable, libre, résumant en soi et dépassant tous les autres êtres de l'univers. La personne est ainsi une *fin en soi*, c'est-à-dire par elle-même, un but dont on ne saurait faire, comme dans l'esclavage, un moyen pour d'autres fins. Le devoir s'impose donc dès que la raison apparaît; et le bien se réalise à mesure que la raison triomphe, à mesure que la volonté discipline la nature donnée et réalise une nature plus haute. Si nous ne concevons pas toujours le bien du premier coup; si la vérité, là comme ailleurs, est progressivement conquise à travers des erreurs répétées, ne déplorons pas cette ignorance; car la pratique du devoir est toujours possible, et l'homme est plus grand à conquérir la vérité qu'à la recevoir toute faite. Le progrès s'accentue de génération en génération, et, à travers la diversité des idées morales, nous voyons s'enrichir le patrimoine des vérités déjà fixées, nous apercevons la convergence des consciences humaines, qui, petit à petit, tendent à une même conception du bien.

C'est seulement grâce à cette conception rationnelle que coïncident, non par accident mais par nécessité, le bien de l'individu et celui de l'humanité. L'homme qui obéit à la loi morale et établit en soi le règne de la raison contribue par là même au bien de l'humanité; car la raison est le vrai lien des hommes, et elle réclame de chacun non le culte du *moi* qui le rabaisse, mais le dévouement qui le grandit; elle exige qu'il s'élève en s'oubliant, et qu'il aide ses semblables à vivre et à agir en hommes. D'autre part, celui qui se propose vraiment le bien de l'humanité ne peut pas y travailler sans établir en soi le règne du devoir, sans réaliser son propre bien et la plénitude de sa vie d'homme.

Ainsi enfin l'homme, affranchi par la discipline du devoir, se montre fidèle à sa nature supra-sensible et à sa destinée; car la raison qui est en lui le dépasse et le rattache au principe de toutes choses. Il s'immortalise, comme dit Aristote. Exaltant ce qu'il y a de meilleur et de divin en soi, il se hausse vers la source divine de toute perfection. Dans son bien, idéal de l'humanité, il retrouve ou plutôt il découvre le Bien; c'est par là seulement qu'il peut en avoir une idée non pas claire, distincte, infaillible, mais du moins légitime. Le Bien absolu est sans doute — nous ne saurions le concevoir autrement — la source de tout bien et du nôtre propre; mais c'est par notre bien qu'il nous est révélé. C'est la conscience qui mène à Dieu

LEÇON VI

Rôle du Sentiment dans la vie morale.

Mais ne craint-on pas, en opposant le devoir à la
nature, de le rendre impraticable, et, en plaçant si
haut et si loin le principe du bien, de le rendre inaccessible? La nature n'a-t-elle pas ses droits? Ou plutôt,
le sentiment, l'intérêt, le plaisir même ne sont-ils pas
des motifs très ordinaires de nos actions, et avec
lesquels il faut compter? Que gagne-t-on à présenter
la moralité comme si difficile qu'on ne sait plus si une
seule action morale a été jamais accomplie?

Aussi n'avons-nous rien dit de tel. Le devoir ne
s'oppose à la nature, le bien au plaisir ou au bonheur
que si l'on prend le bonheur, le plaisir, la nature enfin
comme principe, parce que cette subordination du
bien et du devoir est leur négation même. Au contraire, que la raison soit reconnue comme souveraine, la contradiction disparaît. Subordonnée au
devoir, la nature n'est pas nécessairement sacrifiée,
mais disciplinée et enrichie, le bonheur et le plaisir
même, qui ne sont pas le bien, redeviennent légitimes
comme conditions ou excitants de l'activité morale,
comme éléments ou accompagnements du bien.

Proposer le sentiment comme principe, c'est supprimer toute loi; choisir entre les sentiments et ne garder comme règle que les plus élevés (sympathie, bienveillance, amour de l'humanité, sens moral), c'est déjà prendre la raison pour juge et pour principe. Voilà pourquoi toutes les morales du sentiment ne sont que des morales de la raison inconséquentes. Il en faut seulement retenir cette idée, que le sentiment a sa place en morale. Et, en effet, le devoir sec et froid n'a guère chance d'être pratiqué par la moyenne des hommes, ni même par l'élite. Nous ne sommes pas de purs esprits. Si nous l'étions, nous n'aurions pas de devoirs; et l'action réclame la chaleur, la vie, l'amour; il faut aimer le bien pour bien faire; ceux qui ont donné les plus grands exemples, les héros de la moralité, ne sont-ils pas ceux qui l'ont aimé jusqu'à l'enthousiasme et à la passion? C'est qu'il y a en nous, *la loi du devoir une fois posée*, des sentiments naturels, plus nombreux et plus vifs qu'on ne pense, qui nous portent à lui obéir; chacun d'eux ne devient illégitime que s'il nous fait oublier la loi.

Et d'abord, il y a ce *respect*, dont Kant a si bien parlé, tout en l'opposant trop aux autres sentiments, et qui n'a d'autre objet que la loi elle-même. Si cette loi est notre loi, expression de notre volonté d'homme et de notre raison, comment ne l'aimerions-nous pas en la respectant? Supérieure à nous, elle est pourtant nôtre, et nous ne pouvons pas nous incliner devant elle sans l'aimer. N'est-ce pas elle qui nous assure de notre valeur et nous révèle notre dignité? Ce respect, grâce à l'éducation, grâce à l'effort moral lui-même, s'affermit et s'échauffe; il est plus efficace qu'on ne pense, chez l'enfant, quand il est soutenu par l'exemple. A certaines heures, chez certains hommes, il s'empare de l'âme tout entière; c'est l'enthousiasme et la joie sereine des grands sacrifices, la douleur féconde des grands remords. Plus souvent, dans la vie plus calme, c'est la satisfaction de la conduite bien réglée, ou le chagrin des fautes de tous les jours; en un mot, ce sont les émotions de la conscience. C'est par là que le devoir a prise sur notre nature; et c'est ce qui, dans les crises morales, soutient ou provoque l'effort de la volonté. Mais cette joie n'est plus rien sans cet effort, non plus que la noblesse de cette douleur; et c'est par là que ce sentiment peut différer des autres. Il ne vaut et ne dure que s'il nous élève; il perd sa grandeur et sa force si nous oublions le devoir pour nous laisser emporter à la passion ou nous reposer, comme le pharisien qui jouit de sa vertu, dans une béate satisfaction. La conscience passionnée ou paresseuse n'est plus la conscience.

Si ce sentiment, légitime et même nécessaire, est le premier et le meilleur des bons sentiments, étant le plus rationnel, il n'est pas le seul. Il y a d'autres émotions où se reconnaît l'initiative de la raison, et la vie de la conscience. C'est ainsi qu'il faut faire place à ces sentiments qu'on appelle supérieurs, et qui accompagnent l'activité scientifique, artistique et religieuse. Amour du vrai, amour du beau, amour de Dieu sont aussi des auxiliaires précieux, parfois nécessaires de la bonne volonté; mieux encore, ils ne sont dans leurs plus hautes et plus pures expressions que des formes du sentiment moral. Le vrai n'est pas tout le bien, mais c'est une partie du bien ; il y a donc une conscience scientifique qui, sans suffire à tous les devoirs, est comme une forme particulière de la conscience morale. Respect scrupuleux de la vérité, ardeur à la chercher et à la démontrer, loyauté à reconnaître son erreur : voilà des sentiments qui témoignent, eux aussi, de la dignité de l'homme et qui sont capables d'exciter ou de soutenir sa bonne volonté. Ils ne sont pas toute la conscience, car il ne suffit pas d'être savant ou curieux pour bien faire ; mais les joies de la science n'en sont pas moins légitimes et salutaires. L'amour du vrai est une forme de l'amour du bien.

Il y a de même une conscience artistique, un amour désintéressé, un respect de la beauté, qui sont souvent mêlés à d'autres sentiments mais qui relèvent et ennoblissent les émotions de cet ordre. Il y a, sans doute, des lectures littéraires et des auditions musicales qui ne font que divertir notre esprit et charmer nos sens ; mais il y en a d'autres qui nous font oublier ce charme même et nous soulèvent par l'admiration au-dessus de notre plaisir. C'est le propre des grandes œuvres comme des grands spectacles de la nature ; et nous sommes alors plus grands nous-mêmes et meilleurs. Ces émotions sont donc bonnes et moralement utiles. Et ce sentiment artistique se rapproche encore davantage de la conscience morale lorsque la beauté nous apparaît dans la conduite de la vie, et lorsque nous admirons comme de belles œuvres les bonnes actions ;

ar toute bonne volonté est belle, depuis celle des éroïsmes éclatants jusqu'à celle des plus humbles acrifices qui sont souvent les plus sublimes.

Que dire enfin du sentiment religieux dont la forme plus pure n'est que l'exaltation et comme l'enthouiasme de la conscience morale? Laissons de côté ette dévotion intéressée qui n'est que la grimace de piété; laissons aussi ces élans et ces extases où les nystiques goûtent des joies qui les détournent de action et du devoir. Et nous comprendrons qu'aimer ieu tel qu'il faut le concevoir, c'est avant tout aimer Bien, et que Dieu c'est le Bien « sensible au cœur ». ous verrons aussi que la loi du devoir, une fois nposée par la raison, doit apparaître à la raison même omme divine et nous saisir d'une religieuse émotion. insi le respect, l'amour, l'adoration de Dieu en esprit en vérité, tels que les éprouvent les âmes hautement ligieuses, loin de compromettre le respect du devoir, ont pour elles inséparables de la pratique du devoir.

Il faudrait parler de même des plus nobles sentiients sociaux, tels que la sympathie, la charité, esprit de solidarité, le patriotisme, l'amour et tous s sentiments de famille, l'amour de l'humanité. ous laisserons ces analyses à faire comme autant de etits exercices, désormais faciles. On l'a vu, en effet, ans l'étude de la Morale pratique, tous ces sentiments nt leur place dans la vie morale. Le devoir ne réclame as le sacrifice de ces affections si chères à l'homme si naturelles, pas plus qu'il ne réclame le suicide. en permet ou plutôt il en commande le développement, à la condition qu'on développe ce qu'il y a de noble et de désintéressé en chacune d'elles. Mais cette condition même, loin de les affaiblir ou de les mutiler, leur donne toute leur plénitude et leur fécondité. Si l'amour maternel n'était qu'un instinct égoïste au lieu d'être un insatiable besoin de dévouement, il ne serait ni si puissant, ni si moral; l'amitié n'est bonne et n'est vraie que si elle n'est pas la coïncidence de deux égoïsmes; seuls les gens vertueux peuvent être amis, disait Aristote. Voilà donc, une fois de plus, des sentiments naturels qui apparaissent comme moralement légitimes et même obligatoires.

Ne faudra-t-il pas, du moins, sacrifier au devoir les affections personnelles, l'amour de soi? Pas davantage si on les comprend de même. Ce qui est incompatible avec la loi morale, c'est l égoïsme qui ramène tout à soi; mais tout amour de soi n'est pas égoïste. Il faut aimer en soi, sous peine de suicide, la vie et les moyens de vivre, la santé, la vigueur physique, les qualités de l'intelligence et celles du caractère; car ce sont les conditions de l'action et des bonnes actions; avec plus de force on peut mieux faire et faire plus de bien. Ce qui est vrai, c'est qu'il y a au moins deux façons de s'aimer. On peut aimer en soi les défauts, ou, sans distinction, les qualités et les défauts, mais seulement pour les plaisirs et avantages qu'ils procurent, en ne pensant qu'à soi, en se faisant centre de tout. C'est ainsi qu'on est sensuel, vaniteux, orgueilleux, cupide, égoïste en un mot; ces sentiments rabaissent l'homme et renient la raison; ce moi passionnément aimé est un moi mesquin et brutal ; c'est le moi haïssable. Mais il y a en chaque homme un moi meilleur, avec la conception d'un moi idéal ; si rares qu'ils puissent être, il y a pour chacun des jours, des heures, des instants d'éclaircie et de conscience où il se sent supérieur et où il est, même dans le remords, plus content de soi. N'est-il pas bon et juste de s'aimer ainsi ? Et le respect de soi, la dignité ou fierté morale, l'ambition et la joie — sans l'orgueil — de cette grandeur, le désir de l'estime ou même de la gloire, l'honneur bien compris, tous ces sentiments ne sont-ils pas à la fois personnels et désintéressés, et ne vont-ils pas rejoindre et soutenir ce sentiment moral sans lequel le devoir resterait lettre morte [1] ?

En résumé, comme le dit M. Boutroux : « Le devoir n'est pas contraire à notre nature : il nous commande seulement, avant de laisser agir nos énergies naturelles, de discerner et de choisir les meilleures [2]. »

---

1. Cette distinction permet d'apprécier la *morale de l'honneur*. L'honneur extérieur, qui n'est que la réputation ou la considération sociale, ne peut suffire au principe de la morale. L'honneur intérieur, s'il est pur de vanité et d'orgueil, se confond avec la dignité morale et nous ramène à la morale du devoir.

2. *Questions de morale et d'éducation*, p. 76.

LEÇON VII

Rôle de l'intérêt et du bonheur dans la vie morale.

Tel est donc l'ordre normal qui fait au sentiment sa place dans la vie morale. Si la moralité est une lutte contre les désirs égoïstes, elle n'est pas inconciliable avec les sentiments *humains*; non seulement elle ne les supprime pas, mais elle les exalte. Et par là même semble résolue la question du bonheur et de ses rapports avec la moralité. Nous l'avons montré : le bonheur n'est pas le bien; la loi de l'intérêt n'est pas la loi du devoir. En faire le principe de la moralité, c'est mettre la raison au service du désir et l'univers au service de l'individu. Le froid et implacable calcul de l'égoïste est plus choquant que la brutalité naïve de l'appétit, parce que c'est un avilissement de la raison. Aussi les moralistes utilitaires eux-mêmes finissent-ils par substituer le bonheur du plus grand nombre à celui de l'individu, et par imposer à l'individu le devoir de se soumettre et même de se sacrifier à l'intérêt social.

Mais si l'on ne peut accepter pour la morale un principe égoïste, il est impossible aussi d'écarter de la vie de l'homme le désir du bonheur et, par suite, l'intérêt, qui en est la recherche intelligente et réfléchie. L'homme est un être sensible et prévoyant, à qui l'on ne peut demander ni de vivre constamment dans la souffrance ou l'apathie, ni de ne pas souhaiter, espérer, préparer un avenir plus doux. En un mot, on ne peut pas lui demander de renoncer à la joie et au bonheur : autant vaudrait pour lui renoncer à la vie même et à l'action; car la joie est à la fois l'accompagnement de l'action et l'excitant qui la ravive et la relance. Mais les uns diront que cette jouissance nécessaire nous éloigne toujours du bien et qu'il faut la réduire au minimum, comme on fait la part du feu; les autres, que le bonheur coïncide naturellement avec le bien et qu'il suffit de faire son devoir pour être heureux.

Ici encore, il faut distinguer. Il semble bien que certaines satisfactions, pourtant indispensables ou inévitables, soient indifférentes ou même étrangères à la moralité. Telles sont, par exemple, celles des appétits essentiels à la vie, comme la faim, la soif, le besoin de repos ou de mouvement. C'est une jouissance de manger à sa faim, de boire à sa soif, même en se bornant au nécessaire; et, elle ne semble pas, même chez les plus sobres, revêtir un caractère moral. Ce sont des jouissances aussi, et toutes semblables, de respirer un air plus pur, de céder au sommeil, de cesser de souffrir, etc. Ainsi en est-il de tout ce qui est dans l'homme la part de l'animalité. A vouloir les supprimer, comme le font les ascètes, ou à vouloir les sanctifier toutes, et faire l'ange jusque dans la vie de la bête, on risque ou on perd plus qu'on ne gagne; car on se tourmente de puérils scrupules et on oublie les vrais et sérieux devoirs, à moins qu'on ne retomb, dans la sensualité même et dans l'hypocrisie.

De même, n'est-il pas agréable, sans que ce plaisir ait rien d'édifiant, de recevoir le salaire de son travail, de gagner plus d'argent, de vivre d'une vie plus confortable? N'y a-t-il pas, là encore, des satisfactions personnelles ou même égoïstes que l'on ne peut ni proscrire ni glorifier? Il faudrait donc, dans certains cas, faire au bonheur sa part à côté et en dehors de la moralité; et la vraie attitude morale serait d'en prendre franchement son parti comme de l'inévitable, de goûter simplement et bravement ces plaisirs, sans s'y oublier et sans oublier le devoir, en restant au-dessus d'eux, mais en ne refusant pas d'en jouir.

Sans doute, cela vaut mieux déjà que le scrupule maladif ou la tartuferie. Pourtant, ces jouissances mêmes ne sont pas toujours à côté du devoir. Tout d'abord, en tant que liées à la vie, elles sont légitimées en principe, puisque la vie est la condition de l'action et que nous avons le devoir de la conserver. S'il faut vivre pour l'avenir et même pour l'au-delà, c'est dans le présent que l'on vit. Je ne puis mal faire en jouissant de la vie, même physique, si je l'emploie du reste à accomplir mon devoir. Mais ce n'est pas tout. Quand c'est à la table de famille ou à une table d'amis que nous goûtons, sobrement bien entendu, les plaisirs du boire et du manger, ils participent à la dignité des sentiments sympathiques auxquels ils sont associés, d'autant plus qu'ils servent eux-mêmes à les développer par la bonne humeur et la gaieté qu'ils provoquent. Quels souvenirs bienfaisants laisse la table de famille, et que de réconciliations se sont faites à table !

De même, l'entrain physique de la marche, de l'exercice et du jeu musculaires peut accompagner et exciter tout ensemble l'admiration de la nature, la joie de la camaraderie ou de l'amitié, l'amour du travail ; ici encore, la jouissance physique est saine et salutaire. De même aussi, le bien-être de la pleine et forte santé peut être le plaisir — déjà moral — de disposer à son gré de son corps, au lieu d'en être l'esclave ou la victime.

Enfin, les satisfactions de l'intérêt proprement dit, le plaisir de gagner, de posséder, d'occuper une plus haute ou plus large situation sociale, peuvent être liés à des sentiments ou à des soucis moraux qui les légitiment et les rehaussent. Telle est la préoccupation du lendemain, la crainte d'être à charge, le désir de s'assurer, surtout d'assurer les siens contre les risques de l'avenir, en un mot la *prévoyance*, qui n'est certes pas toute la vertu, mais qui est une vertu ; ainsi comprise, elle est le soutien légitime de l'activité, et même, chez le père ou la mère de famille, du dévouement et de l'abnégation. Telle est encore la joie, je ne dis pas l'orgueil, de pouvoir faire plus de bien avec plus de ressources ou plus de puissance.

Voilà donc les conditions où se concilient avec le

devoir les satisfactions intéressées qui, prises pour elles-mêmes, recherchées par sensualité ou par calcul, sont la honte et la dégradation de l'homme. Et si maintenant nous reprenons tout ce qui a été dit sur le rôle moral du sentiment, de l'intérêt et même du plaisir, nous conclurons, ce semble, non seulement que le bonheur n'est pas inconciliable avec le devoir, mais que, bien compris, il est inséparable du devoir. N'avons-nous pas vu que les jouissances et les joies de la vie, loin d'être réduites ou affaiblies par la conduite morale, en sont multipliées, parce qu'elles se concilient au lieu de s'exclure et que chacune d'elles est ainsi plus profonde et plus sereine? Avec l'obéissance au devoir, on peut et doit goûter toutes les joies de la santé, du succès, de la famille, de la vie sociale, de l'art, de la science, de la religion, enfin la joie de la conscience. N'est-ce pas la vie vraiment large, riche, complète, féconde, la plénitude de la vie, et n'est-on pas assuré d'être heureux en faisant son devoir? Ainsi la moralité et la nature coïncident; tout est pour le mieux dans la vie bien comprise : l'*optimisme* a raison.

Ne soyons pas trop optimistes. Tout d'abord, il est bien établi que l'on manque le bonheur lui-même en mêlant les calculs de l'intérêt aux ordres de la conscience; il ne faut pas rechercher la plénitude de la vie intense en comptant que par là même et par surcroît on obéira au devoir; ce serait une faute et un mauvais calcul. La gaieté, qui est bonne à ses heures, est souvent superficielle. En outre, de toutes ces jouissances, la seule que le devoir garantisse à l'homme de bonne volonté, c'est la joie du devoir lui-même. Pour toutes les autres, si la coïncidence est souvent naturelle, elle n'est pas nécessaire, et ce n'est qu'une coïncidence; nous le verrons à propos des sanctions. Le conflit est donc toujours possible; il y a des crises où, brusquement, le devoir commande de tout sacrifier ou de tout risquer, santé, fortune, bien-être, honneurs, vie enfin, et de tout affronter, la maladie, la misère, la mort, pis que la mort : l'ignominie. La seule joie qui reste est celle du sacrifice, si différente des autres, et inconciliable avec elles. Nous voilà obligés de risquer, d'opter entre le bonheur et le devoir. La vie est donc mal faite, et c'est le *pessimisme* qui a raison.

Ce qui est vrai, c'est que nous avons deux certitudes : d'une part, celle du *devoir* et de la raison qui commande; de l'autre, celle de la *vie*, condition de l'action, qui ne va pas sans plaisir et qui tend au bonheur. Mais le devoir ne se concilie pas toujours avec la vie, et la contradiction apparaît, pénible et pourtant salutaire. Pénible, puisque nous n'en trouvons pas dans la vie la solution véritable, mais de partielles ou fragiles approximations; salutaire, puisque la certitude du bonheur supprimerait, avec le risque et l'abnégation, la grandeur incomparable du mérite et du devoir.

LEÇON VIII

La vertu.

De ces principes découle la définition de la vertu;
car c'est la pratique constante du devoir, l'habitude
active du bien. Habitude, car une bonne action isolée
ne fait pas l'homme de bien; mais habitude active,
non routine, car on ne fait vraiment bien que si on
fait toujours mieux. Ainsi, il ne faut pas se contenter
de quelques prouesses, de quelques élans de bonne
volonté après lesquels on retourne à ses défauts et à
ses lâchetés. Être juste, ce n'est pas se passionner
pour une cause éclatante en calomniant ses semblables; être charitable, ce n'est pas donner une fois
une grosse somme à une quête et oublier les malheureux pour retourner à ses plaisirs. La vertu ne
consiste pas à s'acquitter de devoirs extraordinaires
et à dédaigner ceux de la vie courante; elle exige de
la persévérance; elle est œuvre de tous les jours.
Mais elle n'est pas routine. Répéter comme une
machine les mêmes actions, ce n'est pas obéir au
devoir. Les pratiques d'une dévotion tout extérieure
ne sont pas la piété. Observer la loi ou la coutume
sans penser à ce que l'on fait, et pour faire comme
tout le monde; suivre la tradition non parce qu'elle

est bonne, mais parce qu'elle est établie; travailler
sans goût et sans zèle comme un fonctionnaire
ennuyé; faire régulièrement l'aumône au même men-
diant en passant tous les jours dans la même rue, ce
n'est vraiment pas être vertueux. Sans doute, la
régularité de la conduite est une condition de la
vertu. On ne saurait trop admirer la rectitude morale
de ceux qui, toujours, vont droit leur chemin, la
fidélité à une règle ou à une tradition, la simplicité
de ces vies tout unies, où le devoir de chaque jour
est sans bruit, mais sans défaillance, sûrement, tran-
quillement accompli. On dirait volontiers en y pensant que les gens vertueux n'ont pas d'histoire. Mais
n'allons pas confondre cette continuité avec la routine, cette régularité avec celle d'un automate. Dans
un cas, tout est lettre morte et l'esprit est absent,
comme la vraie politesse est absente de ces gestes et
formules de convention machinalement reproduits.
C'est par paresse que l'on continue de faire ce que
l'on a déjà fait, et parce que cela est plus commode;
on redoute les crises et les problèmes; la bonne
habitude n'est qu'un moyen d'esquiver l'effort, la
régularité n'est que monotonie, souvent lâcheté.
Dans l'autre, tout au contraire, la monotonie n'est
qu'apparente; elle cache l'effort soutenu et toujours
renouvelé. Pour rester fidèle à la même règle intérieure, il faut résister aux tentations les plus diverses,
non pas se dérober aux difficultés. Pour rester d'accord avec soi-même, au sens stoïcien du mot, quand
tout change autour de soi ou même en soi par le fait

même de la vie, il faut que la volonté se tende et
s'obstine. Cette vie si unie est unifiée par une conscience toujours en éveil; si du dehors elle paraît
terne et insignifiante, au dedans elle est pleine de
sens, riche et originale. Ce n'est plus le mécanisme
d'une horloge qu'un accident arrête; c'est la fermeté
d'une raison vivante qui s'impose aux circonstances
et aux accidents. Cette discipline est un travail, une
initiative de tous les jours.

Par exemple, l'honnêteté ou probité bourgeoise
paraît simple et facile. Elle ne l'est qu'en apparence,
si vraiment elle est vertu. En effet, on a chaque jour
le spectacle et l'exemple d'escroqueries et de fraudes
impunies; on voit à côté de soi les moins scrupuleux
s'enrichir et s'imposer par l'argent à la considération
publique; on est sollicité à des entreprises douteuses
par des offres ou des chances de gros bénéfices; on
est pressé par le besoin, par l'ambition, par la jalousie, encouragé par le succès des autres. Pour rester
ferme, il faut plus que de l'inertie; et si la routine
peut suffire à une honnêteté tout extérieure et hypocrite, l'honnêteté vraie et solide exige l'effort d'une
volonté toujours prête à la résistance ou à l'initiative.
Pour mieux faire sans cesse ou pour faire aussi bien
dans des circonstances toujours nouvelles, il faut se
renouveler soi-même, il faut inventer. La vertu est
une continuelle création intérieure; et l'on dira qu'elle
est œuvre de génie si l'on comprend bien que chacun
de nous peut avoir son originalité propre, c'est-à-dire
son génie personnel.

Il est facile de voir aussi qu'elle réclame toutes nos
énergies; elle est l'acte persévérant de toute notre
âme. Le *cœur* n'y suffit pas, nous l'avons vu; il y faut
l'effort, qui seul est vraiment nôtre; mais, nous l'avons
indiqué aussi et il suffira de le rappeler, le sentiment
est nécessaire à la vertu pour durer. Agir toujours
contre ses sentiments, et continuer de faire son
devoir en le détestant, cela n'est pas possible. C'est
au moins la joie d'avoir bien fait qui redonne à la
volonté le courage de persévérer, et sans la foi et
l'enthousiasme il n'y aurait pas de héros; sans l'amour
vrai, qui est le don de soi jusqu'au sacrifice, il n'y
aurait pas de vertu.

L'*intelligence*, de même, y est nécessaire sans y
suffire. Savoir n'est pas agir. « Ne voit-on pas tous
les jours, dit Renan, des hommes fort savants dénués
de distinction, de bonté, parfois d'honnêteté? Ne
voit-on pas, d'un autre côté, des personnes excel-
lentes, délicates, distinguées, livrées à toutes les
suggestions de l'ignorance et de l'absurdité? » Lorsque Socrate disait que « nul n'est méchant que par
ignorance » et que « la vertu est une science », il
entendait une science ou connaissance si complète
qu'elle ne pourrait pas ne pas produire l'amour et la
volonté du bien. Il estimait, en effet, que la science
du bien est la seule véritable; le vrai savant était
donc celui qui ne pensait qu'au bien et y rapportait
tout, par conséquent ses actions. Mais notre science
est, en fait, plus limitée, et peut rester sans prise sur
notre volonté. Sans doute, mieux on comprend son

devoir et plus on est capable de bien faire, plus
aussi on y est porté; malgré tout, cependant, la
volonté peut manquer, et la faute est d'autant plus
grave qu'on est plus instruit.

La bonne *volonté* est donc l'essentiel; elle est
comme dit Kant, « le bien suprême », et c'est l'intention pure qui fait la valeur de l'action. « Paix aux
hommes de bonne volonté. » Elle n'est pas tout cependant; elle n'est pas « le bien tout entier ». Pour mieux
dire, il faut ne pas opposer la volonté pure à l'intelligence, car il n'y a pas de volonté sans intelligence
pas de raison pratique sans raison théorique. Vouloir
c'est toujours vouloir quelque chose, et celui qui veut
bien faire a une idée, vraie ou fausse, claire ou non
d'un bien à accomplir; sans quoi on ne distingue-
rait pas la volonté du caprice ou de l'instinct. Et
ainsi, son premier devoir est de chercher à se faire
une idée juste du bien, à le connaître, à le comprendre
c'est de s'instruire enfin, tout au moins de réfléchir
le premier effort moral est celui de l'intelligence. La
volonté pure est la volonté désintéressée, mais non
sans intelligence, sans raison, non plus que sans
amour. Si la sagesse n'est pas la science, elle ne va
pas sans une certaine science, qui est une connaissance de soi-même et de la vie. Sans doute, des simples et des ignorants peuvent être des héros de vertu
En effet, il faut souvent agir avant de *savoir*, au sens
plein du mot; celui qui agit de tout son cœur, de
toute son énergie, avec tout ce qu'il sait, même s'il
sait peu ou s'il sait mal, celui-là est bon et irrépro

chable. Cependant, il ne le serait plus s'il se dispensait de réfléchir, d'apprendre, de corriger ses jugements. Celui qui attend sans s'instruire, sans méditer sur ce qu'il a fait, sur ce qu'il aurait pu faire, le moment d'une nouvelle action, celui-là n'est plus vertueux, mais paresseux et coupable; il n'est plus vraiment de bonne volonté. Si la vertu n'est pas une science, elle n'est pas non plus une succession d'impulsions irréfléchies ni de capricieux éclairs. Disons donc qu'elle est œuvre aussi d'intelligence et d'amour, ou, d'un mot, œuvre de volonté, si nous comprenons que la volonté résume en les dépassant l'amour et l'intelligence.

Pour les mêmes raisons, elle ne consiste pas à céder à la nature, qui n'est pas toute bonne, ni à la tourmenter comme si elle n'était que mauvaise, mais à la discipliner. En disant qu'il faut suivre la nature, les Stoïciens n'entendaient pas cette formule au même sens que les Épicuriens ou les partisans du plaisir; ils recommandaient non pas de complaire aux instincts et désirs *naturels*, mais, au contraire, d'y résister pour obéir à la raison, parce que la raison est la marque distinctive, le caractère essentiel de l'homme, le principe et la fin de sa *nature*; en un mot, c'était la nature idéale qu'il fallait suivre en détruisant toute passion. Quelques-uns allaient par là jusqu'à l'ascétisme, qui s'exerce à contraindre la nature réelle sans distinguer entre ses penchants. L'ascétisme n'est pas la vertu, parce que la nature n'est pas toute mauvaise. Nous l'avons vu, en effet; s'il y a de l'animalité en elle et des désirs pervers, il y a aussi, plus ou moins active suivant les individus, une raison latente qui fait la force des bons instincts et des sentiments généreux; elle se retrouve même en ces tendances équivoques, ambition, fierté, amour de la louange, etc., qui peuvent être tournées au bien comme au mal. Le rôle de la volonté est de s'emparer des unes et des autres, et d'imposer la loi du devoir, la discipline du bien qui est l'harmonie intérieure ou la vertu; en un mot, c'est de mettre l'homme « en possession de soi », ce qui est le meilleur et même le seul moyen d'en faire une valeur sociale.

Il y faut à la fois de la force et de l'adresse, de l'ingéniosité et de la vigueur; il faut savoir s'y prendre; tantôt heurter de front la nature et brusquer les choses comme en face d'une passion naissante; tantôt biaiser avec elle et la détourner, avec une douce obstination, vers le bien. C'est en ce sens que l'homme de bien est un artiste, et que la vertu est un art, l'art suprême de la vie. Mais c'est un art toujours laborieux. Ici, pas plus qu'ailleurs du reste, le talent naturel ni même le génie ne dispensent de travailler. En effet, si la nature n'est pas toute rebelle à la loi, si même elle semble parfois — c'est le cas des tempéraments généreux — avide de moralité, il faut toujours un effort pour la discipliner, comme il en faut pour cultiver le meilleur terrain et lui donner toute sa valeur. Il est évident qu'il faut lutter contre les désirs emportés et contre les lâchetés et l'indolence naturelle; il faut lutter aussi pour amener au bien ces dispositions hésitantes — ce sont les plus nom-

reuses, — toujours prêtes à retourner à l'égoïsme.
Mais il faut un effort encore pour prendre conscience
les meilleures, les soumettre elles-mêmes à la loi, les
faire vraiment siennes au lieu de les subir comme des
passions, enfin pour les renouveler sans cesse en les
élevant.

Car il faut que la vertu soit notre œuvre. Les bons
sentiments que nous héritons de nos parents sont un
précieux capital, mais qui ne devient vraiment notre
propriété que par le travail. La vertu est donc un
progrès, une conquête de tous les jours; et cet
accroissement de valeur, de dignité, est ce qu'on
appelle le *mérite*. Mériter, au sens absolu du mot,
c'est grandir moralement; démériter, c'est déchoir.
Le mérite tient donc à l'effort de la volonté, le démérite à la lâcheté. Il n'est pas vrai, nous venons de
le voir, qu'il faille toujours se torturer pour grandir,
et que le mérite se mesure aux souffrances qu'on s'in-
flige. Quand on finit, pour tout simplifier, par rechercher comme seul mérite la souffrance physique, on
oublie le vrai sens de la grandeur morale. Il ne suffit
pas de se mortifier pour bien faire. Ce qui est vrai,
c'est qu'il faut tantôt contraindre la nature, tantôt
encourager — et toujours faire violence au moins à sa
paresse. Plus nous y travaillons, plus nous y prenons
de peine, plus nous avons de mérite, parce qu'ainsi
s'établit l'empire de la volonté. Mais, si la souffrance
accompagne cet effort, elle n'en fait pas toute la
valeur, et il ne va pas non plus sans joie. C'est donc
à l'effort, non à la douleur, que se mesure le mérite.

LEÇON IX

De la responsabilité.

Si, avant d'agir, nous sommes obligés de nous décider pour la bonne action, après l'action nous sommes obligés de prendre à notre charge ce que nous avons fait; nous sommes tenus d'en rendre compte au moins à notre conscience. Cette obligation de *répondre* au sujet de ses actions est ce qu'on nomme *responsabilité*. Elle est manifestement liée au devoir; ou plutôt c'est une forme du devoir, celle qui suit l'acte; et elle implique, comme lui, la liberté. Si je n'étais pas soumis au devoir, je n'aurais point de compte moral à rendre; et si je n'étais pas libre, je n'aurais pas non plus à répondre, car je n'aurais pas pu faire autrement. Réciproquement, la responsabilité, imposée par la conscience, devient le signe et comme la preuve de la liberté. « Si je dois, il faut que je puisse », dit Kant; si je dois répondre d'une action, c'est que j'ai pu la vouloir au lieu de la subir, c'est qu'elle est mienne, c'est que j'ai été libre.

Responsabilité sociale et responsabilité morale. — Ce n'est donc pas dans l'autorité sociale qu'il faut chercher le principe de la responsabilité, car ce n'est pas seulement ou d'abord le dommage causé à la société qui doit me faire imputer mon action. Avant même de savoir s'il y a eu dommage — ou service, — je sais ce que j'ai fait et avec quelle intention; ma conscience m'impute mon action, la juge et me la met en charge, quels que doivent être les résultats. C'est vis-à-vis de la loi morale que je suis responsable. Sans doute, il y a une loi sociale à laquelle je dois obéir, et une responsabilité sociale que je ne dois pas esquiver. Le tort que j'ai fait à mon semblable par un délit ou par un crime, le désordre social dont j'ai été cause, la société a le droit de m'en demander réparation, et même de me frapper pour se défendre, c'est-à-dire pour éviter le retour d'actes semblables et la contagion de mon exemple. On peut même ajouter que souvent c'est la responsabilité sociale qui rappelle l'autre à nos consciences paresseuses; si notre faute passe inaperçue des autres, nous ne l'apercevons pas nous-mêmes. Mais le principe reste moral, non social. La société ne connaît pas tous nos actes, pas même tous ceux qui l'intéressent, pour nous en demander compte; elle ne connaît surtout pas nos intentions, qui socialement peuvent être importantes, mais qui moralement sont l'essentiel. Enfin ce n'est pas la société qui m'impose la loi morale. Le devoir est une loi plus haute que sa loi, et il y a une justice éternelle, supérieure non seulement à celle qu'exerce en fait la société, mais encore à celle qu'elle est capable d'exercer.

Conditions, degrés et limites de la responsabilité. — La conscience morale nous révèle cette loi et cette justice ; la conscience psychologique nous renseigne sur nos intentions. De là vient le sentiment, sinon infaillible, du moins positif et efficace de notre responsabilité. Et si nous ne sommes jamais sûrs de nous juger parfaitement, du moins nous savons si nous avons bien ou mal fait ; même nous savons discerner dans notre responsabilité, et, par analogie, dans celle des autres, des différences et des degrés.

Ces différences tiennent, cela est évident, aux conditions de la responsabilité qui sont précisément celles de la moralité : conscience de la loi, liberté du vouloir, raison active pour tout dire d'un mot. Il y a donc, tout d'abord, des êtres qui ne sont pas responsables ; tels les animaux, même supérieurs, puisqu'ils n'ont ni conscience ni liberté. Il y en a d'autres qui ne le sont pas encore ou qui ne le sont plus ; ce sont les tout jeunes enfants chez qui la raison n'est qu'en germe, les aliénés chez qui elle est abolie.

Mais l'enfant grandit ; lentement sa raison se développe et s'affermit ; un jour vient, entre six et huit ans ordinairement, où il en prend conscience ; il sait ce qu'il a fait et ce qu'il fallait faire ; il a *voulu* désobéir ou mentir. Il commence donc à être responsable ; toutefois, ce ne sont que des éclaircies, plus ou moins fréquentes. L'enfant n'est longtemps que partiellement responsable ; il le devient tous les jours davantage, et l'éducation a précisément pour rôle de fortifier, avec sa raison, le sentiment de sa responsabilité.

De même, chez les malheureux qu'on appelle fous, ou idiots, ou *inconscients*, la raison n'est pas toujours totalement perdue. La maladie ou l'infirmité peut n'être que passagère ou partielle, et comme localisée. Il y a des aliénés qui reviennent pour un temps ou même décidément à la santé morale; il y en a qui ne déraisonnent que sur un sujet. Chez tous ceux-là, avec la santé de la raison et dans la même mesure, dont la précision nous échappe, reparaît la responsabilité.

De même encore, il y a des hommes qui, sans être aliénés, n'ont pourtant pas leur pleine raison. Moralement débiles ou infirmes, souvent dès la naissance, ce ne sont pourtant pas des inconscients. Leur responsabilité, très variable suivant les cas, cela va sans dire, n'est donc pas nulle; elle est limitée. Si difficile qu'en soit l'appréciation, le principe reste incontestable. Ils ne sauraient être jugés comme les volontés saines et valides; aussi la justice, à leur égard, ne va-t-elle pas sans la pitié.

Enfin il y a, pour un être normalement responsable, des accidents et des états qui suppriment ou atténuent sa responsabilité parce qu'on y voit disparaître ou baisser la conscience et la liberté. Tels sont le délire, l'épuisement de certaines maladies, le sommeil, le rêve, où nous ne sommes plus maîtres de nous. Encore est-il vrai que nous ne sommes pas toujours irresponsables de nos faiblesses physiques et même de la tournure de nos rêves; nous serions restés plus libres et plus sains si nous avions su vouloir et nous surveiller. Tel est manifestement, sauf exceptions négligeables, le cas de l'ivresse où l'homme n'est plus l'homme, mais par sa faute. On est donc responsable de l'ivresse même, et l'on ne saurait être excusé des fautes ou des crimes auxquels elle peut entraîner. En revanche, on n'est pas responsable quand on a été violenté ou contraint (cas de force majeure ou de brutalité); ainsi encore si l'on a, sans déloyauté ni négligence, ignoré la loi, ou si l'on n'a pas pu prévoir les conséquences de son action.

Mais pourtant, dans le détail, on trouverait que la responsabilité est plus souvent atténuée qu'anéantie; car, s'il est rare que l'homme soit absolument libre, il est rare aussi qu'il soit absolument lié par le mécanisme des forces matérielles ou sociales, et qu'il n'y ait point de jour à son initiative. En tout cas, sans aller jusqu'au tourment du scrupule, mieux vaut toujours garder un sentiment vif, délicat et impérieux de sa responsabilité. Nous ne sommes que trop portés, surtout de nos jours, à nous y soustraire et à nous décharger sur les autres ou sur les circonstances. A chacun selon ses œuvres.

LEÇON X

Les sanctions.

Ce que chacun doit recevoir en conséquence de ses actions, ce sont des peines et des récompenses, qui, sans rien ajouter à l'autorité de la loi, en affirment pratiquement le pouvoir. On appelle donc *sanction*, c'est-à-dire confirmation ou consécration positive de la loi, un système de récompenses et de peines. Il en faut bien comprendre le principe. La loi sociale perdrait, sans les sanctions, son autorité et son crédit; mais la valeur et le crédit de la loi morale ne dépendent nullement de la sanction. Que la récompense vienne à manquer ou la punition, la loi sociale peut à la longue tomber en désuétude et perdre son sens. La loi morale reste entière, et l'action n'est ni moins bonne ni moins mauvaise. La faute impunie reste aussi coupable, et c'est une nouvelle faute de l'oublier.

Le crime fait la honte, et non pas l'échafaud.

Il est donc bien entendu que ce n'est pas la sanction qui rend la loi respectable. Mais : 1° elle traduit le mérite ou le démérite de celui qui l'a respectée ou violée; 2° elle contribue à la faire respecter à l'avenir.

I. Nous avons défini le mérite et le démérite en dehors de toute idée d'intérêt, comme élévation et déchéance morales. Celui qui ne songe qu'aux sanctions ne s'élève pas en dignité. Une action intéressée n'est plus méritoire. Mais, l'action vraiment bonne une fois faite, le mérite une fois conquis, nous disons qu'une récompense est due, c'est-à-dire une satisfaction sensible. L'homme, en effet, n'est pas volonté pure; il ne peut vivre ni agir indéfiniment sans joie; et il y a des joies qui sont dignes d'être associées à la moralité. Elles ne sont pas un salaire, et il est certain que la vertu est à elle-même sa première et plus haute récompense; mais il est certain aussi qu'elle ne va pas sans joie. Et il nous paraît juste, rationnel, que le bien soit le bien de toute l'âme, que toutes nos facultés y soient harmonieusement épanouies. En un mot, la vertu, qui n'a pas le bonheur pour but, mérite de l'avoir pour conséquence.

Il semble aussi que le vice mérite le malheur, et que la souffrance soit la rançon de la faute. Prenons garde : ceci peut être tout à fait faux. La douleur ne peut avoir ici la valeur d'une compensation. Le mal physique, où nous trouvons, quand il frappe le coupable, un plaisir de vengeance, ne peut compenser le mal moral. La punition est un acte non de vengeance (car la vengeance est immorale), mais de justice et de réparation. Nous l'oublions chaque jour; nous nous contentons de frapper, comme si les coups suffisaient à rétablir l'ordre. OEil pour œil, dent pour dent, voilà toute notre philosophie pénale. Un enfant a désobéi, il est juste qu'il souffre; et dans le langage de cette pédagogie instinctive, corriger c'est frapper, et rien de plus. Certes, le plaisir du coupable a été illégitime et injuste; mais est-il possible de le lui reprendre en le faisant souffrir, comme on ferait rendre gorge à un voleur? C'est là que nous nous trompons. Que le voleur rende ce qu'il a pris avec une indemnité pour le dommage : la question d'argent, qui, du reste, n'est pas la seule, est ainsi réglée. Mais la question morale est autre. Ce n'est pas le total des jouissances ou des souffrances de chacun qui est l'essentiel; surtout nous ne devons pas trouver dans le plaisir de faire souffrir le coupable comme le remboursement d'un plaisir qu'il nous aurait volé.

II. Le vrai mal c'est la faute, c'est la déchéance d'une volonté. Pour rétablir l'ordre, il faut relever, améliorer cette volonté. La douleur y peut et y doit servir, comme un avertissement et comme une excitation. C'est ainsi qu'elle est salutaire. Elle rappelle au coupable qu'il n'est pas tout-puissant, et le ramène à l'ordre et à la conscience de soi. Elle peut être le fer rouge qui assainit la plaie, le coup de fouet qui réveille l'énergie; elle a ainsi un grand rôle moral. Mais à elle seule elle n'est pas tout; elle n'est qu'un moyen. Si elle laisse la volonté à son inertie ou si même elle la décourage, la paralyse, elle n'est plus bonne. La punition qui désespère ou abêtit l'enfant est une faute plus grave que la sienne. La peine qui affaiblit la puissance de la loi n'en est plus la confirmation. Ainsi il n'y a de véritable sanction — joie ou douleur — que celle qui rétablit ou affermit le respect de la loi. C'est cette idée qui nous permettra d'apprécier brièvement les diverses sanctions du devoir, déjà indiquées dans la *Morale pratique.*

Sanction physique. — Souvent la santé est la récompense de la bonne conduite. Être sobre, tempérant, honnête, vaillant et en paix avec sa conscience, n'est-ce pas, au dire des médecins eux-mêmes, le principal de l'hygiène? Au contraire, l'intempérance, l'abus de la bonne chère, de la boisson, des plaisirs en général, le dérèglement de la vie, le vice enfin et ses désordres usent les tissus, faussent les organes, engendrent les maladies ou les infirmités précoces, abrègent la vie du coupable et corrompent celle qu'il transmet. Voilà la sanction physique, très positive, comme on le voit, parfois terrible, et de haute portée puisqu'elle peut punir ou récompenser un père, une mère dans ses enfants. Très insuffisante aussi, malgré tout, et souvent fausse. Non seulement elle n'atteint pas tous les mérites et toutes les fautes, ni surtout les intentions, mais les âmes saines n'habitent pas toujours les corps les plus robustes et inversement. Il y a un habile usage des plaisirs, avec une parfaite insouciance du devoir, qui est aussi immoral qu'il est hygiénique. D'autre part, l'héroïsme va à la mort, la vertu qui ne veut point se lasser et s'obstine contre le corps surmène et ruine la santé aussi bien que le vice imprudent. L'optimisme a donc tort s'il prétend que le bien du corps coïncide toujours avec celui de l'âme.

Sanction légale ou des lois civiles. — Ce sont les peines

et les récompenses que fixent les lois sociales et que distribuent les magistrats ou les gouvernants : amende, prison, titres honorifiques, etc. Sanction souvent efficace, parfois seule efficace sur les consciences endurcies ; fort incomplète aussi et fort inexacte au point de vue moral. Ni la loi, qui est surtout pénale, ne peut tout définir, ni le magistrat ne peut tout connaître et tout apprécier. Que de fautes et que de bonnes actions échappent aux juges, que d'erreurs ils commettent, même en toute loyauté, sur les intentions ! Le crime caché est impuni, et la vertu de réclame, qui n'est plus la vertu, est la plus sûrement récompensée. En réalité, il s'agit ici du bien de la société ou plutôt de son intérêt prochain qui, souvent mal compris du reste, ne coïncide qu'en partie avec la moralité. La société n'a ni le pouvoir de discerner les bonnes actions ni le droit d'imposer l'ordre moral. Et ses sanctions ne réussissent, en général, qu'à maintenir tant bien que mal un ordre extérieur, non pas à améliorer, ou à régénérer les consciences ; trop heureux si elles ne les enfoncent pas dans le vice.

Sanction de l'opinion. — Estime, honneur, admiration, gloire enfin, ou bien, au contraire, mépris, déshonneur, ignominie avec tous les degrés et nuances que ces termes comportent, quel riche clavier de récompenses et de châtiments ! Et quelle sanction puissante, puisque « l'opinion, dit Pascal, est comme la reine du monde » ! Elle est maîtresse, en effet, de quelques-unes des joies les plus intenses et de quelques-uns des tourments les plus cruels que l'homme puisse éprouver. Est-ce vivre que de vivre dans le mépris? et quel est l'héroïsme que ne récompenseraient pas l'admiration et l'enthousiasme de tout un peuple? — Pourtant, ce n'est encore, pour la loi morale, qu'une incertaine et incomplète sanction. Si curieuse, si indiscrète que soit l'opinion, et si bien informée, elle ignore plus d'actions qu'elle n'en connaît. Les actions les plus honteuses sont les plus cachées; les plus belles vertus sont celles qui se font ou se laissent le moins voir; enfin, les intentions vraies échappent presque toujours à l'opinion. D'autre part, pour ce qu'elle connaît, elle condamne ou glorifie sans règle et sans scrupule, sans règle morale tout au moins; c'est le jugement des préjugés, de la mode et des on-dit. Le vice hypocrite ou impertinent a raison; la calomnie est rarement impuissante; il y a des vertus qui sont ridicules aux yeux du respect humain. Sans doute, l'opinion est passagère; la postérité peut être plus juste. Mais la postérité ignore bien des choses; nous ignorons ce qu'elle dira, et elle ne jugera que les disparus. Sans doute, encore, l'opinion est multiple, et il y a une opinion des gens de bien qui seule vaut qu'on la prenne pour juge. Mais ce juge manque souvent de courage à se prononcer ou à se faire entendre. Et il reste que l'opinion est une sanction non pas insignifiante, mais bien insuffisante de la moralité.

Sanction morale ou intérieure. — C'est celle de la conscience elle-même qui juge nos actes après nous avoir indiqué et imposé la loi. On a plaisir à bien faire et à avoir bien fait; on est content de soi, en paix avec soi-même, vraiment joyeux, de la joie la plus pure, la plus haute, et non la moins vive que l'homme puisse goûter; c'est comme un épanouissement de l'âme tout entière. Au contraire, on est gêné et embarrassé d'une mauvaise action comme d'un fardeau trop lourd; on est triste ou plutôt fâché contre soi, torturé peut-être jusqu'à l'angoisse si la faute est irréparable : c'est le fait du remords. Voilà bien de réelles douleurs et satisfactions, une sanction positive en un mot. Sanction vraiment morale, et pour deux raisons. D'abord, elle est directe, étant intérieure, et porte non sur le résultat ou l'apparence, mais sur l'intention même immédiatement connue par la conscience. Ensuite, elle est déjà par elle-même élévation morale ou redressement. Les autres, qui viennent du dehors, peuvent amollir ou irriter la volonté : jouir avec complaisance des éloges, même mérités, c'est déjà oublier le devoir; subir, mais avec une sourde colère, les reproches les plus légitimes, ce n'est pas s'amender. Au contraire, être heureux d'avoir bien fait, c'est vouloir recommencer ou plutôt faire mieux. Avoir un remords, c'est aussi vouloir mieux faire et rentrer en grâce avec le devoir. La sanction morale est donc parfaite.

Elle l'est en principe; elle le serait en fait si notre conscience même, soit psychologique, soit morale, était parfaite. Mais : 1° il est rare que l'homme se connaisse bien et voie clair dans ses actions ou même dans ses intentions. S'il est souvent responsable de cette ignorance, il n'en souffre guère, et il échappe ainsi deux fois à la peine; 2° notre conscience morale est tantôt — c'est l'ordinaire — trop complaisante et facile à tout excuser, parfois même dégradée et atrophiée; tantôt trop rigide, trop méticuleuse, tourmentée des moindres soupçons de faute : c'est le cas du scrupule. Ainsi, les criminels endurcis esquivent toute sanction; la vertu toujours inquiète n'a pas les joies qu'elle mérite; l'égoïsme ou l'inertie de tous les jours sont impunis ou à peine touchés. Voilà pourquoi cette sanction intérieure, qui est humainement la meilleure, n'est pas encore l'exacte et complète justice.

Sanction religieuse. — C'est l'insuffisance de toutes ces sanctions qui nous conduit à l'idée d'une sanction supérieure ou religieuse. La justice la réclame, voici en quel sens. Faute de cette sanction la moralité, qui est ce qu'il y a de meilleur au monde, resterait une belle chimère. Nous ne pouvons accepter qu'il y ait décidément contradiction entre l'ordre moral et l'ordre réel, que la loi soit démentie par le fait, et l'idéal à jamais vaincu. Autrement dit, il n'est pas rationnellement possible que la raison n'ait pas le dernier mot, et qu'il n'y ait pas un souverain bien qui réconcilie la moralité et le bonheur. Faut-il penser que le progrès de l'humanité y suffise? Rien ne se perd, dit-on; nos bonnes et nos mauvaises œuvres se retrouvent dans le bonheur ou le malheur de nos descendants, et se prolongent en des conséquences indéfinies. Cette survie sociale, cette immortalité toute positive, voilà la sanction supérieure qui, sans compromettre le désintéressement, attribue à chacun ce qui revient à son mérite. Sans doute, on peut et on doit croire au progrès de la justice en ce monde, et il faut y travailler. Mais rien n'en garantit le triomphe définitif, puisque l'homme est toujours libre. Ce qui reste de nous, d'autre part, ce n'est pas toujours, il s'en faut, ce que nous avons voulu faire ; les meilleures volontés ne sont pas les plus assurées d'agir sur la marche de l'humanité. Enfin cette immortalité impersonnelle n'offre qu'une illusion de justice. Celui qui reçoit la récompense ou le châtiment, ce n'est pas celui qui a fait l'action ; les innocents paient pour les coupables, et le bonheur vient à ceux qui n'ont rien fait pour le mériter. Est-ce donc ainsi qu'il faut entendre la solidarité? Ainsi s'évanouirait notre plus ferme certitude morale, celle de la valeur de la bonne volonté et de la personne.

La sanction idéale ne peut donc être que religieuse, et réclame l'immortalité personnelle de l'âme et l'existence de Dieu. Elle les réclame ; elle n'en donne pas la démonstration positive ; et cette incertitude même est nécessaire au désintéressement. C'est donc par une sorte de foi rationnelle que nous y croyons ; et il y faut croire au nom même de la moralité. Mais comment concevoir ces récompenses et ces peines de la vie future? Gardons-nous de vouloir nous les représenter ; les représentations les plus sensibles sont ici les plus fausses. Si, au lieu de nous borner à espérer et à croire, nous voulons les concevoir, que ce ne soit pas, par analogie avec des sanctions physiques, sous forme de jouissances sensuelles ou de peines corporelles. Ne prenons pas le paradis de Mahomet ou l'enfer de Dante comme images positives de la vie future. Seule, la sanction morale peut nous donner une idée de la sanction religieuse, en nous laissant concevoir, dans le règne divin des bonnes volontés, une conscience de plus en plus clairvoyante et de plus en plus pure.

LEÇON XI

Le droit

C'est au dedans de soi d'abord que chacun de nous trouve la loi du devoir; et c'est par la conscience qu'il se reconnaît une valeur morale. Ce n'est donc pas un artifice d'envisager en elle-même et en elle seule la personne morale pour définir le devoir, le bien, la vertu, la responsabilité même. Mais il serait artificiel et déraisonnable de rapporter tout à l'individu. Artificiel, parce que, en réalité, dans sa vie morale aussi bien que dans sa vie matérielle, l'individu n'est pas séparable de ses semblables. Chacun de nous, s'il avait à vivre seul, ne serait pas ce qu'il est, ou plutôt ne subsisterait pas. Robinson même doit à la société les aptitudes natives, les talents, la science, les facultés morales qui rendent son succès et le roman vraisemblables. Et il serait déraisonnable aussi de faire de l'individu le centre de tout, puisque ce serait le soustraire à toute obligation; ainsi compris, l'individualisme est la formule de l'immoralité.

Mais ce n'est pas ce que nous propose la conscience. Au contraire, elle donne à chacun cette certitude qu'il ne peut se suffire à soi-même, qu'il a besoin des autres, non seulement pour vivre mais pour être bon, et qu'il se doit à eux. En un mot, l'homme trouve en soi, avec les sentiments sociaux et impersonnels, le devoir de ne pas se considérer comme seul, sous peine de se dégrader, le devoir de respecter en autrui ce qui vaut en soi et de se porter hors de soi, au-devant des autres.

« Agis de telle sorte, dit Kant, que tu traites toujours l'humanité soit dans ta personne soit dans la personne d'autrui comme une fin, et que tu ne t'en serves jamais comme d'un moyen. » Cela signifie que chacun de nous est, pour soi et pour les autres, un but, une fin à quoi il doit subordonner tous les moyens, non un instrument qu'il peut employer à son plaisir ou à son intérêt. L'avare fait de sa raison un moyen de satisfaire son vice; le maître d'esclaves exploite à son profit des personnes humaines : tous deux méconnaissent l'ordre des moyens et des fins. La personne humaine est libre, inviolable pour soi et pour les autres. On appelle *Droit* l'affirmation de cette dignité et de la liberté morale qui en est le principe. Le droit est ainsi, comme dit Leibnitz, un pouvoir moral, tandis que le devoir est une nécessité morale. Voilà le principe de l'égalité; c'est par la liberté, non par la force ou l'intelligence que les hommes peuvent être égaux.

C'est donc une illusion de chercher dans un *fait* le fondement du droit. Le droit ne se mesure ni au désir, ni à la force, ni au besoin. Dire que j'ai droit à ce que je désire ou à ce que je peux prendre, c'est considérer la nature comme toute bonne; c'est supprimer tout idéal ; le droit devient donc insignifiant. Il n'est pas non plus le résultat d'une coutume ou d'une convention ; car il est, au contraire, le modèle plus ou moins clairement aperçu de nos conventions, et qui les surpasse toujours infiniment. Quand l'esclavage était légal, il n'était pas moins une positive violation du droit. Et si le droit idéal ne planait au-dessus d'elles, conventions et coutumes ne seraient jamais que la raison du plus fort.

Le droit et le devoir. — Le principe du droit est le même que celui du devoir, à savoir la valeur de la personne libre. On ne traduit pas bien cette idée en disant que le droit est fondé sur le devoir. Sans doute, si l'homme a des droits, c'est parce qu'il est sujet du devoir. Mais on laisse ainsi entendre qu'il n'a aucun droit lorsqu'il n'a aucun devoir à remplir ; et cela est équivoque. Par exemple, il est bien clair que le devoir de travailler réclame le droit de travailler ; mais ce devoir n'est pas toujours nettement défini. Je puis souvent, sans faute, me reposer ou travailler, choisir un travail ou un autre, me promener sur une route ou sur une autre, exprimer ou taire une opinion, etc. Voilà des droits incontestables, et qui sont définis avant les devoirs particuliers qui y correspondent.

Mais si mon droit peut être déterminé avant mon devoir social, il ne peut l'être sans déterminer un devoir pour autrui. En effet, mon droit de vivre n'est autre chose que le devoir pour mes semblables de respecter ma vie. Inversement, leur droit n'est que mon devoir de les respecter. Ce sont deux faces ou plutôt deux expressions d'un même fait moral.

N'entendons pas que le devoir de chaque homme se limite au respect du droit des autres. Ce que l'on exprime ici, c'est le devoir *strict*, rigoureusement défini; ce n'est pas tout le devoir. Les devoirs *larges*, comme ceux de charité, ne sont nullement facultatifs; s'il y a plusieurs manières de les accomplir, ils sont en leur principe aussi obligatoires que les autres. Entre plusieurs formes d'assistance ou de solidarité, j'ai à choisir; mais je dois pratiquer l'assistance et en chercher la meilleure forme.

En un mot, le droit est une affirmation de ma liberté en face d'autres libertés; le devoir est une limitation ou une règle pour ma liberté. L'équilibre idéal de droits et de devoirs qui définit pour chaque personne sa liberté sociale, ou, plus simplement, l'équilibre des libertés, c'est ce qu'on appelle la *justice*.

LEÇON XII

Principaux droits de la personne humaine.

On rattachera facilement à ces définitions les principaux droits de l'homme.

1° *Droit de vivre*, c'est-à-dire d'être laissé en possession de la vie, de la santé, et des moyens de subsistance. C'est le premier des droits parce qu'il est la condition de l'exercice de tous les autres et de l'accomplissement de tous les devoirs, non parce que la vie est supérieure à tous les autres biens. L'homicide, qui en est la violation, est donc le plus grand des crimes. En principe, la vie humaine est sacrée.

On ne confondra pas le droit *de* vivre avec le droit à vivre qui autoriserait chacun de nous à réclamer, au besoin par la force, qu'on le fasse vivre ou qu'on lui en fournisse les moyens. Ceci est œuvre d'assistance, de charité, de solidarité, non de justice rigoureuse. Ce n'est pas un droit qui puisse être égal chez nous, car, si tous le réclamaient, qui donc y devrait satisfaire?

2° *Droit d'être libre*, c'est-à-dire de disposer à son gré de son activité physique, intellectuelle et morale. A ce droit tous les autres pourraient être rattachés, car l'esclavage, qui en est la violation, est la négation même de la personnalité. Il est évident aussi que cette liberté est limitée en même temps qu'affirmée, précisément parce qu'elle est égale chez tous. Si j'ai le droit de travailler, de parler ou d'écrire, d'échanger des promesses et de passer des contrats, les autres l'ont aussi, et leur droit fait ma règle; car personne n'est libre, s'il n'y a pas une règle pour tous.

Mais si, en respectant celle des autres, j'ai le droit d'imposer le respect de ma libre activité, je n'ai pas celui d'exiger qu'on me procure cette puissance d'agir qu'on appelle quelquefois liberté. Je ne puis réclamer qu'on me rende aussi valide, aussi intelligent qu'un autre afin que je sois aussi libre. A cette égalité, sans doute chimérique, la charité peut et doit tendre; mais ce n'est pas le droit que tous peuvent également revendiquer.

3° *Droit d'être honoré*, c'est-à-dire de jouir de l'estime, de la considération, de l'honneur extérieur que mérite une conduite régulière. C'est le droit de n'être ni calomnié, ni outragé, ni diffamé. L'honneur social est un bien d'un grand prix, une véritable propriété morale, une dignité de la vie sociale que beaucoup d'hommes ont préférée à la vie elle-même. Le déshonneur est comme une mort sociale. Ce droit est donc essentiel; il est, lui aussi, inséparable d'un devoir. Je n'ai le droit d'être respecté que si je respecte l'honneur d'autrui. Il y a plus. Si ma conduite est irréprochable j'ai vraiment droit *à* être honoré, parce que cela dépend entièrement des hommes, non de la nature; et mes semblables manquent à la justice si, me connaissant, ils me refusent leur estime. Toutefois je ne puis ni les obliger tous à me connaître, ni pratiquement exiger plus que les marques extérieures de cette estime.

4° *Droit de propriété.* C'est le droit d'avoir à soi certains objets meubles ou immeubles et d'en disposer à son gré; ou encore, c'est le droit de posséder ce que l'on a légitimement acquis par le travail ou par libre convention. La propriété est l'affirmation tangible de la personnalité; et quand elle résulte du travail, elle est aussi sacrée que la personne. Car, dans l'objet que nous avons créé par notre effort, la matière primitive disparaît; ce qu'il offre d'utile ou de beau est vraiment nôtre, vient de notre personne et nous appartient. La propriété est aussi la garantie positive de la liberté; on n'est libre pratiquement et socialement que si on est maître de quelque chose, ne fût-ce que des objets indispensables à la vie.

Cela ne signifie pas que chacun de nous, quoi qu'il fasse, ait droit *à* posséder, ni surtout à posséder autant qu'un autre. C'est nier la propriété que la définir ainsi, et nier l'égalité morale que la confondre avec l'égalité matérielle. *A chacun selon ses œuvres,* voilà la justice, qui n'empêchera pas la charité de donner *à chacun selon ses besoins.* Mais la justice même est difficile à établir : il est difficile, par exemple, que la propriété soit toujours le fruit du travail ou même d'un contrat vraiment libre. D'autre part, il est nécessaire que la société réclame pour sa vie même une part sur la propriété individuelle. De là, de graves problèmes sociaux. Le principe moral de la propriété reste entier; mais l'organisation pratique en est très complexe et délicate; et nous voyons apparaître une fois de plus, comme nécessaire à côté de la justice, l'amour qui, sans la contredire, la dépasse.

Justice, équité, charité, solidarité. — Nous l'avons vu, en effet, à propos de chacun de ces droits essentiels. Le droit, strictement exigible, doit être nettement défini. J'ai droit à ce qu'on respecte en moi la personne humaine, sa vie, sa liberté, son honneur, sa propriété, et j'ai le devoir de la respecter de même en autrui. Je ne puis réclamer — ne pouvant les garantir aux autres — que l'on me garantisse la vie, la force du corps et de l'esprit, un minimum d'estime ou de propriété. Voilà la stricte justice. Mais elle n'est pas tout. Elle n'est même pas toute la justice. Car il est souvent juste qu'un homme obtienne plus ou moins qu'il ne peut exiger. L'honnête homme n'a pas toujours toute l'estime qu'il mérite, ni l'homme laborieux tout le prix raisonnable de son travail. Et les heureux d'aujourd'hui, en jouissant de leurs droits établis, sont-ils bien sûrs de ne pas bénéficier d'injustices antérieures? En remontant dans l'histoire de leurs ascendants, ne risquent-ils pas de trouver quelque violence ou spoliation dont résultent peut-être leur fortune, leur santé, ou même leur vie? On conçoit donc au delà de la stricte justice, seule définie et exigible, une justice plus large et plus complète; c'est celle qu'on appelle l'équité, et qui, une fois comprise, est *moralement* aussi obligatoire que l'autre.

Ce n'est pas encore tout le devoir social. La charité

n'est pas moins obligatoire que l'équité ou la justice. Elle ne saurait se substituer à elles, à moins d'être, suivant le mot de Leibnitz, la charité du sage, c'est-à-dire la parfaite justice ; mais le devoir est incomplet sans la charité. Quel en est le principe, en effet ? Charité veut dire non pas aumône, mais *amour*. Nous avons le devoir de nous aimer les uns les autres. La conscience ne nous permet pas plus que les nécessités de la vie sociale de rester enfermés en nous-mêmes en défendant nos droits et respectant ceux des autres. Cet égoïsme adroit n'est plus la dignité. Se respecter comme une personne, c'est se reconnaître uni par la raison à toutes les autres ; respecter les autres comme des personnes, c'est reconnaître en eux cette même raison qui fait d'eux nos parents et nos frères. Ainsi, la raison même nous oblige à concevoir, puis à tâcher de réaliser une société de personnes solidaires dont chacune serait dévouée aux autres. Le sacrifice de soi apparaît donc, non comme une folie mystique et une déraison, mais comme l'effort le plus raisonnable d'une conscience qui n'affirme jamais mieux sa valeur, son origine et sa destinée supra-sensibles.

Par là même chaque conscience se reconnaît inséparable et solidaire des autres dans la cité idéale des esprits, comme les individus sont solidaires dans le corps social. Solidarité et charité, au lieu de s'opposer, sont donc des expressions d'une même loi morale. Solidarité, en effet, ne doit pas signifier ici dépendance réciproque des intérêts, mais union morale des âmes qui ne peuvent se passer les unes des autres.

Charité ne doit pas signifier condescendance plus ou moins humiliante, mais amour. Et dès lors, il n'y a pas de charité vraie qui ne tende à la réciproque et volontaire dépendance des âmes; il n'y a pas de solidarité vraie qui n'ait pour principe l'amour qui porte une conscience au-devant de toutes les autres.

DEUXIÈME PARTIE

EXTRAITS DES MORALISTES

ANCIENS ET MODERNES

AVERTISSEMENT

Dans le choix que nous avons fait des extraits des moralistes, tout en nous efforçant de représenter fidèlement le caractère de chaque doctrine ou époque, nous avons voulu surtout offrir des textes assez nombreux où les professeurs pussent choisir les lectures à faire ou à conseiller.

Chaque morceau ayant son titre, les élèves elles-mêmes trouveront facilement dans les extraits ceux qui se rapportent à chaque leçon.

SOCRATE

I. — Les lois non écrites.

Connais-tu, Hippias, les lois de l'État? — Certes! — Et qu'est-ce donc que ces lois? — C'est ce que les citoyens, par une convention, ont écrit pour fixer ce qu'il faut faire, et ce dont il faut s'abstenir. — Ainsi donc, s'y conformer dans sa vie civique, c'est être fidèle aux lois; passer outre, c'est leur être infidèle? — Tout à fait. — Donc, leur obéir, ce serait observer la justice; leur désobéir, ce serait commettre l'injustice? — Tout à fait. — Donc, celui qui observe la justice est juste, celui qui commet l'injustice est injuste? — Assurément. — Ainsi, celui qui est fidèle aux lois est juste; celui qui leur est infidèle est injuste....

Connais-tu, Hippias, des lois non écrites? — Oui, ce sont celles qui sont établies de même en tout pays. — Pourrais-tu donc dire que ce sont les hommes qui les ont portées? — Et comment l'auraient-ils fait, n'ayant pu se réunir tous et ne parlant pas même langage? — Qui donc, à ton avis, a établi ces lois? — Je pense que ce sont les dieux qui ont donné ces lois aux hommes; car chez tous les hommes la première loi est d'honorer les dieux. — Est-il aussi partout ordonné d'honorer ses parents? — Oui. — C'est donc une loi divine. — Mais je vois que beaucoup d'hommes les violent. — En vérité, ils en violent aussi bien d'autres; mais ceux qui transgressent les lois établies par les dieux sont punis, sans

qu'il soit possible à l'homme d'y échapper ; tandis qu'après avoir transgressé les lois humaines, on échappe parfois à la peine, soit par la ruse, soit par la force...
— Par ma foi, Socrate, tout cela semble bien divin ; car ce caractère des lois qui portent en elles-mêmes[1] les châtiments révèle un législateur supérieur à l'homme. — Et les dieux, Hippias, portent-ils des lois justes ou injustes? — Non pas certes des lois injustes. — Qui donc porterait des lois justes, si ce n'est Dieu? Ainsi il plaît aux dieux que ce qui est juste soit aussi légal[2].

XÉNOPHON, Mémorables, IV, 4.

II. — La famille.

Socrate s'aperçut un jour que Lamproclès, son fils aîné, était fâché contre sa mère[3]. « Dis-moi, mon enfant, sais-tu qu'il y a des hommes qu'on appelle ingrats? —

---

1. C'est l'idée de la sanction naturelle qui résulterait toujours du jeu même des lois respectées ou violées. Voir Leçon XI.

2. On ne saurait manquer de citer ici deux morceaux bien connus de Sophocle et de Cicéron. « Il y a, dit Sophocle dans *Antigone*, une loi éternelle et non écrite, portée par la Divinité ; cette loi n'est d'aujourd'hui ni d'hier, mais elle s'impose à tous et s'étend aussi loin que la voûte infinie des cieux et la surface immense de la terre. » Et Cicéron, dans son ouvrage sur *les Lois*, II : « Il existe une loi conforme à la nature, commune à tous les hommes, raisonnable et éternelle, qui nous commande la vertu et nous défend l'injustice. Cette loi n'est pas de celles qu'il est permis d'enfreindre et d'éluder, ou qui peuvent être changées entièrement. Ni le peuple ni les magistrats n'ont le pouvoir de délier des obligations qu'elle impose. Elle n'est pas autre a Rome, autre a Athènes, ni différente aujourd'hui de ce qu'elle sera demain ; universelle, inflexible, toujours la même, elle embrasse toutes les nations et tous les siècles. Par elle, Dieu instruit et gouverne souverainement tous les hommes ; lui seul en est le père, l'arbitre et le vengeur. »

3. Cette mère était Xanthippe dont l'humeur acariâtre, restée célèbre, a exercé la patience de Socrate.

Oui, répondit l'adolescent. — Et sais-tu ce qu'ils ont fait pour mériter ce nom? — Sans doute; on appelle ingrats ceux à qui on a fait du bien et qui pouvant se montrer reconnaissants ne le sont pas. — Ainsi, il te semble qu'on doit ranger les ingrats parmi les hommes injustes? — Oui. — Réfléchis donc; s'il paraît bien injuste pour des amis, juste pour des ennemis de les réduire en esclavage, l'ingratitude est-elle de même injuste envers les amis et juste envers les ennemis [1]? — Non; il me semble qu'après avoir reçu un bienfait de qui que ce soit, ami ou ennemi, il est injuste de ne pas s'efforcer d'être reconnaissant. — S'il en est ainsi, l'ingratitude serait une pure injustice. — Lamproclès fut d'accord. — Donc, plus on a reçu de bienfaits sans témoigner de reconnaissance, plus on est injuste. — Il en convient aussi. — Et qui donc trouverons-nous pour recevoir plus de bienfaits que les enfants? Et de qui, si ce n'est des parents? des parents à qui ils doivent l'être et les avantages de voir toutes les belles choses, de participer à tous les biens que les dieux mettent à la disposition des hommes. Or, ces biens, nous les estimons à un si haut prix que tous, nous redoutons plus que tout de les abandonner...

Le mari nourrit la femme qui doit lui donner des enfants, et amasse à l'avance et en aussi grande quantité que possible, pour ces enfants qui naîtront un jour, tout ce qui lui semble pouvoir servir à les faire vivre. Et la femme porte son fardeau, au prix de lourdes fatigues et au péril de sa vie, partage avec lui la nourriture dont elle-même se nourrit, et après l'avoir porté et mis au monde dans la douleur lui donne son lait et ses soins, sans avoir rien reçu elle-même du nouveau-né, sans qu'il connaisse la cause de son bien-être, ni puisse

1. Les anciens n'avaient pas l'idée de charité, ni celle d'égalité de tous les hommes. Cela ne donne ici que plus de force au raisonnement, puisque l'ingratitude est odieuse même envers un ennemi.

lui indiquer ses besoins; elle s'efforce donc de deviner ce qui lui est utile ou agréable et de le satisfaire, et le nourrit longtemps les jours et les nuits, résignée à sa tâche pénible, ignorant même si elle en recevra jamais quelque reconnaissance. Et ce n'est pas assez de nourrir ses enfants; quand ils semblent capables de s'instruire, les parents leur enseignent ce qu'ils savent eux-mêmes de bon et d'utile pour la vie; et pour ce qu'ils se croient moins capables de leur apprendre, ils les envoient à un maître qu'ils paient, et ne négligent rien pour qu'ils deviennent les meilleurs possible.

— Sans doute, répondit le jeune homme, elle a fait tout cela et bien plus encore; mais personne ne pourrait supporter son humeur difficile. — Trouves-tu donc l'humeur farouche d'une bête plus supportable que celle d'une mère? — Oui, d'une mère comme la mienne. — As-tu donc déjà eu à souffrir d'elle des morsures ou des ruades, comme on en a souvent reçu des bêtes sauvages? — Mais en vérité elle vous dit des choses telles qu'on voudrait, au prix de sa vie, ne pas les entendre. — Et toi, depuis ton enfance, par tes cris ou tes actes de mauvaise humeur, et le jour et la nuit, combien lui as-tu causé d'ennuis, combien de tourments dans tes maladies? — Mais je ne lui ai jamais rien dit ni fait qui l'ait humiliée. — Eh quoi! trouves-tu plus difficile d'entendre ses paroles qu'il ne l'est aux comédiens de s'entendre les uns les autres dans les tragédies où ils se disent les dernières injures? — Mais comme ils savent bien qu'on ne les accuse pas pour les faire punir, et qu'on ne les menace pas pour les frapper, ils supportent tout cela facilement. — Et toi, qui sais bien que ta mère, en te parlant ainsi, non seulement n'a pas de mauvaise pensée, mais te veut du bien plus que personne, tu t'irrites contre elle? As-tu donc l'idée que ta mère te veuille du mal? — Non, certes. — Eh bien! elle, qui n'a que de bonnes intentions et qui te prodigue ses soins pour te

uérir si tu es malade ou pour que tu ne manques de
ien, elle, qui pour toi adresse aux dieux mille prières
t vœux dont elle s'acquitte, toi, tu la dis intraitable? A
ion sens, si tu ne peux supporter une mère comme elle,
u ne peux supporter le bonheur. »

Xénophon, Mémorables, II, 2.

Un ménage parfait.

Lorsqu'elle fut devenue, dit Ischomaque, familière
vec moi et comme apprivoisée jusqu'à causer libre-
1ent, je lui parlai à peu près ainsi : « Dis-moi, femme,
s-tu compris maintenant pourquoi je t'ai épousée et
ourquoi tes parents t'ont donnée à moi? Je cherchais
our moi, et tes parents cherchaient pour toi la meil-
:ure union qui permît d'avoir une maison et une
1mille; je t'ai choisie, comme ils m'ont choisi, je pense,
ntre tous les partis possibles. Si Dieu nous donne un
)ur des enfants, nous réfléchirons au moyen de les
lever le mieux possible; car ce bonheur aussi nous sera
ommun, de trouver en eux les meilleurs défenseurs
t soutiens de notre vieillesse; dès maintenant, cette
1aison nous est commune. Pour moi, en effet, tout ce
ui m'appartient je déclare le mettre en commun, comme
1 as mis en commun tout ce que tu as apporté. Il ne
iut donc plus calculer si l'un de nous a mis plus que
autre; mais il faut bien comprendre que de nous deux
) meilleur associé aura fait l'apport le plus riche. »

A ces mots, ma femme me répondit : « Que pourrais-
; donc faire pour t'aider? de quoi suis-je capable? C'est
ur ʼoi que tout repose; pour moi, ma mère m'a dit que
)ute ma tâche était de me bien conduire. — Certes oui,
:mme, et mon père m'a parlé de même. Mais un homme
t une femme qui se conduisent bien ont pour rôle d'ad-
1inistrer au mieux ce qu'ils ont et d'y ajouter, honnê-
:ment et justement, le plus possible. — Et de quoi

vois-tu que je sois capable pour augmenter notre maison? — Par Jupiter, il faut accomplir de ton mieux la tâche que la divinité, et la loi d'accord avec elle, a assignée à ton sexe. — Et quelle est-elle? — Non la moins relevée, à mon sens, et comparable à celle dont est chargée dans la ruche la reine des abeilles...

Dieu en effet a disposé la nature de la femme aux ouvrages et occupations du dedans; celle de l'homme aux ouvrages et occupations du dehors. Et, sachant qu'il avait confié à la nature de la femme le devoir de nourrir les enfants, il lui a donné pour sa part un plus grand amour des tendres nouveau-nés. Et, comme il lui confiait la garde des biens de la maison, sachant que, pour conserver, une âme craintive n'est pas un mal, il a rendu la femme plus craintive que l'homme. Mais celui qui a sa tâche au dehors devra à l'occasion repousser l'injustice : Dieu a donc donné à l'homme plus d'audace. Et, comme chacun d'eux doit donner et recevoir, il a mis également en tous deux la mémoire et l'attention... et de même la faculté égale de maîtriser ses passions, avec le droit pour celui qui serait le meilleur, homme ou femme, d'avoir aussi l'avantage dans le bien moral. Mais comme la nature n'est parfaite en tous points ni chez l'un ni chez l'autre, ils ont d'autant plus besoin l'un de l'autre; et l'union est d'autant plus utile, puisqu'à la faiblesse de l'un supplée la force de l'autre. Nous devons donc, femme, comprendre ce que la divinité réclame de chacun de nous, et chacun doit faire tout son effort pour s'acquitter du rôle qui lui convient... Toutefois, dans les fonctions qui te reviennent, il y en a une qui te semblera peut-être plus désagréable : si quelqu'un des serviteurs devient malade, tu auras à t'occuper de tous les soins. — Par Jupiter, cela me sera très agréable, s'ils doivent après avoir été bien soignés se montrer reconnaissants et plus affectueux. — Enfin, voici quel sera le plus grand charme de notre union :

c'est que tu te montres meilleure que moi et fasses de
moi ton serviteur; c'est que tu n'aies pas à craindre, en
avançant en âge, de devenir moins honorée dans la
maison; c'est que tu aies, au contraire, l'assurance, en
vieillissant et devenant pour moi une compagne meilleure, pour les enfants une meilleure maîtresse de la
maison; d'être toujours plus honorée à ton foyer. Car le
bien et le beau n'ont pas leur saison dans la jeunesse,
mais s'épanouissent au cours de la vie par les vertus. »

Xénophon, Économiques, VII.

III. — Le travail.

Quand ses amis se trouvaient dans l'embarras par
ignorance, Socrate tâchait de leur venir en aide par un
bon conseil : si cet embarras tenait à la pauvreté, il
leur apprenait à se secourir les uns les autres. Je racon-
terai à ce sujet ce que je sais. Comme, un jour, il voyait
Aristarque avec un air chagrin : « Tu me parais, dit-il,
Aristarque, être accablé; il faut partager son fardeau
avec ses amis, peut-être pourrions-nous te l'alléger. »
Aristarque répond : « Socrate, je suis dans un grand
embarras. Depuis les derniers troubles de la ville, beaucoup de citoyens se sont réfugiés au Pirée; mes sœurs,
mes nièces, mes cousines abandonnées sont toutes
venues se réunir chez moi, et elles sont si nombreuses
qu'il y a dans la maison quatorze personnes libres. Or,
nous ne retirons rien de nos terres, car elles sont au pouvoir des ennemis, ni de nos maisons, car le désert s'est
fait dans la ville. On ne peut plus vendre les marchan-
dises, ni emprunter de l'argent nulle part; on en trouverait, je pense, plutôt en cherchant sur les chemins
qu'en en empruntant. Il est dur, Socrate, de voir sa
famille mourir de faim et il est impossible de nourrir
tant de monde en de telles circonstances. »

Là-dessus Socrate : « Mais, comment se fait-il que Céramon, qui nourrit beaucoup de gens, suffit non seulement à ses besoins et aux leurs, mais encore trouve moyen de gagner pour s'enrichir ; tandis que toi, en nourrissant beaucoup de gens, tu crains que vous ne mouriez tous de misère ? — Hé ! c'est qu'il nourrit, lui, des esclaves, et moi, des personnes libres. — Et lesquels valent mieux, à ton avis, de ces personnes libres qui sont chez toi, ou des esclaves qui sont chez Céramon ? — Assurément, les personnes libres que j'ai chez moi. — N'est-il donc pas honteux que lui soit dans l'aisance grâce à des gens sans valeur, et que tu sois dans le besoin en ayant des personnes beaucoup plus estimables ? — Parbleu ! il nourrit, lui, des artisans ; et moi, des personnes qui ont reçu une éducation libérale. — Les artisans ne sont-ils pas ceux qui savent faire quelque chose d'utile ? — Sans doute. — Est-ce que la farine n'est pas utile ? — Assurément. — Et le pain ? — Il ne l'est pas moins. — Eh bien ! et les manteaux d'hommes et de femmes, les tuniques, les chlamydes, les exomides [1] ? — Assurément, tout cela est utile. — Et ceux qui sont chez toi ne savent rien faire de cela ? — Ils savent tout faire, à ce que je pense. — Pour ne parler que d'une chose, la fabrication de la farine, ne sais-tu pas que Nausicyde non seulement se nourrit, lui et ses esclaves, mais encore beaucoup de porcs et de bœufs, et fait assez de bénéfices pour faire souvent des dépenses de services publics [2] ? En faisant du pain, Cyrèbe entretient toute sa famille et vit magnifiquement ; Déméas de Collyte en fabriquant des chlamydes, Ménon des manteaux, et la plupart des habitants de Mégare vivent en

1. Exomide : Vêtement de travail sans manches, laissant libres l'épaule et le bras droit.
2. Les riches, surtout les riches ambitieux, contribuaient volontiers aux frais des services publics (par exemple ils équipaient une galère, donnaient des repas publics, etc.).

fabriquant des exomides. — Parbleu! c'est qu'ils achètent des barbares, qu'ils contraignent à produire, ce qui leur rapporte, tandis que moi, j'ai des personnes libres et des parentes. — Et, parce qu'elles sont libres et tes parentes, tu penses qu'elles ne doivent faire autre chose que manger et dormir?

Parmi les autres personnes libres, lesquelles te paraissent le mieux vivre et les plus heureuses, de celles qui vivent ainsi ou de celles qui s'occupent à ce qu'elles savent faire d'utile à la vie? Trouves-tu que la paresse et la nonchalance aident beaucoup à apprendre ce qu'il convient de savoir, à retenir ce que l'on a appris, à procurer la santé et la vigueur du corps, à acquérir, à conserver les biens utiles à la vie; et que le travail et l'application ne soient bons à rien?

Tes parentes ont-elles appris ce que tu dis qu'elles savent comme choses inutiles à la vie, et dont elles ne voulaient rien faire, ou, au contraire, pour s'y appliquer et en tirer profit? Comment donc serait-on plus sage? Est-ce en étant paresseux ou en s'occupant de choses utiles? Comment serait-on plus juste, en travaillant ou en délibérant, les bras croisés, sur les moyens de subsister? En ce moment, à mon sens, tu n'aimes pas tes parentes, et elles ne t'aiment pas; toi, parce que tu trouves qu'elles te ruinent, et elles, parce qu'elles te voient accablé de charges qu'elles t'imposent. Il y a danger que bientôt l'inimitié ne s'aggrave, et que ne s'affaiblisse la reconnaissance antérieure. Mais si tu obtiens qu'elles travaillent, tu les aimeras, en voyant qu'elles te sont utiles, et elles te chériront parce qu'elles sentiront que tu es content d'elles. Et, vous souvenant avec plus de plaisir des bienfaits passés, vous en augmenterez la reconnaissance; et ces nouveaux services vous rendront meilleurs amis et meilleurs parents. Si elles devaient travailler à quelque ouvrage honteux, elles devraient préférer la mort; mais ce qu'elles savent faire est ce qui paraît le plus beau et le plus convenable pour des femmes, et, ce qu'on sait, on le fait avec aisance, on le fait vite et bien et avec plaisir. Ne tarde donc pas à leur conseiller ce qui vous tirera d'embarras, elles et toi; je suis sûr qu'elles s'y rendront avec joie. — Eh bien! Socrate, je crois que tu as raison. Et moi, qui n'osais emprunter de l'argent, sachant bien qu'après l'avoir dépensé je ne pourrais le rendre, je me sens maintenant le courage de le faire pour mettre les travaux en train. »

Dès ce moment, l'argent de l'installation se trouva, les laines furent achetées : les parentes d'Aristarque dînaient en travaillant; après le travail, elles soupaient. L'air chagrin fit place à la gaîté, les regards défiants aux visages joyeux. Elles aimèrent Aristarque comme leur protecteur, il les aima aussi, en raison de leurs services. Enfin, revenant voir Socrate, il lui conta gaiement tout cela, et que lui seul était maintenant dans la maison accusé de manger sans rien faire. — Eh! dit Socrate, tu ne leur réponds pas comme le chien de la fable? Du temps que les bêtes parlaient, une brebis dit à son maître : Chose étrange! à nous qui te rapportons de la laine, des agneaux, du fromage, tu ne donnes que ce que nous arrachons à la terre, et, au chien qui ne rapporte rien de semblable, tu donnes sa part du pain que tu manges. Et le chien qui l'écoutait : Parbleu! dit-il, mais c'est moi qui vous empêche d'être volées par les hommes ou ravies par les loups; si moi, je ne vous gardais, vous ne pourriez même pas paître, tant vous auriez peur. Et les brebis, dit-on, trouvèrent juste que le chien leur fût préféré. Dis donc de même à tes parentes que tu es pour elles comme le chien qui les garde et veille sur elles, et que, grâce à toi, préservées de toute injure, tranquilles et heureuses, elles vivent en travaillant.

Xénophon, Mémorables, II, vii.

IV. — La Providence.

Crois-tu donc qu'il y a en toi-même de l'intelligence et qu'il n'y en a nulle part ailleurs? Tu sais que de la masse de la terre tu as en ton corps une petite partie; de toute la masse de l'eau tu as une faible portion, et de tous les autres éléments qui sont en immense quantité tu as aussi une petite partie; c'est ainsi que ton corps a été formé; et pour l'esprit, tu penses qu'il ne se trouve nulle part, que tu as eu la chance de le ravir pour toi seul, et que tout cet univers immense et infini se trouve ordonné par quelque aveugle puissance? — Oui, ma foi, car je ne vois pas les maîtres de l'univers, comme je vois les artisans de ce qui se fait sous mes yeux. — C'est que tu ne vois pas non plus ton âme qui est maîtresse de ton corps. Suivant ton raisonnement, tu as donc le droit de dire que tu n'agis pas en connaissance de cause, mais toujours au hasard. — Ne pense pas, Socrate, reprit Aristodème, que je méprise la divinité; mais elle me semble trop haute en sa magnificence pour avoir besoin de mon culte. — Plus est haute la magnificence avec laquelle elle daigne prendre soin de toi, plus tu dois l'honorer. — Sache bien que je ne négligerais pas les dieux, si je pensais qu'ils ont souci des hommes. — Et tu juges qu'ils n'en ont pas souci? eux par qui, le premier et seul de tous les animaux, l'homme a été créé pour se tenir droit : avantage qui lui permet de voir au loin, de voir mieux ce qui est au-dessus de lui, et d'être moins exposé aux dangers; eux qui ont donné aux autres animaux attachés à la terre des pieds qui leur permettent seulement de se déplacer, tandis qu'à l'homme ils ont donné, en outre, des mains, auxquelles nous devons la plupart des ouvrages qui nous rendent plus heureux que les bêtes. Tous les animaux ont une langue; mais seule, celle de l'homme est capable, par le jeu de ses

mouvements dans la bouche, de produire la voix arti-
culée, et nous permet de nous dire tout ce que nous voulons... Ainsi, il n'a pas seulement plu à Dieu de s'occuper
du corps; mais, ce qui est le plus important, il a mis
dans la nature de l'homme l'âme la meilleure.

Quel est, en effet, l'autre animal dont l'âme d'abord a
senti dans l'harmonie des plus grandes et des plus belles
choses l'existence des dieux; quelle espèce, autre que
l'homme, adore les dieux? Quelle âme est plus capable
que celle de l'homme de prévenir la faim, la soif, le froid,
le chaud, de soulager les maladies, d'exercer la force du
corps, de se rappeler tout ce qu'elle a entendu, vu ou
appris? Ne vois-tu pas avec la dernière évidence qu'auprès des autres animaux les hommes vivent comme des
dieux avec une supériorité naturelle du corps et de
l'âme?...

En effet, avec le corps d'un bœuf et l'intelligence d'un
homme, un être ne pourrait faire ce qu'il voudrait; et
ceux qui ont les mains sans l'esprit n'en sont pas mieux
partagés. Et toi, qui as par bonheur ces deux avantages
qui sont les plus précieux, tu ne penses pas que les
dieux aient souci de toi? Que faut-il donc qu'ils fassent
pour que tu le croies?...

Sache, mon cher, que ton esprit, qui est dans ton corps,
le manie comme il veut. Il faut donc croire aussi que
l'intelligence qui est dans l'univers arrange tout à son
gré. Quand ton regard peut s'étendre à plusieurs stades,
comment l'œil de Dieu serait-il impuissant à voir tout
ensemble; et quand ton âme peut s'occuper de ce qui se
passe ici, et en Égypte et en Sicile, comment l'intelligence divine ne serait-elle pas capable de songer à tout
l'univers ensemble?

En servant les hommes, tu reconnais ceux qui sont dis-
posés à te servir en retour; en leur faisant plaisir, ceux
qui veulent te faire un plaisir réciproque; en délibérant
avec eux, tu discernes ceux qui sont sensés; de même,

en servant les dieux, tu éprouveras s'ils veulent te donner un conseil sur ce qui est mystère pour les hommes; tu connaîtras la divinité, et qu'elle est assez grande et assez parfaite pour tout voir d'un coup et tout entendre, pour être partout et s'occuper de tout en même temps.

XÉNOPHON, *Mémorables*, I, IV.

PLATON[1]

I. — Sentiment de l'Idéal.

1. — IL FAUT HONORER SON AME.

Dès l'enfance, tout homme se persuade qu'il est en état de tout connaître ; il croit que les louanges qu'il prodigue à son âme sont autant d'honneurs qu'il lui rend, et il s'empresse de lui accorder la liberté de faire tout ce qu'il lui plaît. Mais nous disons, au contraire, que se comporter de la sorte, c'est nuire à son âme au lieu de l'honorer, elle qui mérite, comme nous l'avons dit, le premier rang après les dieux. Ce n'est pas non plus honorer son âme, quelque illusion qu'on se fasse là-dessus, que de rejeter toujours sur les autres ses fautes et la plupart de ses défauts, même les plus considérables, et de se croire absolument innocent ; loin de là, on lui fait par là un très grand mal. On ne l'honore point encore lorsque, malgré les discours et les insinuations du légi-lateur, on s'abandonne aux plaisirs ; mais plutôt on la déshonore, en la remplissant de maux et de remords. On la dégrade aussi, loin de l'honorer, lorsque, au lieu de s'élever par la patience au-dessus des travaux,

1. Nous empruntons la traduction de ces Extraits à l'édition du Panthéon Littéraire (1845), qui reproduit, avec corrections, la traduction Grou.

des craintes, de la douleur et des chagrins, que la loi recommande de surmonter, on y cède par lâcheté. On ne l'honore point davantage lorsqu'on se persuade que la vie est le plus grand des biens; au contraire, on la déshonore par là, parce que, regardant alors ce qui se passe dans l'autre monde comme un mal, on succombe à cette idée funeste; on n'a pas le courage d'y résister, de raisonner avec soi-même, et de se convaincre qu'on ignore si les dieux qui règnent dans les enfers ne nous y gardent pas les biens les plus précieux.

C'est encore déshonorer l'âme de la manière la plus réelle et la plus complète, que de préférer la beauté à la vertu; car cette préférence donne au corps l'avantage sur l'âme; ce qui est contre toute raison, puisque rien de terrestre ne doit l'emporter sur ce qui tire son origine du ciel; et quiconque a une autre idée de son âme ignore combien est excellent le bien qu'il dédaigne. On n'honore point non plus son âme par des présents, lorsqu'on désire amasser des richesses par des voies peu honnêtes, et qu'on n'est pas indigné contre soi-même de les avoir acquises ainsi; il s'en faut de beaucoup qu'on l'honore de cette manière, puisque c'est vendre pour un peu d'or ce que l'âme a de précieux : en effet, tout l'or qui est sur la terre et dans son sein ne mérite pas d'être mis en balance avec la vertu.

Ce qui nous honore véritablement, c'est de suivre ce qu'il y a de meilleur en nous, et de donner toute la perfection possible à ce qui est moins bon, mais susceptible d'amendement. Or, il n'est rien dans l'homme qui ait naturellement plus de disposition que l'âme à fuir le mal et à poursuivre le souverain bien, et, lorsqu'elle l'a atteint, à s'y attacher pour toujours.

Lois, livre **V.**

2. — LE BIEN EST LE PLAISIR SUPRÊME.

Tu sais que, lorsqu'on tourne les yeux vers des objets qui ne sont pas éclairés par le soleil, mais par les astres de la nuit, on a peine à les discerner, qu'on est presque aveugle, et que la vue n'est pas nette. — La chose est ainsi. — Mais que, quand on regarde des objets éclairés par le soleil, on les voit distinctement, et que la vue est très nette. — Sans doute. — Comprends que la même chose se passe à l'égard de l'âme. Quand elle fixe ses regards sur des objets éclairés par la vérité et par l'être, elle les voit clairement, les connaît et montre qu'elle est douée d'intelligence. Mais, lorsqu'elle tourne son regard sur ce qui est mêlé de ténèbres, sur ce qui naît et périt, sa vue se trouble et s'obscurcit, et elle n'a plus que des opinions qui se changent à toute heure; en un mot, elle paraît tout à fait dénuée d'intelligence. — Cela est comme tu dis. — Tiens donc pour certain que ce qui répand sur les objets des sciences la lumière de la vérité, ce qui donne à l'âme la faculté de connaître, c'est l'idée du bien, et qu'elle est le principe de la science et de la vérité, en tant qu'elles sont du domaine de l'intelligence. Quelque belles que soient la science et la vérité, tu peux assurer, sans crainte de te tromper, que l'idée du bien en est distincte et les surpasse en beauté. Et, comme dans le monde visible on a raison de penser que la lumière et la vue ont de l'analogie avec le soleil, mais qu'il serait faux de dire qu'elles sont le soleil; de même, dans le monde intelligible, on peut regarder la science et la vérité comme des images du bien, mais on aurait tort de prendre l'une ou l'autre pour le bien même, dont la nature est d'un prix infiniment plus relevé.

République, livre VI.

3. — Allégorie de la caverne.

Représente-toi à présent l'état de la nature humaine par rapport à la science et à l'ignorance, d'après le tableau que je vais faire. Imagine un antre souterrain, ayant dans toute sa longueur une ouverture qui donne une libre entrée à la lumière ; et, dans cet antre, des hommes enchaînés depuis l'enfance de sorte qu'ils ne puissent changer de place, ni tourner la tête, à cause des chaînes qui leur assujettissent les jambes et le cou, mais seulement voir les objets qu'ils ont en face. Derrière eux, à une certaine distance et une certaine hauteur, est un feu dont la lueur les éclaire, et entre ce feu et les captifs est un chemin escarpé. Le long de ce chemin, imagine un mur semblable à ces cloisons que les charlatans mettent entre eux et les spectateurs, pour leur dérober le jeu et les ressorts secrets des merveilles qu'ils leur montrent. — Je me représente tout cela. — Figure-toi des hommes qui passent le long de ce mur, portant des objets de toute espèce, des figures d'hommes et d'animaux en bois ou en pierre, de sorte que tout cela paraisse au-dessus du mur. Parmi ceux qui les portent, les uns s'entretiennent ensemble, les autres passent sans rien dire. — Voilà un étrange tableau, et d'étranges prisonniers !

— Ils nous ressemblent de point en point. Et d'abord, crois-tu qu'ils verront autre chose d'eux-mêmes et de ceux qui sont à leurs côtés, que les ombres qui vont se peindre vis-à-vis d'eux dans le fond de la caverne ? — Que pourraient-ils voir de plus, puisque, depuis leur naissance, ils sont contraints de tenir toujours la tête immobile ? — Verront-ils aussi autre chose que les ombres des objets qui passent derrière eux ? — Non. — S'ils pouvaient converser ensemble, ne conviendraient-ils pas entre eux de donner aux ombres qu'ils

voient les noms des choses mêmes? — Sans contredit.
— Et, s'il y avait au fond de leur prison un écho qui
répétât les paroles des passants, ne s'imagineraient-ils
pas entendre parler les ombres mêmes qui passent
devant leurs yeux? — Oui. — Enfin, ils ne croiraient
pas qu'il y eût autre chose de réel que ces ombres. —
Sans doute. — Vois maintenant ce qui devra naturellement leur arriver, si on les délivre de leurs fers et qu'on
les guérisse de leur erreur. Qu'on détache un de ce
captifs, qu'on le force sur-le-champ de se lever, de
tourner la tête, de marcher et de regarder du côté de la
lumière : il ne fera tout cela qu'avec des peines infinies
la lumière lui blessera les yeux, et l'éblouissement
qu'elle lui causera l'empêchera de discerner les objet
dont il voyait auparavant les ombres. Que crois-tu qu'i
répondît à celui qui lui dirait que jusqu'alors il n'a v
que des fantômes, qu'à présent il a devant les yeux de
objets plus réels et plus approchants de la vérité? S
on lui montre ensuite au doigt les choses à mesur
qu'elles se présenteront, et qu'on l'oblige à force de
questions à dire ce que c'est, ne le jettera-t-on pas dan
l'embarras, et ne se persuadera-t-il pas que ce qu'il voyai
auparavant était plus réel que ce qu'on lui montre? —
Sans doute. — Et si on le contraignait de regarder l
feu, n'aurait-il pas mal aux yeux? N'en détournerait-i
point ses regards pour les porter sur ces ombres qu'i
fixe sans effort? Ne jugerait-il pas qu'elles ont quelqu
chose de plus net et de plus distinct que tout ce qu'on lu
fait voir? — Assurément. — Si, maintenant, on l'arrach
de la caverne, et qu'on le traîne par le sentier rude e
escarpé jusqu'à la clarté du soleil, quel supplice pou
lui d'être traîné de la sorte! dans quelle fureur il entre
rait! et, lorsqu'il serait arrivé au grand jour, les yeu
tout éblouis de son éclat, pourrait-il rien voir de cett
foule d'objets que nous appelons des êtres réels? — I
ne le pourrait pas d'abord. — Il lui faudrait du temps

sans doute, pour s'y accoutumer. Ce qu'il discernerait plus aisément, ce serait d'abord les ombres, ensuite les images des hommes et des autres objets, peintes dans les eaux; enfin, les objets mêmes. De là, il porterait ses regards vers le ciel, dont il soutiendrait plus facilement la vue de nuit, à la lueur de la lune et des étoiles, qu'en plein jour à la lumière du soleil. — Sans doute. — A la fin, il serait en état non seulement de voir l'image du soleil dans les eaux et partout où son image se réfléchit, mais de le fixer, de le contempler lui-même à sa véritable place. — Oui. — Après cela, se mettant à raisonner, il en viendra à conclure que c'est le soleil qui fait les saisons et les années, qui gouverne tout dans le monde visible, et qui est en quelque sorte la cause de tout ce qui se voyait dans la caverne. — Il est évident qu'il en viendrait par degrés jusqu'à faire ces réflexions.

— S'il venait alors à se rappeler sa première demeure, l'idée qu'on y a de la sagesse, et ses compagnons d'esclavage, ne se réjouirait-il pas de son changement, et n'aurait-il pas compassion de leur malheur? — Assurément. — Crois-tu qu'il fût encore jaloux des honneurs, des louanges et des récompenses qu'on y donnait à celui qui saisissait le plus promptement les ombres à leur passage, qui se rappelait le plus sûrement celles qui allaient devant, après ou ensemble, et qui par là était le plus habile à deviner leur apparition ; ou qu'il portât envie à la condition de ceux qui, dans cette prison, étaient les plus puissants et les plus honorés? Ne préférerait-il pas, comme Achille dans Homère, de passer sa vie au service d'un pauvre laboureur et de tout souffrir, plutôt que de reprendre son premier état et ses premières illusions? — Je ne doute pas qu'il ne fût disposé à souffrir tout, plutôt que de vivre de la sorte. — Fais encore attention à ceci. S'il retournait de nouveau dans sa prison pour y reprendre son ancienne place, dans ce passage subit du grand jour à l'obscurité, ne se trouverait-il pas comme aveuglé? — Oui. — Et si, tandis qu'il ne distingue encore rien, et avant que ses yeux soient bien remis, ce qui ne pourrait arriver qu'après un assez long temps, il lui fallait entrer en dispute avec les autres prisonniers sur ces ombres, n'apprêterait-il point à rire aux autres, qui diraient de lui que, pour être monté là-haut, il a perdu la vue; ajoutant que ce serait une folie à eux de vouloir sortir du lieu où ils sont, et que, si quelqu'un s'avisait de vouloir les en tirer et les conduire en haut, il faudrait s'en saisir et le tuer? — Sans contredit.

— Eh bien, mon cher Glaucon, c'est là précisément l'image de la condition humaine. L'antre souterrain, c'est ce monde visible; le feu qui l'éclaire, c'est la lumière du soleil; ce captif qui monte à la région supérieure et qui la contemple, c'est l'âme qui s'élève jusqu'à la sphère intelligible. Voilà, du moins, quelle est ma pensée, puisque tu veux la savoir. Dieu sait si elle est vraie. Quant à moi, la chose me paraît telle que je vais dire. Aux limites du monde intellectuel, est l'idée du bien qu'on n'aperçoit qu'avec beaucoup de peine et d'effe i; mais qu'on ne peut connaître, sans conclure qu'elle est la cause première de tout ce qu' y a de beau et de bon dans l'univers; que dans ce monde visible, elle produit la lumière et l'astre qui y préside; que, dans le monde idéal, elle engendre la vérité; qu'il faut par conséquent la connaître, si l'on veut se conduire sagement dans l'administration des affaires, tant publiques que particulières.

République, livre **VII.**

II. — La justice.

DÉFINITION DE LA JUSTICE.

La justice ne s'arrête point aux actions extérieures de l'homme; elle règle son intérieur, puisqu'elle ne permet pas qu'aucune des parties de son âme fasse autre chose que ce qui lui est propre, leur défendant d'empiéter sur leurs fonctions réciproques. Elle veut que l'homme, après avoir bien déterminé à chacune les fonctions qui lui sont propres, après s'être rendu maître de lui-même, avoir établi l'ordre et la correspondance entre ces trois parties, mis entre elles un accord parfait, comme entre les trois tons extrêmes de l'harmonie, l'octave, la basse et la quinte, et les autres tons intermédiaires, s'il en existe, après avoir lié ensemble tous les éléments qui le composent, de sorte que de leur assemblage il résulte un tout bien réglé et bien concerté; elle veut, dis-je, qu'alors l'homme commence à agir, soit qu'il se propose d'amasser des richesses, ou de prendre soin de son corps, ou de mener une vie privée, ou de se mêler des affaires publiques; que dans toutes circonstances il donne le nom d'action juste et belle à toute action qui fait naître et qui entretient en lui ce bel ordre, et le nom de prudence à la science qui préside aux actions de cette nature; qu'au contraire, il appelle action injuste celle qui détruit en lui cet ordre, et ignorance l'opinion qui préside à de semblables actions. — Mon cher Socrate, rien de plus vrai que ce que tu dis.

Les actions justes et injustes sont, à l'égard de l'âme, ce que les choses saines et malsaines sont par rapport au corps. — En quoi? — Les choses saines donnent la santé, les choses malsaines engendrent la maladie. — Oui. — De même, les actions justes produisent la justice, les actions injustes l'injustice. — Sans contredit. —

Donner la santé, c'est établir entre les divers éléments de la constitution humaine l'équilibre naturel qui les soumet les uns aux autres ; engendrer la maladie, c'est faire qu'un des éléments domine sur les autres, ou soit dominé par eux, contre les lois de la nature. — Cela est vrai. — Par la même raison, produire la justice, c'est établir entre les parties de l'âme la subordination que la nature a voulu y mettre ; produire l'injustice, c'est donner à une partie sur les autres un empire qui est contre nature.

République, livre IV.

III. — Le châtiment.

1. — LA SANCTION FUTURE.

Telle est *la justice des habitants de l'Olympe* [1]. Si l'on se pervertit, on est transporté au séjour des âmes criminelles ; si l'on change de bien en mieux, on va se joindre aux âmes saintes. En un mot, dans la vie et dans toutes les morts qu'on éprouve successivement, les semblables vont à leurs semblables et en reçoivent tous les traitements qu'ils doivent naturellement en attendre. Ni toi, ni qui que ce soit, en quelque situation qu'il se trouve, ne pourra jamais se vanter de s'être soustrait à cet ordre établi par les dieux pour être observé plus inviolablement qu'aucun autre et qu'il faut infiniment respecter. Tu ne lui échapperas jamais, quand tu serais assez petit pour pénétrer dans les profondeurs de la terre, ni quand tu serais assez grand pour t'élever jusqu'au ciel ; mais tu porteras la peine qu'ils ont arrêtée, soit sur cette terre, soit aux enfers, soit dans quelque autre demeure encore plus affreuse. Il en sera de même de ceux qui, par des impie-

1. Homère, *Odyssée*, XIX, 43.

és ou par d'autres crimes, sont devenus grands de
petits qu'ils étaient et que tu as cru être passés du
malheur dans le sein du bonheur; en conséquence de
quoi, tu t'es imaginé voir dans leurs actions, comme
dans un miroir, que les dieux ne se mêlent point des
choses d'ici-bas; mais tu ne savais pas le tribut que ces
hommes si heureux doivent un jour payer à l'ordre
général.

Lois, livre X.

2. — LE CHÂTIMENT EST SALUTAIRE.

SOCRATE. A ces trois choses donc, les richesses, le
corps et l'âme, répondent trois maux, la pauvreté, la
maladie, l'injustice.

POLUS. Oui.

SOCRATE. De ces trois maux quel est le plus laid?
N'est-ce pas l'injustice et, pour le dire en un mot, le
mal de l'âme?... Donc l'injustice, l'intempérance, et les
autres vices de l'âme sont de tous les maux les plus
grands?

POLUS. Ils le paraissent.

SOCRATE. Quel art nous délivre de la pauvreté? n'est-ce
pas l'économie?

POLUS. Oui.

SOCRATE. Et de la maladie, n'est-ce pas la médecine?

POLUS. Nécessairement.

SOCRATE. Et du vice et de l'injustice?... Si tu ne comprends pas de cette manière, vois de celle-ci : Où et
chez qui conduisons-nous ceux dont le corps est
malade?

POLUS. Chez les médecins, Socrate.

SOCRATE. Où conduit-on ceux qui s'abandonnent à
l'injustice et à l'intempérance?

POLUS. Tu veux dire apparemment chez les juges.

SOCRATE. N'est-ce pas pour y être punis?

Polus. Je l'avoue.

Socrate. Ceux qui châtient avec raison ne suivent-ils pas en cela les règles d'une certaine justice?

Polus. Cela est évident.

Socrate. Ainsi, l'économie délivre de la pauvreté, la médecine de la maladie, et la justice de l'intempérance et de l'injustice.

Polus. Je le pense ainsi.

Socrate. Mais de ces trois choses dont tu parles, quelle est la plus belle?

Polus. De quelles choses?

Socrate. De l'économie, de la médecine et de la justice.

Polus. La justice l'emporte de beaucoup, Socrate.

Socrate. Puisqu'elle est la plus belle, c'est donc parce qu'elle procure le plus grand plaisir, ou la plus grande utilité, ou l'un et l'autre.

Polus. Oui.

Socrate. Est-ce une chose agréable d'être entre les mains des médecins, et le traitement qu'on fait aux malades leur cause-t-il du plaisir?

Polus. Je ne le crois pas.

Socrate. Mais c'est une chose utile, n'est-ce pas?

Polus. Oui.

Socrate. Car elle délivre d'un grand mal : en sorte qu'il est avantageux de souffrir la douleur pour recouvrer la santé.

Polus. Sans contredit.

Socrate. L'homme qui est ainsi entre les mains des médecins est-il dans la situation la plus heureuse par rapport au corps, ou bien est-ce celui qui n'a point été malade?

Polus. Il est évident que c'est celui qui n'a point été malade.

Socrate. En effet, le bonheur ne consiste pas, ce semble, à être soulagé du mal, mais à n'en avoir pas eu dès le principe.

Polus. Cela est vrai.

Socrate. Mais quoi! de deux hommes malades quant au corps ou quant à l'âme, quel est le plus malheureux, de celui qu'on traite et qu'on guérit de son mal, ou de celui qu'on ne traite point, et qui le conserve toujours?

Polus. Il me paraît que c'est celui qu'on ne guérit point.

Socrate. Ainsi la punition procure la délivrance du plus grand des maux, du vice.

Polus. J'en conviens.

Socrate. Car la justice rend sage, elle oblige à devenir plus vertueux, et elle est le remède du vice.

Polus. Oui.

Socrate. Le plus heureux, par conséquent, est celui qui ne renferme pas le vice dans son âme, puisque nous avons vu que c'est le plus grand des maux.

Polus. Cela est évident.

Socrate. Le second est celui qu'on en a délivré.

Polus. Vraisemblablement.

Socrate. C'est-à-dire celui-là même qui a reçu des avis, des réprimandes, qui a subi la punition.

Polus. Oui.

Socrate. Ainsi, celui qui renferme en soi l'injustice et n'en est pas délivré mène la vie la plus malheureuse?

Polus. Selon toute apparence.

Socrate. Cet homme, n'est-ce pas celui qui, s'étant souillé des plus grands crimes et rendu coupable des plus grandes injustices, parvient à se mettre au-dessus des réprimandes, des corrections, des punitions? Telle est, comme tu le dis, la situation d'Archélaüs et celle des autres tyrans, des orateurs et de tous ceux qui jouissent d'un grand pouvoir.

Polus. Il le semble.

Socrate. Et véritablement, mon cher Polus, tous ces gens-là ont fait à peu près la même chose que celui qui, étant attaqué des plus grandes maladies, trouverait le

moyen de ne point recevoir des médecins la correction
des vices de son corps et de ne point subir de traitement, craignant, comme un enfant, qu'on ne lui appli-
quât le fer et le feu, parce que cela fait mal. Ne te semble-t-il pas que la chose est ainsi?

Polus. Oui.

Socrate. Ce serait apparemment parce qu'il ignore
les avantages de la santé et de la bonne habitude du
corps. Il paraît, en effet, sur nos aveux précédents, que
ceux qui fuient la correction se conduisent de la même
manière, mon cher Polus. Ils voient ce qu'elle a de dou-
loureux, mais ils sont aveugles sur son utilité; ils igno-
rent combien on est plus à plaindre d'habiter avec une
âme qui n'est pas saine, mais corrompue, injuste et
impie, qu'avec un corps malade. C'est pourquoi ils mettent tout en œuvre pour échapper à la punition et n'être
point délivré du plus grand des maux. Dans cette vue,
ils amassent des richesses, ils se font des amis et s'étu-
dient à acquérir le talent de la parole et de la persua-
sion. Mais si les choses dont nous sommes convenus
sont vraies, Polus, vois-tu ce qui résulte de ce discours,
ou veux-tu que nous en tirions ensemble les conclusions?

Polus. J'y consens, à moins que tu ne sois d'un autre avis.

Socrate. Ne suit-il pas de là que l'injustice et les
actions injustes sont le plus grand des maux?

Polus. Il me le semble du moins.

Socrate. N'avons-nous pas vu que la punition procure la délivrance de ce mal?

Polus. Vraisemblablement.

Socrate. Et que l'impunité ne fait que l'entretenir?

Polus. Oui.

Socrate. Commettre l'injustice n'est donc que le
second mal pour la grandeur; mais la commettre et
n'en être point châtié, c'est le premier et le plus grand
de tous les maux.

Gorgias.

ARISTOTE[1]

I. — Vertu et Bonheur.

1. — LA VERTU EST L'ACTE PROPRE DE L'HOMME.

Tout en convenant que le bonheur est, sans contredit, le plus grand des biens, le bien suprême, peut-on désirer encore d'en connaître plus clairement la nature?

Le plus sûr moyen d'obtenir cette complète notion, c'est de savoir quelle est l'œuvre propre de l'homme. Ainsi, de même que pour le musicien, pour le statuaire, pour tout artiste, et en général pour tous ceux qui produisent quelque œuvre et qui agissent d'une façon quelconque, le bien et la perfection, ce semble, sont dans l'œuvre spéciale qu'ils accomplissent; de même, à ce qu'il paraît, l'homme doit trouver le bien dans son œuvre propre, si toutefois il est une œuvre spéciale que l'homme doive accomplir. Mais est-ce que par hasard quand le maçon, le tourneur, etc., ont une œuvre spéciale et des actes propres, l'homme seul n'en aurait pas? Ou plutôt, de même que l'œil, que la main, que le pied, et en général que chaque partie du corps remplit évidemment une fonction spéciale; de même, n'est-il pas à croire que l'homme, indépendamment de toutes

1. Nous empruntons ces Extraits à la traduction des œuvres d'Aristote par M. Barthélemy St-Hilaire.

ces fonctions diverses, a encore la sienne propre? Mais quelle peut être cette fonction caractéristique? Vivre est une fonction commune que l'homme partage même avec les plantes; et l'on ne cherche ici que ce qui lui est exclusivement spécial. Il faut donc mettre hors de ligne la vie de nutrition et de développement. A la suite, vient la vie de sensibilité; mais cette vie, à son tour, se montre également commune à d'autres êtres, au cheval, au bœuf, et en général à tout animal aussi bien qu'à l'homme. Reste donc la vie active de l'être doué de raison. Mais l'on peut en outre distinguer dans cet être la partie qui ne fait qu'obéir à la raison, et la partie qui possède directement la raison et s'en sert pour penser....

Si tout ceci est vrai, nous pouvons admettre que l'œuvre propre de l'homme, en général, est une vie d'un certain genre, et que cette vie particulière est l'activité de l'âme et une continuité d'actions que la raison accompagne; nous pouvons admettre que dans l'homme bien développé toutes ces fonctions s'accomplissent bien et régulièrement.

Mais le bien, la perfection pour chaque chose varie suivant la vertu spéciale de cette chose. Par suite, le bien propre de l'homme est l'activité de l'âme dirigée par la vertu, et, s'il y a plusieurs vertus, dirigée par la plus haute et la plus parfaite de toutes. Ajoutez encore que ces conditions doivent être remplies durant une vie entière et complète; car une seule hirondelle ne fait pas le printemps, non plus qu'un seul beau jour; et l'on ne peut pas dire davantage qu'un seul jour de bonheur, ni même quelque temps de bonheur suffise pour faire un homme heureux et fortuné.

Morale à Nicomaque, I, iv.

2. — Solidarité de la vertu et du bonheur.

Les plaisirs du vulgaire sont si différents et si opposés entre eux que ce ne sont pas, de leur nature, de rais plaisirs. Les âmes honnêtes qui aiment le beau ne goûtent que les plaisirs qui par leur nature sont des plaisirs véritables; et ceux-là, ce sont toutes les actions conformes à la vertu; elles plaisent à ces cœurs bien faits, et elles leur plaisent uniquement par elles-mêmes. Aussi la vie de ces hommes généreux n'a pas besoin le moins du monde que le plaisir vienne se joindre à elle comme une sorte d'appendice et de complément; elle porte le plaisir en elle-même; car, indépendamment de tout ce que nous venons de dire, on peut ajouter que celui qui ne trouve pas son plaisir aux actions vertueuses n'est pas vraiment vertueux [1]; de même qu'on ne peut pas appeler juste celui qui ne se plaît pas à pratiquer la justice; ni libéral celui qui ne se plaît pas aux actes de libéralité, et ainsi du reste.

Si tout ceci est vrai, ce sont les actions conformes à la vertu qui sont en elles-mêmes les vrais plaisirs de l'homme. Elles ne sont pas seulement agréables; elles sont en outre bonnes et belles; et elles le sont par-dessus toutes choses, chacune en leur genre, si toutefois l'homme vertueux sait en juger à leur juste valeur; et il en juge comme il faut, ainsi que nous l'avons dit [2]. Ainsi donc, le bonheur est tout à la fois ce qu'il y a de meilleur, de plus beau et de plus doux; car il ne faut rien séparer de tout cela, comme le fait l'inscription de Délos :

• Le juste est le plus beau; la santé le meilleur;
• Obtenir ce qu'on aime est le plus doux au cœur. •

Mais tous ces avantages se trouvent réunis dans les bonnes actions, dans les meilleures actions de l'homme,

1. Kant opposera, au contraire, radicalement la moralité au plaisir. En tout cas, même dans Aristote, c'est la vertu qui est le principe. (Voir le morceau suivant.)
2. Aristote revient souvent à cette idée. L'homme vertueux ou raisonnable, qui est • comme il faut être •, est la règle et la mesure vivantes.

et l'ensemble de ces actes, ou du moins l'acte unique qui est le meilleur et le plus parfait entre tous les autres, c'est ce que nous appelons le bonheur.

Néanmoins le bonheur, pour être complet, semble ne pouvoir se passer des biens extérieurs. Il est impossible, ou du moins il n'est pas facile de faire le bien quand on est dénué de tout; pour une foule de choses, ce sont des instruments indispensables que les amis, la richesse, l'influence politique. Il est d'autres choses encore, dont la privation altère le bonheur des hommes à qui elles manquent : la noblesse, une heureuse famille, la beauté. On ne peut pas dire qu'un homme soit heureux quand il est d'une difformité repoussante, s'il est d'une mauvaise naissance, s'il est isolé et sans enfants; encore moins peut-être peut-on dire d'un homme qu'il soit heureux, s'il a des enfants ou des amis complètement pervers, ou si la mort lui a enlevé les amis et les enfants vertueux qu'il possédait.

Ainsi donc, nous le répétons, il semble qu'il faille encore pour le bonheur ces utiles accessoires; et voilà pourquoi l'on confond souvent la fortune avec le bonheur, comme d'autres le confondent avec la vertu [1].

Morale à Nicomaque, I, vi.

3. — L'HOMME VERTUEUX NE SAURAIT ÊTRE MALHEUREUX.

Est-il donc sage d'attacher tant d'importance aux fortunes successives des hommes? Ce n'est pas en elles que se trouvent le bonheur ou le malheur; la vie humaine est exposée à ces vicissitudes inévitables, ainsi

---

1. De ces conditions du bonheur complet il y en a qui, évidemment, ne sont pas liées à la vertu : richesse, influence, politique, beauté, noblesse. La relation n'est donc pas simple entre la vertu et le bonheur. (Voir la leçon VII. Voir aussi le morceau suivant où Aristote lui-même élève la vertu et le bonheur qu'elle comporte au-dessus de ces conditions accessoires.)

que nous l'avons dit; mais ce sont les actes de vertu qui seuls décident souverainement du bonheur, comme ce sont les actes contraires qui décident de l'état contraire. La question même que nous agitons en ce moment est un témoignage de plus en faveur de notre définition du bonheur. Non, il n'y a rien dans les choses humaines qui soit constant et assuré au point où le sont les actes et la pratique de la vertu; ces actes nous apparaissent plus stables que la science elle-même. Bien plus, parmi toutes les habitudes de la vertu, celles qui font le plus d'honneur à l'homme sont aussi les plus durables, précisément parce que c'est surtout en elles que se plaisent à vivre avec le plus de constance les gens vraiment fortunés; et voilà évidemment ce qui est cause qu'ils n'oublient jamais de les pratiquer.

Ainsi, cette persévérance que nous cherchons est celle de l'homme heureux, et il la conservera durant sa vie entière; il ne pratiquera et ne considérera jamais que ce qui est conforme à la vertu; ou du moins il s'y attachera plus qu'à tout le reste. Il supportera les traverses de la fortune avec un admirable sang-froid. Celui-là saura toujours se résigner avec dignité à toutes les épreuves, dont la sincère vertu est sans tache, et qui est, on peut dire, carré par sa base.

Les accidents de la fortune étant très nombreux et ayant une importance très diverse, tantôt grande, tantôt petite, les succès peu importants ainsi que les légers malheurs sont évidemment presque sans influence sur le cours de la vie. Mais les événements considérables et répétés, s'ils sont favorables, rendent la vie plus heureuse, car ils contribuent tout naturellement à l'embellir; et l'usage qu'on en fait donne un nouveau lustre à la vertu. S'ils sont défavorables, au contraire, ils brisent et ternissent le bonheur; car ils nous apportent avec eux des chagrins et sont dans bien des cas des obstacles à notre activité. Mais, dans ces épreuves mêmes, la vertu brille de tout son éclat, quand un homme supporte d'une âme sereine de grandes et nombreuses infortunes non point par insensibilité, mais par générosité et par grandeur d'âme. Si les actes de vertu décident souverainement de la vie de l'homme, ainsi que nous venons de le dire, jamais l'homme honnête, qui ne demande le bonheur qu'à la vertu, ne peut devenir misérable puisqu'il ne commettra jamais d'actions blâmables et mauvaises. A notre avis, l'homme vraiment vertueux, l'homme vraiment sage sait endurer toutes les fortunes sans rien perdre de sa dignité; il sait toujours tirer des circonstances le meilleur parti possible, comme un bon général sait employer de la manière la plus utile au combat l'armée qu'il a sous ses ordres; comme le cordonnier sait faire la plus belle chaussure avec le cuir qu'on lui donne; comme font, chacun en leur genre, tous les autres artistes. Si ceci est vrai, l'homme heureux, parce qu'il est honnête, ne sera jamais malheureux, quoiqu'il ne soit plus fortuné, je l'avoue, s'il tombe par hasard en des malheurs pareils à ceux de Priam.

Morale à Nicomaque, I, VIII.

II. — L'Amitié.

L'amitié se manifeste principalement entre les hommes, et nous accordons nos louanges à ceux qu'on appelle philanthropes ou amis des hommes. Quiconque a fait de grands voyages a pu voir combien l'homme est partout à l'homme un être sympathique et ami. On pourrait même aller jusqu'à dire que c'est l'amitié qui est le lien des États, et que les législateurs s'en occupent avec plus de sollicitude encore que de la justice. La concorde des citoyens n'est pas sans ressemblance avec l'amitié; et c'est la concorde avant tout que les lois veulent établir, comme elles veulent avant tout bannir a discorde, qui est la plus fatale ennemie de la cité. Quand les hommes s'aiment entre eux, il n'est plus besoin de justice. Mais ils ont beau être justes, ils ont encore besoin de l'amitié; et ce qu'il y a sans contredit de plus juste au monde, c'est la justice qui s'inspire de la bien-veillance et de l'affection [1]. Non seulement l'amitié est nécessaire; mais de plus elle est belle et honorable. Nous louons ceux qui aiment leurs amis, parce que l'affection qu'on rend à ses amis nous paraît un des plus nobles sentiments que notre cœur puisse ressentir. Il y a même bien des gens qui pensent qu'on peut confondre le titre d'homme vertueux avec le titre d'homme aimant...

Il y a trois espèces d'amitié qui répondent aux trois motifs d'affection : intérêt, plaisir, vertu. Quand on aime par intérêt, et pour l'utilité, on ne recherche au fond que son bien personnel. Quand on aime par le motif du plaisir, on ne recherche réellement que ce plaisir même. Des deux sens, on n'aime pas celui qu'on aime pour ce qu'il est réellement; on l'aime simplement en tant qu'il est utile et agréable. Ces amitiés-là ne sont donc que des amitiés indirectes et accidentelles: car ce n'est pas parce que l'homme aimé est doué de telles qualités qu'on l'aime, quelles que soient d'ailleurs ces qualités; on ne l'aime que pour le profit qu'il procure, ici, de quelque bien que l'on convoite, et là, du plaisir qu'on veut goûter.

Les amitiés de ce genre se rompent très aisément, parce que ces amis prétendus ne demeurent pas long-temps semblables à eux-mêmes. Du moment que ces amis-là ne sont plus ni utiles ni agréables, on cesse bien vite de les aimer. L'utile, l'intérêt n'a rien de fixe; et il varie d'un moment à l'autre de la façon la plus complète...

1. Telle est bien l'idée antique. L'amitié est une forme supé-rieure de la justice.

. L'amitié parfaite est celle des gens qui sont ver
tueux, et qui se ressemblent par leur vertu; car ceux
là se veulent mutuellement du bien en tant qu'ils son
bons; et j'ajoute qu'ils sont bons par eux-mêmes. Ceu
qui ne veulent du bien à leurs amis que pour ce
nobles motifs sont les amis par excellence. C'est pa
eux-mêmes, par leur propre nature, et non pas acciden
tellement, qu'ils sont dans cette heureuse disposition
De là vient que l'amitié de ces cœurs généreux subsist
aussi longtemps qu'ils restent bons et vertueux eux
mêmes; or, la vertu est une chose solide et durable
Chacun des deux amis est bon absolument en soi, et
est bon également pour son ami; car les bons sont à l
fois et absolument bons et utiles en outre les uns au
autres. On peut ajouter de même qu'ils se sont mutue
lement agréables, et cela se comprend sans peine. Si le
bons sont agréables absolument, et s'ils sont agréable
aussi les uns aux autres, c'est que les actes qui nou
sont propres, ainsi que les actes qui ressemblent au
nôtres, nous causent toujours du plaisir, et que le
actions des gens vertueux ou sont vertueuses aussi, o
du moins sont pareilles entre elles. Une amitié de ce
ordre est durable, comme on peut aisément le concevoi
puisqu'elle réunit toutes les conditions qui doivent s
trouver entre les vrais amis. Il est tout simple, d'ailleur
que des amitiés aussi nobles soient fort rares, parc
qu'il y a bien peu de gens de ce caractère. Pour forme
ces liens, il faut de plus du temps et de l'habitude. L
proverbe a raison, et l'on ne peut guère se connaîtr
mutuellement, « avant d'avoir mangé ensemble les boi
seaux de sel » dont il parle. On ne peut non plus s'a
cepter, on ne peut être amis, avant de s'être montré
dignes d'affection l'un à l'autre, et avant qu'une con
fiance réciproque se soit établie. Quand on se fa
mutuellement de si rapides amitiés, on veut bien san
doute être amis; mais on ne l'est pas, et on ne le devier

érita_lement qu'à la condition d'être dignes d'amitié et
e le bien savoir de part et d'autre...

Ainsi donc, le plaisir et l'intérêt peuvent faire que des
méchants soient amis les uns des autres; ils peuvent
faire aussi que des gens honnêtes soient amis de gens
vicieux, et que des hommes qui ne sont ni l'un ni l'autre
deviennent les amis des uns ou des autres indifférem-
ment. Ce qui n'est pas moins évident, c'est que les bons
sont les seuls qui deviennent amis pour leurs amis eux-
mêmes; car les méchants ne s'aiment pas entre eux, à
moins qu'ils n'y trouvent quelque profit.

Il y a plus; l'amitié seule des bons est inaccessible
à la calomnie, parce qu'on ne peut aisément croire les
assertions de personne contre un homme qu'on a pendant longtemps éprouvé. Ces cœurs-là se fient pleine-
ment l'un à l'autre; ils n'ont jamais songé à se faire le
moindre tort, et ils ont toutes les autres qualités profondément estimables qui se trouvent dans la véritable
amitié, tandis que rien n'empêche que les amitiés d'une
autre espèce ne reçoivent ces fâcheuses atteintes [1].

Morale à Nicomaque, VIII, i, iii, iv.

III. — Les vertus pratiques.

1. — La vertu est un milieu.

La vertu se manifeste dans les passions et dans les
actes; et pour les passions et les actes, l'excès en trop
est une faute, l'excès en moins est également blâmable;
le milieu seul est digne de louanges, parce que seul il est
dans l'exacte et droite mesure; et ces deux conditions
sont le privilège de la vertu...

1. Rapprocher de ce morceau les pages de Montaigne que nous
produisons plus loin.

Ainsi donc, la vertu est une habitude, une qualité qui dépend de notre volonté, consistant dans ce milieu qui est relatif à nous, et qui est réglé par la raison comme le réglerait l'homme vraiment sage. Elle est un milieu entre deux vices, l'un par excès, l'autre par défaut; et comme les vices consistent, les uns en ce qu'ils dépassent la mesure qu'il faut garder, les autres en ce qu'ils restent en dessous de cette mesure, soit pour nos actions, soit pour nos sentiments, la vertu consiste, au contraire, à trouver le milieu pour les uns et pour les autres, et à s'y tenir en le préférant.

Voilà pourquoi la vertu, prise dans son essence et au point de vue de la définition qui exprime ce qu'elle est, doit être regardée comme un milieu. Mais relativement à la perfection et au bien, la vertu est un extrême et un sommet [1].

Morale à Nicomaque, II, vi.

2. — LE COURAGE.

L'homme courageux est inébranlable, mais en tant qu'homme; ce qui ne veut pas dire qu'il ne craindra pas les dangers que l'homme sage doit redouter. Au contraire, il les craindra comme on doit les craindre et il les supportera comme la raison veut qu'on le supporte, par le sentiment du devoir; ce qui est la fin même de la vertu. C'est qu'on peut les craindre plus ou moins qu'il ne faut, de même qu'on peut redouter aussi comme très graves des dangers qui ne sont pas redoutables. Ces fautes diverses pourront venir tantôt de ce qu'on craint ce que l'on ne doit pas craindre; tantôt de ce qu'on craint autrement qu'on ne devrait; tantôt encore de ce que la crainte n'est pas justifiée dans le

1. On comprend donc mal la pensée d'Aristote quand on lui reproche d'avoir assimilé la vertu à un état moyen, sans relief et sans caractère.

moment où on l'a, ou de ce que l'on se trompe de toute
autre manière. On peut distinguer également toutes ces
nuances pour les choses qui nous rassurent au lieu de
nous effrayer. Celui qui supporte et sait craindre ce
qu'il faut craindre et supporter; qui le fait pour une
juste cause; de la manière et dans le moment convenables, et qui sait également avoir une sage assurance
dans toutes ces conditions, celui-là est l'homme de courage; car l'homme courageux souffre et agit par une
saine appréciation des choses, et conformément aux
ordres de la raison.

Morale à Nicomaque, III, VIII.

3. — LA TEMPÉRANCE.

La tempérance s'applique aux plaisirs du corps. Mais,
ce n'est pas même à tous les plaisirs corporels, sans
exception; car les gens qui goûtent les plaisirs de la
vue, et qui jouissent, par exemple, de ceux que provoquent les couleurs, les formes, la peinture, ne sont
jamais appelés ni tempérants, ni intempérants.

La tempérance, on le voit donc, et l'intempérance
s'appliquent à ces plaisirs qui sont communs aussi aux
autres animaux; et voilà comment on dit que les passions de l'intempérance sont indignes de l'homme, et
qu'elles sont brutales...

L'homme sage et tempérant sait tenir ici le milieu
convenable; il ne goûte pas ces plaisirs qui passionnent
si violemment l'intempérant, et il sentirait plutôt de la
répugnance pour ces désordres. En général, il ne jouit
point de ce dont il ne faut pas jouir; il ne jouit avec
emportement de quoi que ce puisse être; de même qu'il
ne s'afflige pas non plus outre mesure d'une privation.
Ses désirs sont toujours également modérés, et il ne
dépasse jamais les justes bornes. Il ne forme pas davantage des vœux intempestifs, et, en général, il évite toutes

les fautes de ce genre. Il recherche avec mesure, et de la manière qui convient, tous les plaisirs qui contribuent à la santé et au bien-être; il prend même tous les autres plaisirs qui ne nuisent point à ceux-là, et qui ne sont ni contre les convenances, ni au-dessus de sa fortune. Car celui qui se laisserait aller ainsi estimerait de tels plaisirs plus qu'ils ne valent. Mais le sage n'a pas cette faiblesse, et ne fait jamais que ce que veut la droite raison.

Morale à Nicomaque, III, XI, XII, XIII.

4. — LA LIBÉRALITÉ.

Toutes les actions que la vertu inspire sont belles, et toutes, elles sont faites en vue du bien et du beau. Ainsi l'homme libéral et généreux donnera, parce qu'il est beau de donner; et il donnera convenablement, c'est-à-dire à ceux à qui il faut donner, autant qu'il faut, quand il faut et avec toutes les autres conditions qui constituent un don bien fait. J'ajoute qu'il fera ses dons avec plaisir ou du moins sans aucune peine; car, tout acte qui est conforme à la vertu est agréable, ou, du moins, il est exempt de peine, et ne peut jamais être positivement pénible. Quand on donne à qui l'on ne doit pas donner ou quand on ne donne pas parce qu'il est beau de donner, et qu'on fait un don par tout autre motif on n'est pas réellement généreux, et l'on doit être appelé d'un autre nom, quel qu'il soit. Celui qui donne avec un sentiment de peine n'est pas généreux davantage car, s'il l'osait, il préférerait son argent à la belle action qu'il fait; et ce n'est pas là le sentiment d'un homme vraiment libéral [1]...

Il est aussi très digne d'un cœur libéral de donner

1. Le Stoïcisme et le Christianisme insistent au contraire sur l'idée que la vertu est une lutte. Pour Kant, le mérite tiendra à l'effort de la volonté résistant au sentiment. Aristote conçoit une vertu sereine, heureuse, triomphante et non plus militante devenue, en un mot, une nature.

beaucoup, et même à l'excès, de façon à ne garder que la moindre part pour soi-même : c'est bien le fait d'une âme généreuse de ne pas regarder à soi. Du reste, la libéralité doit s'apprécier toujours selon la fortune. La vraie libéralité consiste, non pas dans la valeur de ce qui est donné, mais dans la position de celui qui donne; elle offre ses dons suivant sa richesse; et rien ne s'oppose à ce que celui qui donne moins soit en réalité plus généreux, s'il prélève ses dons sur une moindre fortune.

Morale à Nicomaque, IV, i.

5. — LA DOUCEUR.

La douceur est un milieu en ce qui concerne tous les sentiments emportés. Mais, à vrai dire, ce milieu n'ayant pas de nom bien précis, les extrêmes n'en ont pas davantage; et nous prenons la douceur pour un milieu, tandis qu'elle penche vers le défaut qui n'a pas non plus de nom particulier. L'excès en ce genre pourrait s'appeler irascibilité; la passion qu'on éprouve en ce cas est la colère, et les motifs qui la produisent sont aussi nombreux que différents. Celui donc qui se laisse aller à la colère dans des occasions ou contre des gens qui la méritent, et qui de plus s'y laisse aller de la manière, dans le moment, et durant tout le temps qu'il convient, celui-là doit recevoir notre approbation. C'est là, qu'on le sache bien, la vraie douceur, si la douceur est digne d'éloges. L'homme réellement doux sait ne point se troubler, et ne pas se laisser emporter par la passion; mais il s'irrite dans les occasions où la raison veut qu'on s'irrite, et tout le temps qu'elle l'ordonne. S'il semble que la douceur pèche plutôt par défaut que par excès, c'est qu'un caractère doux ne cherche pas à se venger, et qu'il incline bien davantage au pardon[1].

Morale à Nicomaque, IV, v.

1. Il y a là comme un pressentiment de la vertu chrétienne. Mais pour Aristote la douceur ne doit jamais faire oublier la justice.

6. — LA VÉRACITÉ [1].

L'homme véridique est réellement un homme d'honneur; il aime la vérité; et, la disant dans les cas même où elle est sans importance, il saura la dire à plus forte raison là où elle importe; car alors il évitera comme une infamie le mensonge, qu'en soi il aurait fui naturellement. Ce caractère-là est vraiment digne d'estime. Si parfois il s'écarte de la stricte vérité, ce sera plutôt pour affaiblir les choses; car cette atténuation du vrai a quelque chose de plus délicat; et les exagérations sont toujours faites pour choquer. Mais celui qui sans aucun motif exagère les choses à son avantage, peut passer pour vicieux; car s'il ne l'était point, il ne se plairait pas au mensonge.

Toutefois, il est plutôt léger que méchant.

Morale à Nicomaque, IV, vii.

7. — LE BON GOÛT DANS LA PLAISANTERIE.

Il y a des gens qui, poussant à l'excès la manie de faire rire, doivent passer pour des bouffons insipides et accablants, cherchant à tout propos des plaisanteries, et visant bien plus à exciter les rires qu'à dire des choses convenables et décentes et à ne point blesser celui dont ils se raillent. Au contraire, il y a d'autres gens qui ne trouvent jamais eux-mêmes rien de plaisant à dire, et qui en veulent à ceux qui ont plus d'esprit qu'eux; ce sont des personnages rustiques et grossiers. Mais ceux qui savent plaisanter avec goût sont des hommes d'un commerce aimable, et l'on pourrait presque dire d'un commerce souple et flexible; car ce sont là en quelque façon des mouvements de caractère; et, de même qu'on

---

1. Cf. Kant, Le mensonge, Voir ci-après.

ge les corps par les mouvements qu'ils font, de même
ussi l'on peut juger les caractères à des signes ana-
gues.

Cependant, comme il n'y a rien de plus commun que
plaisanterie, et qu'on se plaît d'ordinaire à s'amuser
même à pousser la raillerie au delà des justes bornes,
arrive assez souvent que les mauvais plaisants passent
ur aimables et pour des gens de bon goût. Ils en sont
in pourtant, et ils en sont même fort loin, comme on
peut juger par ce que nous venons de dire. L'adresse
u le tact est encore un avantage de la qualité moyenne,
ue nous louons en ce genre. L'homme de tact sait ne
ire et n'entendre que ce qu'il convient à un homme
mme il faut, à un homme libre, d'entendre et de dire.
y a certaines choses, en effet, qu'un honnête homme
eut dire et qu'il peut entendre en plaisantant; mais la
laisanterie de l'homme libre ne ressemble point à celle
e l'esclave, pas plus que celle de l'homme bien élevé ne
ssemble à celle de l'homme sans éducation.

Morale à Nicomaque, IV, viii.

8. — L'HONNÊTETÉ. — L'ÉQUITÉ.

L'honnête et le juste sont la même chose; et tous les
eux étant bons, la seule différence, c'est que l'honnête
t encore meilleur. Ce qui fait la difficulté, c'est que
honnête, tout en étant juste, n'est pas le juste légal, le
ste suivant la loi; mais il est une heureuse rectifica-
on de la justice rigoureusement légale... La nature
l'honnête, c'est précisément de redresser la loi là où
le se trompe, à cause de la formule générale qu'elle
it prendre. Ce qui fait encore que tout ne peut s'exé-
ter dans l'État par le moyen seul de la loi, c'est que,
ur certaines choses, il est absolument impossible de
ire une loi, et que, par conséquent, il faut pour celles-
recourir à un décret spécial. Pour toutes les choses

indéterminées, la loi doit rester indéterminée comme elles, pareille à la règle de plomb dont on se sert pour l'architecture à Lesbos [1]. Cette règle, on le sait, se plie et s'accommode à la forme de la pierre qu'elle mesure et ne reste point rigide; et c'est ainsi que le décret spécial s'accommode aux affaires diverses qui se présentent.

On voit donc clairement ce qu'est l'honnête et ce qu'est le juste, et à quelle sorte de juste l'honnête est préférable. Ceci montre avec non moins d'évidence ce que c'est que l'homme honnête : c'est celui qui préfère par un libre choix de sa raison, et qui pratique dans sa conduite des actes du genre de ceux que je viens d'indiquer, qui ne pousse pas son droit jusqu'à une fâcheuse rigueur, mais qui s'en relâche au contraire, bien qu'il ait l'appui de la loi pour lui. C'est là un homme honnête; et cette disposition morale particulière, cette vertu, c'est l'honnêteté, qui est une sorte de justice, et qui n'est pas une vertu différente de la justice elle-même.

Morale à Nicomaque, V.

L'équité consiste à pardonner aux faiblesses de l'humanité; à regarder non à la loi, mais au législateur; à considérer non la lettre, mais l'esprit des dispositions qu'il a prises; non l'acte lui-même, mais l'intention; non la partie, mais le tout; à bien peser, non pas ce qu'est actuellement le délinquant, mais ce qu'il a toujours été ou ce qu'il a été le plus longtemps. L'équité consiste encore à se souvenir du bien qu'on a éprouvé plutôt que du mal qu'on a souffert; du bien qu'on a reçu plutôt que de celui qu'on a fait. Elle consiste à supporter patiemment un dommage qu'on subit; à vouloir gagner son procès devant la raison plutôt que matériellement; enfin, à s'en rapporter plus volontiers à des arbitres qu'à un tribunal

[1]. Aristote a montré mieux que personne qu'il faut un magistrat pour appliquer et interpréter la loi.

car l'arbitre peut voir ce que l'équité autorise, et le juge ne peut voir que la loi, et l'on n'a imaginé les arbitres que pour assurer le triomphe de l'équité.

Rhétorique, I, 13.

IV. — L'éducation,

1. — IMPORTANCE DE L'ÉDUCATION.

Quant à ce qui concerne l'époux et la femme, le père et les enfants, et la vertu particulière de chacun d'eux, les relations qui les unissent, leur conduite bonne ou blâmable, et tous les actes qu'ils doivent rechercher comme louables ou fuir comme répréhensibles, ce sont là des objets dont il faut nécessairement s'occuper dans les études politiques. En effet, tous ces individus tiennent à la famille, aussi bien que la famille tient à l'État; or, la vertu des parties doit se rapporter à celle de l'ensemble. Il importe réellement au bien de l'État que les femmes soient vertueuses et les enfants bien élevés. Or, c'est là nécessairement un objet de grande importance; car les femmes composent la moitié des personnes libres; et ce sont les enfants qui formeront un jour les membres de l'État.

Politique, I, v.

2. — LA PREMIÈRE ÉDUCATION.

Si la naissance du corps précède celle de l'âme, la formation de la partie irrationnelle est antérieure à celle de la partie raisonnable. Il est bien facile de s'en convaincre : la colère, la volonté, le désir se manifestent chez les enfants aussitôt après leur naissance; le raisonnement, l'intelligence ne se montrent, dans l'ordre naturel des choses, que beaucoup plus tard. Il faut donc nécessairement s'occuper du corps avant de penser à l'âme; et après le corps, il faut songer à l'instinct, bien qu'en définitive l'on ne forme l'instinct que pour l'intelligence, et que l'on ne forme le corps qu'en vue de l'âme [1]...

Les enfants une fois nés, il faut se bien persuader que la nature de l'alimentation qui leur est donnée a la plus grande influence sur les forces corporelles. L'exemple même des autres animaux, ainsi que l'exemple des peuples qui ont souci de former le tempérament guerrier, nous prouve que la nourriture qui convient le mieux au corps est celle dont le lait fait la base, et qui écarte le vin à cause des maladies qu'il engendre [2].

Il importe aussi de savoir jusqu'à quel point il convient de leur laisser la liberté de leurs mouvements; pour éviter que leurs membres si délicats ne se déforment, quelques nations se servent, encore de nos jours, de diverses machines qui assurent à ces petits corps un développement régulier [3]. Il est utile encore, dès la plus tendre enfance, de les habituer à l'impression du froid; et cet usage n'est pas moins utile pour la santé que pour les travaux de la guerre. Aussi, bien des peuples barbares ont-ils la coutume tantôt de plonger leurs enfants dans l'eau froide, tantôt de ne leur donner qu'un vêtement fort léger; et c'est ce que font les Celtes.

Pour toutes les habitudes qu'on peut contracter, il vaut mieux s'y prendre dès l'âge le plus tendre, en ayant soin de procéder par degrés; et la chaleur naturelle des enfants leur fait très aisément affronter le froid [4]. Tels sont à peu près les soins qu'il importe le plus d'avoir pour le premier âge.

1. C'est donc toujours à l'âme que l'on pense, même en s'occupant du corps.
2. Nous modifions légèrement la traduction B. Saint-Hilaire.
3. Pur préjugé, que condamne aujourd'hui l'hygiène de l'enfance.
4. Sur l'emploi de l'eau froide et des vêtements légers, les avis sont, aujourd'hui encore, assez partagés.

Quant à l'âge qui suit celui-là et qui s'étend jusqu'à cinq ans, on ne peut encore exiger ni une application intellectuelle, ni des fatigues violentes qui arrêteraient la croissance. Mais on peut lui demander l'activité nécessaire pour éviter une entière paresse de corps. On peut alors provoquer les enfants à l'action par divers moyens, mais surtout par le jeu; et les jeux qu'on leur donne ne doivent être ni indignes d'hommes libres, ni trop pénibles, ni trop faciles. Surtout, que les magistrats chargés de l'éducation et qu'on nomme pédonomes veillent avec le plus grand soin aux paroles, aux contes qui viendront frapper ces jeunes oreilles. Tout ici doit être fait pour les préparer aux travaux qui plus tard les attendent. Que leurs jeux soient donc en général les ébauches des exercices auxquels ils se livreront dans un âge plus avancé.

On a grand tort d'ordonner par des lois de comprimer les cris et les pleurs des enfants; c'est, au contraire, un moyen de développement et une sorte d'exercice pour le corps. On se donne une force nouvelle dans un rude effort en retenant son haleine; et les enfants profitent également de leur contention à crier.

Parmi tant d'autres soins, les pédonomes veilleront aussi à ce qu'ils fréquentent le moins possible la société des esclaves; car, jusqu'à sept ans, les enfants resteront nécessairement dans la maison paternelle. Mais, malgré cette circonstance, il convient d'épargner à leurs regards et à leurs oreilles tout spectacle, toute parole indigne d'un homme libre. Le législateur devra sévèrement bannir de sa cité l'indécence des propos, comme il en bannit tout autre vice. Quand on se permet de dire des choses déshonnêtes, on est bien près de se permettre d'en faire; et l'on doit proscrire, dès l'enfance, toute parole et toute action de ce genre.

Politique, IV, 13-15.

3. — L'ÉDUCATION PUBLIQUE.

On ne saurait donc nier que l'éducation des enfants ne doive être un des objets principaux des soins du législateur. Partout où l'éducation a été négligée, l'État en a reçu une atteinte funeste. C'est que les lois doivent toujours être en rapport avec le principe de la constitution, et que les mœurs particulières de chaque cité assurent le maintien de l'État, de même qu'elles en ont seules déterminé la forme première. Des mœurs démocratiques conservent la démocratie; oligarchiques, elles conservent l'oligarchie; et, plus les mœurs sont pures, plus l'État est affermi.

Toutes les sciences, tous les arts exigent, pour qu'on y réussisse, des notions préalables, des habitudes antérieures. Il en est évidemment de même pour l'exercice de la vertu. Comme l'État tout entier n'a qu'un seul et même but, l'éducation doit être nécessairement une et identique pour tous ses membres [1]; d'où il suit qu'elle doit être un objet de surveillance publique et non particulière, bien que ce dernier système ait généralement prévalu, et qu'aujourd'hui chacun instruise ses enfants chez soi par les méthodes et, sur les objets qu'il lui plaît.

Cependant, ce qui est commun doit s'apprendre en commun; et c'est une grave erreur de croire que chaque citoyen est maître de lui-même; ils appartiennent tous à l'État, puisqu'ils en sont tous les éléments, et que les soins donnés aux parties doivent concorder avec les soins donnés à l'ensemble. A cet égard, on ne saurait trop

---

1. Pour les anciens, l'enfant appartenait à l'État avant d'être à ses parents. Platon, qui a donné à cette idée son expression la plus rigoureuse et systématique dans sa *République*, supprimait la famille. Aristote dit lui-même, quelques lignes plus bas, que tous les citoyens appartiennent à l'État. Néanmoins, il regarde la famille comme socialement et moralement nécessaire.

ouer les Lacédémoniens. L'éducation de leurs enfants
est commune et ils y attachent une importance extrême.
Pour nous, il est de toute évidence que la loi doit régler
l'éducation et que l'éducation doit être publique [1].

Politique, IV.

4. — LA GYMNASTIQUE.

Quand on cherche à former des athlètes, on nuit également à la grâce et à la croissance du corps. Les Spar-
iates, en évitant cette faute, en commettent une autre :
à force d'endurcir les enfants, ils les rendent féroces, sous
prétexte de les rendre courageux. Mais, je le répète
encore une fois, on ne doit point s'attacher exclusivement à un seul objet, et à celui-là moins qu'à tout autre.
Si l'on ne songe qu'à développer le courage, on n'atteint
même pas ce but. Le courage, dans les animaux non plus
que dans les hommes, n'appartient pas aux plus sauvages; il appartient, au contraire, à ceux qui réunissent
la douceur et la magnanimité du lion...

Il faut donc mettre au premier rang un courage généreux, et non point la férocité. Braver noblement le danger
c'est le partage ni d'un loup ni d'une bête fauve; c'est
le partage exclusif de l'homme courageux. En donnant
trop d'importance à cette partie toute secondaire de
l'éducation, et en négligeant les objets indispensables,
vous ne faites de vos enfants que de véritables manœu-
res; vous n'avez voulu les rendre bons qu'à une seule
occupation dans la société, et ils restent, même dans
cette spécialité, inférieurs à bien d'autres, comme la
raison le dit assez.

Politique, V, 4.

1. En organisant une éducation publique et en soumettant à
ses lois et règlements l'éducation privée, nous reconnaissons
plus volontiers aujourd'hui la liberté de l'individu et les droits
de la famille. Rien ne saurait justifier la « nationalisation » de
l'enfant.

LES STOÏCIENS

I. — Le devoir.

1. — Souveraineté de la raison.

Par l'honnète, nous entendons ce qui est tel que, faisant abstraction de toute sorte d'utilité et sans aucune vue d'intérêt, on puisse y attacher de l'estime et de la gloire : et quoique cette définition en donne à peu près l'idée, on le connaît encore mieux par le témoignage universel de l'opinion, et par l'exemple de tant d'hommes vertueux, qui, sans aucun autre motif que celui du beau, du juste et de l'honnète, ont fait bien des choses dont ils voyaient aisément qu'ils n'avaient nul avantage à espérer. Quelle est, en effet, la principale supériorité de l'homme sur les bêtes? C'est ce noble présent de la nature, la raison; cette intelligence vive et perçante, qui examine, qui pénètre plusieurs choses en même temps; cette sagacité d'esprit, qui voit les causes et les conséquences, qui établit les rapports, qui joint les objets séparés, qui assemble l'avenir avec le présent, et qui comprend l'état de tout le cours de la vie.

Par la raison, l'homme recherche la société des autres hommes, et il se conforme à leurs manières, à leur langage, à leurs coutumes; en sorte que de l'amitié de ses parents et de sa famille, il passe à celle de ses concitoyens, et s'étend enfin à celle de tous les mortels. L'homme, ainsi que Platon l'écrivait à Archytas, doit se souvenir qu'il n'est pas né seulement pour lui, mais pour les siens et pour sa patrie, et qu'il ne lui reste qu'une petite portion de lui-même dont il soit le maître. De plus, comme l'envie de découvrir la vérité lui est naturelle (ce qui se voit aisément, lorsque, dans notre loisir, nous cherchons même à savoir les mystères célestes), de là vient que nous aimons tout ce qui est vrai, comme la fidélité, la simplicité, la constance ; et que nous haïssons tout ce qui est faux et qui nous trompe, comme la fraude, le parjure, la malignité, l'injustice. Enfin, la raison a en elle-même je ne sais quelle force sublime et fière, plus faite pour commander que pour obéir, et qui regarde tous les accidents humains non seulement comme supportables, mais, comme indifférents : véritable puissance de l'âme, qui n'a peur de rien, ne cède à personne, et garde toujours la victoire. A ces trois divisions de l'honnête, la justice, la prudence et la force, se joint un quatrième genre de beauté, l'ordre et la proportion, qu'on transporte des objets sensibles aux choses morales, et qui, se conformant aux trois premières vertus, règle de telle sorte les discours et les actions, qu'on évite la témérité, qu'on ne nuit à personne, ni de paroles ni autrement, et qu'on se garde bien de rien faire et de rien dire qui paraisse indigne d'un noble caractère.

Cicéron, *Des vrais biens et des vrais maux*, livre II, xiv, trad. J. V. Leclerc.

2. — Origine divine du devoir.

Les autres êtres ne sont-ils pas, eux aussi des œuvres de Dieu ? Oui, mais ils ne sont pas nés pour commander, et ils ne sont pas des parties de Dieu. Toi, tu es né pour commander ; tu es un fragment détaché de la divinité ;

tu as en toi une partie de son être. Pourquoi donc méconnais-tu ta noble origine? Ne sais-tu pas d'où tu es venu? Ne consentiras-tu pas à te rappeler, quand tu es à table, qui tu es, toi qui es à table, et qui tu nourris en toi? Lorsque tu causes avec quelqu'un, lorsque tu t'exerces, lorsque tu discutes, ne sais-tu pas que tu nourris en toi un Dieu? C'est un Dieu que tu exerces! Un Dieu que tu portes partout; et tu n'en sais rien, malheureux! Et crois-tu que je parle ici d'un Dieu d'argent ou d'or en dehors de toi? Le Dieu dont je parle, tu le portes en toi-même; et tu ne t'aperçois pas que tu le souilles par tes pensées impures et tes actions infâmes!... Dieu ne s'est pas borné à te créer; il t'a confié à toi-même, remis en garde à toi-même. Ne te le rappelleras-tu pas? Et souilleras-tu ce qu'il t'a confié? Si Dieu avait remis un orphelin à ta garde, est-ce que tu le négligerais ainsi? Il t'a commis toi-même à toi-même, et il t'a dit : « Je n'ai personne à qui je me fie plus qu'à toi : garde-moi cet homme tel qu'il est né, honnête, sûr, à l'âme haute, au-dessus de la crainte, des troubles et des perturbations. » Et toi tu ne le gardes pas!

Épictète, Entretiens, XXXII, trad. Guyau. (Delagrave, édit.'

3. — Le devoir et le plaisir.

Comme en un champ labouré pour la moisson quelques fleurs naissent par intervalles, bien que ce ne soit pas pour de minces bluets, qui pourtant réjouissent les yeux, qu'on a dépensé tant de travail; l'objet du semeur était autre : la fleur est venue par surcroît; de même le plaisir n'est ni le salaire, ni le mobile de la vertu, il en est l'accessoire; ce n'est pas parce qu'elle donne du plaisir qu'on l'aime; c'est parce qu'on l'aime qu'elle donne du plaisir. Le souverain bien est dans le jugement même et la disposition d'un esprit excellent. Tu te méprends donc quand tu demandes pour quel moti j'aspire à la vertu; c'est chercher quelque chose au-dessus du sommet des choses. Ce que je cherche dans la vertu? Elle-même : elle n'a rien de meilleur, elle est à elle même son salaire. Trouves-tu que ce soit trop peu? Si je te dis : le souverain bien, c'est une inflexible rigidité de principes, c'est une prévoyance judicieuse, c'est la sagesse, l'indépendance, l'harmonie; la dignité. Exigeras-tu encore un plus haut attribut, pour y rattacher tous ceux-ci? Que me parles-tu de plaisir? Je cherche le bonheur de l'homme, non de l'estomac, qui chez le bœuf ou la bête féroce a plus de capacité.

Sénèque. De la vie heureuse, IX, trad. Baillard.
(Hachette et Cie, édit.)

4. — L'INTENTION FAIT LA VALEUR DE L'ACTION.

Les mêmes choses sont ou honteuses ou honnêtes selon l'intention ou la manière dont on les fait. Or elles sont toujours honnêtes si c'est à l'honnête que nous sommes voués, si nous n'estimons de bien sur la terre que l'honnête et ce qui s'y rattache. Toutes les autres choses ne sont des biens que par accident. On doit donc se pénétrer de convictions qui dominent l'ensemble de la vie : je les appelle dogmes. Telle que sera la conviction, telles seront les œuvres et les pensées; or les œuvres et les pensées, c'est la vie. Des conseils détachés sont trop peu pour ordonner tout un système. M. Brutus, dans le livre qu'il a intitulé Des devoirs, donne force préceptes aux parents, aux enfants, aux frères; mais nul ne les exécutera comme il faut, s'il n'a des principes où les rapporter. Il faut se proposer un but de perfection vers lequel tendent nos efforts et qu'envisagent tous nos actes, toutes nos paroles, comme le navigateur a son étoile pour le diriger dans sa course. Vivre sans but, c'est vivre à l'aventure.

Sénèque, Lettres à Lucilius, XCV, trad. Baillard.
(Hachette et Cie, édit.)

5. — LE BIEN DE L'HOMME ET LE DEVOIR.

Si tu trouves mieux dans la vie humaine que la justice, la vérité, la tempérance, le courage, en un mot que la vertu qui consiste pour ton intelligence à se suffire à elle-même pour les actes où elle te soumet à la droite raison et à s'en remettre au destin pour tout ce qui est réglé sans ta volonté; si tu vois, dis-je, quelque chose de mieux, il faut te tourner de ce côté avec toute ton âme et jouir de la perfection ainsi trouvée. Mais si tu ne découvres rien de mieux que ce génie même qui réside en toi, qui soumet à ses ordres ses propres désirs, et à son contrôle les imaginations, qui s'arrache, comme dit Socrate, aux entraînements des sens, qui se soumet lui-même aux dieux et donne aux hommes son affection; si auprès de lui tout le reste te paraît petit et de peu de prix, ne livre la place à aucun autre objet... Choisis donc, te dis-je, franchement et en homme libre ce qu'il y a de mieux, et pour t'y tenir. — Mais le bien, c'est l'utile. — Si c'est l'utile de l'être raisonnable, il faut t'y attacher; si c'est celui de l'animal, il faut le renier et garder sans orgueil la liberté de ton jugement, afin qu'au moins tu en fasses avec sûreté l'examen...

Ne regarde point autour de toi les jugements des autres, mais regarde droit devant toi vers quoi te dirige la nature; la nature de l'univers par ce qui t'arrive, la tienne par les actions auxquelles le devoir t'oblige. Et le devoir de chacun, c'est ce qui répond à son organisation; or, les autres êtres ont été organisés en vue des êtres raisonnables, comme en toutes choses l'inférieur en vue du supérieur, et les êtres raisonnables les uns pour les autres. Ainsi, ce qui domine dans l'organisation de l'homme, c'est la sociabilité. Ensuite, vient la résistance aux entraînements du corps; car c'est le propre de l'activité raisonnable et spirituelle de tracer ses bornes autour de soi, et de ne jamais succomber sous l'action des sens ni des appétits; car cela est de l'animal; l'intelligence réclame la primauté, qui ne saurait subir leur domination. Et c'est justice, puisqu'elle est née pour se servir de tout cela.

En troisième lieu, l'organisation raisonnable comporte le pouvoir d'éviter les préjugés et les erreurs. Que l'esprit ainsi pourvu marche droit; il a tout ce qui lui appartient...

MARC-AURÈLE, Pensées, liv. III, 6; VII, 55.

II. — La liberté.

1. — QUELLES SONT LES CHOSES QUI DÉPENDENT DE NOUS?

Parmi les choses, les unes dépendent de nous, les autres n'en dépendent pas. Celles qui dépendent de nous, c'est l'opinion, le vouloir, le désir, l'aversion, en un mot, tout ce qui est notre œuvre. Celles qui ne dépendent pas de nous, c'est le corps, les biens, la réputation, les dignités, en un mot, tout ce qui n'est pas notre œuvre

Et les choses qui dépendent de nous sont, par nature, libres; nul ne peut les empêcher, rien ne peut les entraver; mais celles qui ne dépendent pas de nous sont impuissantes, esclaves, sujettes à empêchement, étrangères à nous.

Souviens-toi donc que, si tu crois libres ces choses qui de leur nature sont esclaves, et propres à toi celles qui sont étrangères, tu seras entravé, affligé, troublé, tu accuseras dieux et hommes. Mais si tu crois tien cela seul qui est tien, et étranger ce qui en effet t'est étranger, nul ne te forcera jamais à faire une chose, nul ne t'en empêchera; tu ne te plaindras de personne, tu n'accuseras personne; tu ne feras pas involontairement une seule action; personne ne te nuira; et d'ennemi, tu n'en auras point, car tu ne pourras pas même souffrir rien de nuisible.

Aspirant donc à de si grandes choses, souviens-toi que ce n'est pas avec une ardeur médiocre qu'il faut t'y appliquer; parmi les objets étrangers, tu dois pour jamais dire adieu aux uns, et pour le présent ajourner les autres. Car, si tu veux avoir en même temps et les vrais biens et les dignités ou les richesses, peut-être n'obtiendras-tu même pas ces dernières pour avoir désiré les autres; mais à coup sûr tu n'obtiendras pas les biens qui donnent seuls liberté et bonheur.

Aussitôt donc, devant toute imagination pénible, exerce-toi à dire : Tu es imagination et apparence, nullement l'objet que tu parais être. — Ensuite, sonde-la, et juge-la avec les règles que tu possèdes : la première et la principale, c'est de voir s'il s'agit des choses qui dépendent de nous ou de celles qui n'en dépendent pas. S'agit-il de ces dernières, sois prêt à dire : Il n'y a rien là qui me regarde, moi.

Épictète, Manuel, I, trad. Guyau. (Delagrave, édit.)

2. — DE CE QUI NOUS APPARTIENT.

Ce qui trouble les hommes, ce ne sont pas les choses, mais les opinions sur les choses. Par exemple, la mort n'est rien de terrible, car Socrate aussi l'aurait trouvée terrible; mais notre opinion sur la mort, qui nous la fait regarder comme terrible, voilà ce qui est terrible. Lors donc que nous sommes entravés, ou troublés, ou affligés, n'accusons jamais autrui, mais nous-mêmes, c'est-à-dire nos opinions. Œuvre d'ignorant que d'accuser les autres de ses propres maux; l'homme qui commence à s'instruire s'accuse lui-même; l'homme instruit, ni les autres ni soi...

Sur quoi que ce soit, ne dis jamais : J'ai perdu cela; mais, je l'ai rendu. Ton fils est mort? tu l'as rendu. Ta femme est morte? tu l'as rendue. — On m'a pris ma terre : encore une chose que tu as rendue. — Mais c'est un méchant qui me l'a prise? — Que t'importe par qui celui qui te l'a donnée te l'a redemandée? Tant qu'il te la laisse, uses-en comme d'une chose étrangère, comme usent d'une hôtellerie ceux qui passent [1]...

Si tu veux que tes enfants et ta femme et tes amis vivent toujours, tu es fou; car tu veux que les choses qui ne dépendent pas de toi en dépendent, et que celles qui te sont étrangères soient tiennes. De même, si tu veux que ton esclave ne fasse pas de faute, tu es un sot : car tu veux que le vice ne soit pas le vice, mais autre chose. Au contraire, si tu veux ne pas être frustré dans tes désirs, tu le peux. Applique-toi donc à ce que tu peux. Celui-là est toujours maître d'un autre homme, qui a le pouvoir de lui procurer ce qui lui plaît, de lui ôter ce qui lui déplaît. Tu veux être libre : ne désire ou ne fuis rien de ce qui dépend d'autrui; sinon, tu seras nécessairement esclave.

ÉPICTÈTE, *Manuel*, V, XI, XIV, trad. Guyau. (Delagrave, édit.

3. — LA LIBERTÉ EST EN NOUS.

La terre tout entière est un point; et quelle est l'étendue du recoin qui en est habité? et dans ce recoin combien d'hommes et quels hommes feront ton éloge? Souviens-toi donc désormais de chercher une retraite dans le petit domaine de ton âme; et avant tout, pas de tiraillements ni de tension forcée : sois libre et regarde les choses comme le doit faire une âme forte, un homme,

1. A force de vouloir élever le sage au-dessus de tous les accidents et le soustraire à toutes les servitudes de la vie, le Stoïcisme en méconnaît les obligations. Cette insensibilité n'est plus vertu, et cette indépendance de la raison finirait par rejoindre l'égoïsme.

un citoyen, un être mortel. Et qu'au nombre des idées les plus familières et qui occupent ton attention soient les deux suivantes : l'une est que les objets ne touchent pas notre âme, mais restent hors d'elle, impassibles ; et que les troubles ne naissent qu'au dedans de nous et de notre opinion. L'autre est que tout ce que tu vois est en train de changer et n'existera plus.

Marc-Aurèle, Pensées, liv. IV, 3.

4. — En quoi consiste le véritable esclavage.

Puis donc que ni ceux qu'on appelle rois, ni ceux qui sont les amis des rois, ne vivent comme ils le veulent, qui est-ce qui est libre ? Cherche, et tu le trouveras ; car la nature t'a donné plus d'une voie pour découvrir la vérité. — Crois tu que la liberté soit une chose d'importance, une noble chose, une chose de prix ? — Comment non ? — Se peut-il donc qu'un homme qui possède une chose de cette importance, de cette valeur, de cette élévation, ait le cœur bas ? — Cela ne se peut. — Lors donc que tu verras quelqu'un s'abaisser devant un autre, et le flatter contre sa conviction, dis hardiment que celui-là n'est point libre, non pas seulement quand c'est pour un dîner qu'il agit ainsi, mais encore lorsque c'est pour un gouvernement ou pour le consulat. Appelle petits esclaves ceux qui se conduisent ainsi pour un petit salaire ; mais, ces autres, appelle-les de grands esclaves ; ils le méritent bien. — Soit pour ceci encore. — Crois-tu d'autre part que la liberté soit l'indépendance et la pleine disposition de soi-même ? — Comment non ? — Tous ceux donc aussi qu'il est au pouvoir d'un autre d'entraver ou de contraindre, dis hardiment qu'ils ne sont pas libres. Ne regarde pas aux pères et aux grands-pères, ne cherche pas si l'on a été acheté ou vendu ; mais, dès que tu

ntendras quelqu'un dire : « maître », sérieusement et
le cœur, appelle-le esclave, alors même que douze
aisceaux marcheraient devant lui. Plus simplement,
qui que ce soit que tu voies pleurer [1], se plaindre, se
rouver malheureux, appelle-le esclave, quand même il
porterait la robe bordée de pourpre.

ÉPICTÈTE, *Entretiens*, LXV, trad. Guyau. (Delagrave, édit.)

III. — La force d'âme.

1. — LA VERTU EST UNE LUTTE.

Si l'image de quelque volupté se présente, veille sur
oi, comme tu fais pour toutes les autres images, et ne
e laisse pas emporter par elle, mais que la chose t'at-
ende, et obtiens de toi-même quelque délai. Ensuite,
ompare les deux moments, l'un où tu jouiras de la
volupté, l'autre où, après en avoir joui, tu te repentiras
t te feras à toi-même des reproches; puis, oppose-leur
a joie que tu éprouveras si tu t'abstiens, et les louanges
que tu te donneras à toi-même. Te semble-t-il opportun
d'entreprendre l'action? prends garde de te laisser
vaincre par ses charmes et ses plaisirs et ses séduc-
ions; mais oppose-leur une chose qui vaut mieux : la
onscience d'avoir soi-même vaincu dans ce combat.

ÉPICTÈTE, *Manuel*, XXXIV, trad. Guyau. (Delagrave, édit.)

1. Nous retrouvons ici ce rigorisme du « stoïque aux yeux
ecs », dont la vertu intraitable condamne sans distinction toutes
es larmes; sans raison aussi, car il y a des larmes qui révèlent
on la lâcheté, mais la grandeur de l'homme et sa noblesse.

2. — A QUOI SERT LA FORCE D'AME.

Vespasien avait envoyé dire à Priscus Helvidius de ne pas aller au Sénat : « Il est en ton pouvoir, lui répondit-il, de ne pas me laisser être du Sénat; mais tant que j'en serai, il faut que j'y aille. — Eh bien! vas-y, lui dit l'empereur, mais tais-toi. — Ne m'interroge pas, et je me tairai. — Mais il faut que je t'interroge. — Et moi, il faut que je dise ce qui me semble juste. — Si tu le dis, je te ferai mourir. — Quand t'ai-je dit que j'étais immortel? Tu rempliras ton rôle, et je remplirai le mien. Ton rôle est de faire mourir; le mien est de mourir sans trembler. Ton rôle est d'exiler, le mien est de partir sans chagrin. » A quoi servit cette conduite de Priscus, seul comme il était? Mais en quoi la pourpre sert-elle au manteau? Que fait-elle autre chose que de ressortir sur lui en sa qualité de pourpre, et d'y être pour le reste, un spécimen de beauté?

ÉPICTÈTE, Entretiens, IV, trad. Guyau. (Delagrave, édit.

3. — C'EST LA FORCE D'AME QUI NOUS REND LIBRES.

Souviens-toi que l'esprit qui commande en toi devien inexpugnable lorsque, se repliant au dedans, il se suffi à soi-même, et ne fait pas ce qu'il ne veut pas, même s'il résiste sans raison. Que sera-ce donc si c'est avec la raison et après examen, qu'il se prononce? Voilà pourquoi c'est une citadelle qu'une intelligence libre de passion; car l'homme n'a pas de meilleur refug pour être désormais en sécurité. Celui qui ne le sai pas est ignorant, celui qui le sait et ne s'y réfugie pas est malheureux.

MARC-AURÈLE, Pensées, liv. VII, 48.

4. — COMMENT IL FAUT TIRER PROFIT DU MALHEUR.

Être semblable au promontoire, auquel constamment viennent se briser les flots. Il se dresse, immobile; et autour de lui reste, impuissant, le bouillonnement des eaux.

Quel malheur pour moi que cet accident! Ce n'est pas ce qu'il faut dire : mais quel bonheur qu'après cet accident je vive sans chagrin, sans être abattu par le présent, sans être effrayé de ce qui va venir. En effet, semblable chose pouvait arriver à n'importe qui; mais n'importe qui n'aurait pas pu le supporter sans chagrin. Pourquoi donc appeler cela un malheur plutôt que ceci un bonheur? Appelles-tu absolument malheur à l'homme ce qui n'empêche point l'homme d'atteindre le but de sa nature? Et trouves-tu que l'homme puisse être écarté du but de sa nature par ce qui ne va pas contre la volonté de cette nature? Eh quoi! Cette volonté, tu la connais. Est-ce que cet accident t'empêche d'être juste, magnanime, tempérant, sage, véridique, modeste, libre, etc., enfin d'avoir les vertus dont la présence donne à la nature de l'homme tout ce qui lui est propre? Souviens-toi désormais, à propos de tout ce qui te portera au chagrin, d'user de cette maxime, et de dire non pas que l'accident est un malheur, mais que le supporter avec courage est un bonheur.

MARC-AURÈLE, Pensées, liv. IV, 48.

5. — L'ÉGALITÉ D'HUMEUR.

De Maximus : Être maître de soi [1], n'être jamais versatile; être vaillant dans tous les contre-temps et sur-

---

1. Nous respectons dans la traduction le style décousu de ces notes, sur les renseignements à retenir de la vie de Maximus.

tout dans les maladies; égalité d'humeur accompagnée
de douceur et de gravité; s'acquitter sans se plaindre
de la tâche qui se présente; donner à tous quand il
parlait la confiance qu'il pensait de même, et quand il
agissait qu'il agissait pour bien faire; n'être étonné de
rien, surpris de rien; ni précipitation, ni lenteur, ni
indolence, ni irrésolution, ni abattement, ni enjouement
alternant avec la colère ou la mauvaise humeur; la
bienfaisance et l'esprit de pardon; ne jamais mentir
et présenter l'image d'un homme naturellement droit
plutôt que redressé; personne ne se crut jamais méprisé par lui, ni n'osa se considérer comme meilleur
que lui; enfin charmer par sa bonne grâce.

Marc-Aurèle, Pensées, liv. I, 15.

6. — L'examen de conscience.

Il faut tous les jours appeler l'âme à rendre ses
comptes. Ainsi faisait Sextius. La journée finie, prêt à
se livrer au repos de la nuit, il interrogeait son âme :
De quel défaut t'es-tu guérie? A quel vice as-tu résisté?
En quoi es-tu meilleure? La colère cédera ou se modé-
rera, si elle sait que chaque jour elle passera en jugement. Quoi de plus beau que cette habitude de scruter
ainsi toute sa journée? Quel sommeil que celui qui
vient après cette revue de soi-même! Comme il est tranquille, profond et libre, après qu'ont été distribués
l'éloge et la remontrance, après que ce droit d'enquête
et de censure a été secrètement exercé par l'âme sur
elle-même! — J'use du même droit, et me cite chaque
jour à mon tribunal. Quand on a emporté la lumière,
et que ma femme, qui sait ma coutume, a fait silence,
je fouille toute ma journée, je reviens sur toutes mes
actions et toutes mes paroles. Je ne me cache rien, je ne
me passe rien. De laquelle de mes fautes aurais-je peur

n effet, quand je puis me dire : Veille à ne pas recommencer? Pour aujourd'hui, je te pardonne. Dans cette discussion tu as mis trop d'emportement; une autre fois, ne te commets point avec des ignorants. Ceux qui n'ont jamais appris ne veulent point apprendre. A celui-à tu as donné un avertissement plus brusque qu'il ne convient : au lieu de le corriger, tu l'as offensé. Il faut se préoccuper non seulement de la vérité à dire, mais de l'humeur de celui à qui on la veut faire entendre.

SÉNÈQUE, *De la Colère*, III, 36. (Trad. de Thamin, dans *Un problème moral dans l'antiquité*, p. 208-209.)

IV. — L'amour des hommes.

1. — L'HUMANITÉ ET LA VERTU.

De tout ce qui est honnête, rien n'a plus d'éclat et ne s'étend plus loin que l'union des hommes avec les hommes, cette association où tous les avantages se confondent, cette charité commune, cet amour de l'humanité. Le sentiment dont je parle commence d'abord par l'amour des pères pour leurs enfants; puis, joignant les familles par les liens du mariage et de l'affinité, il s'étend au dehors, premièrement par les branches les parentés plus éloignées, ensuite par des alliances et des amitiés contractées, par les liaisons que forme le voisinage des demeures, par l'usage commun des mêmes coutumes et des mêmes lois, par les traités et les confédérations d'un peuple avec un autre, et enfin par le lien général de tous les hommes ensemble. Lorsque, dans cette union universelle, on rend à chacun ce qui lui appartient, et qu'on maintient une égalité convenable dans tout le genre humain, cela s'appelle justice; et la justice est toujours accompagnée de piété, de bonté, de douceur, de bienfaisance et des autres qualités semblables; mais tous ces traits ne lui appartiennent pas tellement en propre, qu'ils ne soient communs à toutes les autres vertus. Car, telle étant la nature de l'homme, qu'il semble né pour la société, il faut que chaque vertu, dans toutes les actions qui lui sont propres, contribue aux liens de cette société, et qu'elle ne les blesse en rien; et il faut pareillement que la justice, dont l'influence se répand sur les autres vertus, les embrasse toutes; car il n'y a de vraiment juste qu'un homme ferme et sage. Comme donc ce qui est honnête est, ou la vertu même, ou ce que la vertu inspire, ce mutuel concert, et cette tendance unanime de toutes les vertus à une même fin, voilà proprement ce que nous appelons honnête; et, quand la vie d'un homme y est conforme dans tous ses sentiments et toutes ses actions, elle doit être regardée comme une vie sage, droite, honnête, irréprochable et véritablement convenable à la nature.

Cicéron, Des vrais biens et des vrais maux, liv. V, xxiii,
trad. J. V. Leclerc.

2. — La solidarité humaine.

Comment faut-il agir avec les hommes? Qu'y répondons-nous, et quels sont nos préceptes? Qu'on épargne le sang humain? Combien c'est peu de ne pas nuire à qui l'on doit faire du bien! La belle gloire en effet pour un homme de n'être point féroce envers son semblable! Nous lui prescrivons de tendre la main au naufragé, de montrer la route à l'homme qui s'égare, de partager son pain avec celui qui a faim. Quand aurai-je fini de dire tout ce dont il doit s'acquitter ou s'abstenir, moi qui puis lui tracer en ce peu de mots la formule du devoir humain : ce monde que tu vois, qui comprend le domaine des dieux et des hommes, est un : nous sommes

es membres d'un grand corps. La nature nous a créés
arents, en nous tirant des mêmes principes et pour les
mêmes fins. Elle a mis en nous un amour mutuel et
nous a faits sociables; elle a établi le droit et le juste,
elle a décrété que l'auteur du mal serait plus à plaindre
que celui qui le souffre; elle commande, et je trouve
toutes prêtes des mains secourables. Qu'elle soit dans
nos cœurs et sur nos lèvres cette maxime du poète :

Ah! rien d'humain ne m'est étranger, je suis homme,

qu'elle y soit toujours; nous sommes nés pour le bien
commun. La société est l'image exacte d'une voûte qui
roulerait avec toutes ses pierres, si leur mutuelle résistance n'assurait seule sa solidité.

SÉNÈQUE, *Lettres à Lucilius*, XCV, trad. Baillard.
(Hachette et Cie, édit.)

3. — LES ESCLAVES SONT DES HOMMES.

J'apprends avec plaisir de ceux qui viennent d'auprès
de toi que tu vis en famille avec tes serviteurs : cela
fait honneur à ta sagesse, à tes lumières. « Ils sont
esclaves? » Non, ils sont hommes. « Esclaves? » Non, mais
compagnons de tente avec toi. « Esclaves? » Non, ce
sont des amis d'humble condition, tes coesclaves, dois-tu
dire, si tu songes que le sort peut autant sur toi que sur
eux. Aussi ne puis-je que rire de ceux qui tiennent à
déshonneur de souper avec leur esclave, et cela parce
que l'orgueilleuse étiquette veut qu'un maître à son
repas soit entouré d'une foule de valets tous debout...
Songe donc que cet être que tu appelles ton esclave
eu même naissance que toi, qu'il jouit du même ciel,
qu'il respire le même air, qu'il vit et meurt comme toi.
Tu peux le voir libre, il peut te voir esclave. Lors du
désastre de Varus, que de personnages de la plus haute
naissance, à qui leurs emplois militaires allaient ouvrir

le Sénat, furent dégradés par la fortune jusqu'à deveni
pâtres ou gardiens de cabanes! Après cela, méprise de
hommes au rang desquels, avec tes mépris, tu peu
passer demain!

Je ne veux pas étendre à l'infini mon texte, ni fair
une dissertation sur la conduite à tenir envers no
domestiques traités par nous avec tant de hauteur, d
cruautés, d'humiliations [1]. Voici toutefois ma doctrin
en deux mots : Sois avec ton inférieur comme tu vou
drais que ton supérieur fût avec toi. Chaque fois qu
tu songeras à l'étendue de tes droits sur ton esclave
chaque fois tu dois songer que ton maître en a d'égau
sur toi. « Mon maître! vas-tu dire, mais je n'en a
point. » Tu es jeune encore : tu peux en avoir un jour
Ignores-tu à quel âge Hécube fit l'apprentissage de l
servitude? Et Crésus! Et la mère de Darius! Et Platon
Et Diogène! Montre à ton esclave de la bienveillance
admets-le dans ta compagnie, à ton entretien, à tes con
seils, à ta table...

On me dira que j'appelle les esclaves à l'indépendance
que je dégrade les maîtres de leur prérogative, parc
qu'à la crainte je préfère le respect; oui, je le préfère, e
j'entends par là un respect de clients, de protégés. Me
contradicteurs oublient donc que c'est bien assez pou
des maîtres qu'un tribut dont Dieu se contente : le res
pect et l'amour. Or amour et crainte ne peuvent s'allie
Aussi fais-tu très bien, selon moi, de ne vouloir pa
que tes gens tremblent devant toi et de n'employer qu
les corrections verbales. Les coups ne corrigent que l
brute.

SÉNÈQUE, Lettres à Lucilius, XLVII, trad. Baillar
(Hachette et Cie, édit.)

1. C'est un point sur lequel nous avons, aujourd'hui encor
beaucoup à apprendre. Ces formules de Sénèque condamne
l'attitude de la plupart d'entre nous vis-à-vis de leurs domest
ques. Voir infrà le morceau de Fénelon sur les Domestiques.

4. — L'HOMME DOIT SUPPORTER ET AIMER SES SEMBLABLES.

Commencer le matin par se dire : je rencontrerai un importun, un ingrat, un insolent, un fourbe, un envieux, un homme insociable. Tous ces défauts leur sont venus de l'ignorance des biens et des maux. Mais moi qui sais, pour en avoir vu clairement la nature, que le bien est ce qui est beau, le mal ce qui est laid; qui sais la nature de celui même qui m'offense et qu'il est mon parent non par le sang mais par l'esprit et par notre participation à Dieu, ces hommes ne peuvent me nuire. Car aucun d'eux ne me jettera dans la laideur morale. Je ne puis non plus me mettre en colère contre mon parent, ni le détester. Car nous sommes nés pour travailler ensemble, comme les pieds, comme les mains, comme les paupières, comme les mâchoires, celle d'en haut et celle d'en bas. Ainsi notre hostilité réciproque est contre nature; or l'indignation et l'aversion sont de l'hostilité...

Le même rapport qui, dans les individus, existe entre les membres du corps existe aussi, bien qu'en des êtres séparés, entre les esprits, car ils sont faits pour une certaine collaboration. Et tu en sentiras plus vivement la pensée, si tu te dis souvent à toi-même : je suis un *membre* du corps que forment les êtres raisonnables[1]. Mais si tu dis seulement que tu en fais *partie*, tu n'aimes pas encore les hommes de tout ton cœur; la bienfaisance ne te réjouit pas encore par elle-même; c'est encore par bienséance que tu leur fais du bien; tu n'y vois pas encore ton bien propre... C'est le propre de l'homme d'aimer même ceux qui l'offensent. Cela t'arri-

—————

1. Kant dira, plus justement peut-être, un citoyen de la République des volontés libres et raisonnables.

vera si l'idée te vient qu'ils sont aussi de ta famille et que c'est par ignorance, malgré eux, qu'ils tombent en faute; que vous mourrez bientôt, eux et toi; avant tout, qu'on ne te fait pas de tort; car on n'a pas rendu ton âme pire qu'elle n'était avant.

MARC-AURÈLE, *Pensées*, liv. II, 1; liv. VII, 13, 22.

MONTAIGNE [1]

___

I. — Connais-toi toi-même.

Nous ne sommes jamais chez nous; nous sommes
toujours au delà; la crainte, le désir, l'espérance nous
élancent vers l'avenir, et nous dérobent le sentiment
et la considération de ce qui est, pour nous amuser à
ce qui sera, voire quand nous ne serons plus.

Ce grand précepte est souvent allégué en Platon :
« Fais ton fait, et te connais. » Chacun de ces deux
membres enveloppe généralement tout notre devoir,
et semblablement son compagnon [2]. Qui aurait à faire
son fait verrait que sa première leçon, c'est connaître
ce qu'il est, et ce qui lui est propre : et qui se connaît
ne prend plus le fait étranger pour le sien; s'aime et
se cultive avant toute autre chose; refuse les occupations superflues, et les pensées et propositions inutiles.
Comme la folie, quand on lui octroiera ce qu'elle désire,
ne sera pas contente, aussi est la sagesse contente de
ce qui est présent ne se déplaît jamais de soi.

Essais, liv. I, chap. III.

II. — Le témoignage de la conscience.

Il n'est vice véritablement vice qui n'offense, et qu'un
jugement entier n'accuse; car il a de la laideur et

___

1. Ces extraits de Montaigne ont été empruntés à l'édition de
Jeanroy. (Hachette et Cⁱᵉ, édit.)
2. L'autre proposition ou membre de la formule.

incommodité si apparente qu'à l'aventure ceux-là ont raison qui disent qu'il est principalement produit par bêtise et ignorance : tant est il malaisé qu'on le connaisse sans le haïr! La malice hume la plupart de son propre venin et s'en empoisonne. Le vice laisse comme un ulcère en la chair, une repentance en l'âme, qui toujours s'égratigne et s'ensanglante elle-même : car la raison efface les autres tristesses et douleurs, mais elle engendre celle de la repentance, qui est plus griève d'autant qu'elle naît au dedans, comme le froid et le chaud des fièvres est plus poignant que celui qui vient du dehors.

Il n'est pareillement bonté qui ne réjouisse une nature bien née; il y a, certes, je ne sais quelle congratulation de bien faire, qui nous réjouit en nous-mêmes, et une fierté généreuse qui accompagne la bonne conscience ; une âme courageusement vicieuse se peut, à l'aventure, garnir de sécurité; mais de cette complaisance et satisfaction, elle ne s'en peut fournir. Ce n'est pas un léger plaisir de se sentir préservé de la contagion d'un siècle si gâté, et de dire en soi : « Qui me verrait jusques dans l'âme, encore ne me trouverait-il coupable, ni de l'affliction et ruine de personne, ni de vengeance ou d'envie, ni d'offense publique des lois, ni de nouveauté et de trouble, ni de faute à ma parole; et, quoi que la licence du temps permît et apprît à chacun, si n'ai-je mis la main ni ès biens, ni en la bourse d'homme français, et n'ai vécu que sur la mienne, non plus en guerre qu'en paix, ni ne me suis servi du travail de personne sans loyer. » Ces témoignages de la conscience plaisent; et nous est grand bénéfice que cette éjouissance naturelle, et le seul paiement qui jamais ne nous manque.

Essais, liv. III, 2.

Qui n'est homme de bien que parce qu'on le saura, et parce qu'on l'en estimera mieux après l'avoir su; qui ne veut bien faire qu'en condition que sa vertu vienne à la connaissance des hommes, celui-là n'est pas personne de qui on puisse tirer beaucoup de service...

Il faut aller à la guerre pour son devoir, et en attendre cette récompense, qui ne peut faillir à toutes belles actions, pour occultes qu'elles soient, non pas même aux vertueuses pensées; c'est le contentement qu'une conscience bien réglée reçoit, en soi, de bien faire. Il faut être vaillant pour soi-même, et pour l'avantage que c'est d'avoir son courage logé en une assiette ferme et assurée contre les assauts de la fortune.

Ce n'est pas pour la montre que notre âme doit jouer son rôle; c'est chez nous, au dedans, où nuls yeux ne donnent que les nôtres : là elle nous couvre de la crainte de la mort, des douleurs et de la honte même; elle nous assure là de la perte de nos enfants, de nos amis et de nos fortunes; et quand l'opportunité s'y présente, elle nous conduit aussi aux hasards de la guerre. Ce profit est bien plus grand, et bien plus digne d'être souhaité et espéré que l'honneur et la gloire, qui n'est autre chose qu'un favorable jugement qu'on fait de nous.

Essais, liv. II, xvi.

III. — La vertu réclame l'effort.

Il me semble que la vertu est chose autre, et plus noble, que les inclinations à la bonté qui naissent en nous. Les âmes réglées d'elles-mêmes et bien nées, elles suivent même train, et représentent, en leurs actions, même visage que les vertueuses; mais la vertu sonne je ne sais quoi de plus grand et de plus actif que de se laisser, par une heureuse complexion, doucement et paisiblement conduire à la suite de la raison. Celui qui, d'une douceur et facilité naturelle, mépriserait les offenses reçues, ferait chose très belle et digne de louange ; mais celui qui, piqué et outré jusques au vif d'une offense, s'armerait des armes de la raison contre ce furieux appétit de vengeance, et, après un grand conflit, s'en rendrait enfin maître, ferait sans doute beaucoup plus. Celui-là ferait bien ; et celui-ci, vertueusement : l'une action se pourrait dire bonté ; l'autre, vertu ; car il semble que le nom de la vertu présuppose de la difficulté et du contraste, et qu'elle ne peut s'exercer sans partie [1]. C'est à l'aventure pourquoi nous nommons Dieu bon, fort, et libéral, et juste, mais nous ne le nommons pas vertueux ; ses opérations sont toutes naïves et sans effort.... Des philosophes stoïciens, et épicuriens, il y en a plusieurs qui ont jugé que ce n'était pas assez d'avoir l'âme en bonne assiette, bien réglée et bien disposée à la vertu ; ce n'était pas assez d'avoir nos résolutions et nos discours au-dessus de tous les efforts de fortune ; mais qu'il fallait encore rechercher les occasions d'en venir à la preuve : ils veulent quêter [2] de la douleur, de la nécessité, et du mépris, pour les combattre, et pour tenir leur âme en haleine. C'est l'une des raisons pourquoi Épaminondas refuse des richesses que la fortune lui met en main par une voie très légitime, pour avoir, dit-il, à s'escrimer contre la pauvreté, en laquelle extrême il se maintint toujours. Socrate s'essayait, ce me semble, encore plus rudement, conservant pour son exercice la malignité de sa femme, qui est un essai à fer émoulu. Métellus, ayant, seul de tous les sénateurs romains, entrepris, par l'effort de sa vertu, de soutenir la violence de Saturninus, tribun du peuple à Rome, qui

1. Sans partie adverse, sans opposition.
2. Rechercher, aller au-devant.

voulait à toute force faire passer une loi injuste en
faveur de la commune, et ayant encouru par là les
peines capitales que Saturninus avait établies contre
les refusants, entretenait ceux qui, en cette extrémité
le conduisaient en la place, de tels propos : « Que c'était
chose trop facile et trop lâche que de mal faire ; et
que de faire bien où il n'y eût point de danger, c'était
chose vulgaire ; mais de faire bien où il y eût danger,
c'était le propre office d'un homme de vertu. » Ces
paroles de Métellus nous représentent bien clairement
ce que je voulais vérifier, que la vertu refuse la facilité
pour compagne ; et que cette aisée, douce et pen-
chante voie, par où se conduisent les pas réglés d'une
bonne inclination de nature, n'est pas celle de la vraie
vertu : elle demande un chemin âpre et épineux [1] ; elle
veut avoir, ou des difficultés étrangères à lutter,
comme celle de Métellus, par le moyen desquelles fortune se plaît à lui rompre la raideur de sa course, ou
des difficultés internes que lui apportent les appétits
désordonnés et imperfections de notre condition.

Essais, liv. II, 11.

IV. — De la franchise.

Quant à cette nouvelle vertu de feintise et dissimu-
lation, qui est à cette heure si fort en crédit, je la hais
capitalement, et de tous les vices, je n'en trouve aucun
qui témoigne tant de lâcheté et bassesse de cœur.
C'est une humeur couarde et servile de s'aller déguiser
et cacher sous un masque, et de n'oser se faire voir
tel qu'on est : par là nos hommes se dressent à la

1. Montaigne, qui exprime ici l'idée stoïcienne, a parlé ailleurs
tout autrement de la vertu « ayant pour guide nature, fortune
et volupté pour compagnes », I. 25. C'est l'idée épicurienne, plus
familière et plus chère à Montaigne.

perfidie ; étant duits [1] à produire des paroles fausses, ils ne font pas conscience d'y manquer. Un cœur généreux ne doit point démentir ses pensées ; il se veut faire voir jusques au dedans ; tout y est bon, ou au moins, tout y est humain. Aristote estime office de magnanimité, haïr et aimer à découvert ; juger, parler avec toute franchise et, au prix de la vérité, ne faire cas de l'approbation ou réprobation d'autrui. Apollonius disait que « c'était aux serfs de mentir, et aux libres de dire vérité » : c'est la première et fondamentale partie de la vertu ; il la faut aimer pour elle-même. Celui qui dit vrai, parce qu'il y est d'ailleurs obligé, et parce qu'il sert [2], et qui ne craint point à dire mensonge, quand il n'importe à personne, il n'est pas véritable suffisamment. Mon âme, de sa complexion, refuit la menterie, et hait même à la penser : j'ai un interne vergogne [3] et un remords piquant, si parfois elle m'échappe ; comme parfois elle m'échappe, les occasions me surprenant et agitant impréméditement [4]. Il ne faut pas toujours dire tout ; car ce serait sottise ; mais ce qu'on dit, il faut qu'il soit tel qu'on le pense ; autrement, c'est méchanceté [5].

Essais, liv. II, xvii.

V. — De l'amitié.

Au demeurant, ce que nous appelons ordinairement amis et amitiés, ce ne sont qu'accointances et familiarités nouées par quelque occasion ou commodité, par le moyen de laquelle nos âmes s'entretiennent. En l'amitié

1. « Induits » ou « conduits ».
2. Parce que cela est utile.
3. Une honte intérieure.
4. Sans préméditation de ma part, à l'improviste.
5. Vice, acte de volonté mauvaise.

quoi je parle, elles se mêlent et confondent l'une en
autre d'un mélange si universel, qu'elles effacent et
retrouvent plus la couture qui les a jointes. Si on
e presse de dire pourquoi je l'aimais [1], je sens que
la ne se peut exprimer qu'en répondant : « Parce que
était lui; parce que c'était moi... »

Qu'on ne mette pas en ce rang ces autres amitiés
mmunes; j'en ai autant de connaissance qu'un autre,
des plus parfaites de leur genre : mais je ne conseille
s qu'on confonde leurs règles; on s'y tromperait. Il
ut marcher en ces autres amitiés la bride à la main,
vec prudence et précaution : la liaison n'est pas
uée en manière qu'on n'ait aucunement à s'en défier.
Aimez-le, disait Chilon, comme ayant quelque jour à
haïr; haïssez-le comme ayant à l'aimer. » Ce précepte,
i est si abominable en cette souveraine et maîtresse
mitié, il est salubre en l'usage des amitiés ordinaires
coutumières; à l'endroit desquelles il faut employer
mot qu'Aristote avait très familier : « O mes amis! il
y a nul ami. » En ce noble commerce, les offices et les
enfaits, nourriciers des autres amitiés, ne méritent
s seulement d'être mis en compte...

Si, en l'amitié de quoi je parle, l'un pouvait donner à
utre, ce serait celui qui recevrait le bienfait qui
bligerait son compagnon : car, cherchant l'un et
utre, plus que toute autre chose, de s'entre-bienfaire,
lui qui en prête la matière et l'occasion est celui-là
ui fait le libéral, donnant ce contentement à son ami
effectuer en son endroit ce qu'il désire le plus [2].

Essais, liv. I, xxvii.

1. On sait que cet ami était La Boétie.
2. Comparer avec ce morceau les extraits d'Aristote, p. 112.

VI. — Savoir par cœur n'est pas savoir.

Nous ne travaillons qu'à remplir la mémoire, et laissons l'entendement et la conscience vides. Tout ainsi que les oiseaux vont quelquefois à la quête du grain et le portent au bec sans le tâter, pour en faire béchée à leurs petits : ainsi nos pédants vont pillotants la science dans les livres, et ne la logent qu'au bout de leurs lèvres, pour la dégorger seulement et mettre au vent...

Mais qui pis est leurs écoliers et leurs petits ne s'en nourrissent et alimentent non plus; ainsi elle passe de main en main, pour cette seule fin d'en faire parade, d'en entretenir autrui et d'en faire des contes, comme une vaine monnaie inutile à tout autre usage et emploi qu'à compter et jeter...

Nous savons dire : « Cicéron dit ainsi; voilà les mœurs de Platon; ce sont les mots mêmes d'Aristote. » Mais nous, que disons-nous nous-mêmes? que jugeons-nous? que faisons-nous? Autant en dirait bien un perroquet.

Essais, liv. I, xxiv.

VII. — Ce qu'il faut savoir.

On lui dira, que c'est que savoir et ignorer, qui doit être le but de l'étude; que c'est que vaillance, tempérance et justice; ce qu'il y a à dire entre l'ambition et l'avarice, la servitude et la sujétion, la licence et la liberté; à quelles marques on connaît le vrai et solide contentement; jusques où il faut craindre la mort, la douleur et la honte; quels ressorts nous meuvent, et le moyen de tant de divers branles en nous : car il me semble que les premiers discours de quoi on lui doit abreuver l'entendement, ce doivent être ceux qui

règlent ses mœurs et son sens ; qui lui apprendront à
se connaître, et à savoir bien mourir et bien vivre.
Entre les arts libéraux, commençons par l'art qui nous
fait libres : elles [1] servent toutes voirement en quelque
manière à l'instruction de notre vie et à son usage,
comme toutes autres choses y servent en quelque
manière aussi ; mais choisissons celle qui y sert directement et professoirement. Si nous savions restreindre
les appartenances de notre vie à leurs justes et naturelles
limites, nous trouverions que la meilleure part des
sciences qui sont en usage est hors de notre usage ; et
en celles mêmes qui le sont, qu'il y a des étendues et
enfonçures très inutiles que nous ferions mieux de
laisser là.

Essais, liv. I, xxv.

VIII. — L'éducation libérale.

Otez-moi la violence et la force : il n'est rien, à mon
avis, qui abâtardisse et étourdisse si fort une nature
bien née. Si vous avez envie qu'il craigne la honte et
le châtiment, ne l'y endurcissez pas : endurcissez-le à
la sueur et au froid, au vent, au soleil et aux hasards
qu'il lui faut mépriser ; ôtez lui toute mollesse et
délicatesse au vêtir et coucher, au manger et au boire,
accoutumez-le à tout, que ce ne soit pas un beau
garçon et dameret, mais un garçon vert et vigoureux.
Enfant, homme vieil, j'ai toujours cru et jugé de même.
Mais, entre autres choses, cette police de la plupart
de nos collèges m'a toujours déplu : on eût failli, à
l'aventure, moins dommageablement, s'inclinant vers
l'indulgence. C'est une vraie geôle de jeunesse captive :
on la rend débauchée, l'en punissant avant qu'elle le

1. Art est ici du féminin, comme en latin.

soit. Arrivez-y sur le point de leur office [1] vous n'oyez que cris, et d'enfants suppliciés, et de maîtres enivrés en leur colère. Quelle manière pour éveiller l'appétit envers leur leçon, à ces tendres âmes et craintives, de les y guider d'une trogne effroyable, les mains armées de fouets! Inique et pernicieuse forme!... Combien leurs classes seraient plus décemment jonchées de fleurs et de feuilles, que de tronçons d'osiers sanglants!

Essais, 'iv. I, xxv.

1. Au moment de leur travail.

DIX-SEPTIÈME SIÈCLE

I. — Descartes.

1. — LA PHILOSOPHIE.

J'aurais ensuite fait considérer l'utilité de cette philosophie, et montré que, puisqu'elle s'étend à tout ce que
l'esprit humain peut savoir, on doit croire que c'est
la seule qui nous distingue des plus sauvages et barbares, et que chaque nation est d'autant plus civilisée
et polie que les hommes y philosophent mieux; et ainsi
que c'est le plus grand bien qui puisse être dans un
État que d'avoir de vrais philosophes. Et outre cela que,
pour chaque homme en particulier, il n'est pas seulement utile de vivre avec ceux qui s'appliquent à cette
étude, mais qu'il est incomparablement meilleur de s'y
appliquer soi-même : comme, sans doute, il vaut beaucoup mieux se servir de ses propres yeux pour se conduire, et jouir par même moyen de la beauté des couleurs et de la lumière, que non pas de les avoir fermés
à suivre la conduite d'un autre; mais ce dernier est
encore meilleur que de les tenir fermés, et n'avoir que
lui pour se conduire. Or c'est proprement avoir les yeux
fermés, sans tâcher jamais de les ouvrir, que de vivre
sans philosopher; et le plaisir de voir toutes les choses
que notre vue découvre n'est point comparable à la
satisfaction que donne la connaissance de celles qu'on

trouve par la philosophie; et, enfin, cette étude est plu
nécessaire pour régler nos mœurs et nous conduire en
cette vie, que n'est l'usage de nos yeux pour guider no
pas. Les bêtes brutes, qui n'ont que leur corps à con
server, s'occupent continuellement à chercher de quo
le nourrir; mais les hommes, dont la principale parti
est l'esprit, devraient employer leurs principaux soins
la recherche de la sagesse, qui en est la vraie nourri
ture; et je m'assure aussi qu'il y en a plusieurs qui n'
manqueraient pas, s'ils avaient espérance d'y réussi
et qu'ils sussent combien ils en sont capables. Il n'y
point d'âme tant soit peu noble qui demeure si for
attachée aux objets des sens qu'elle ne s'en détourn
quelquefois pour souhaiter quelque autre plus gran
bien, nonobstant qu'elle ignore souvent en quoi il con
siste. Ceux que la fortune favorise le plus, qui on
abondance de santé, d'honneurs, de richesses, ne son
pas plus exempts de ce désir que les autres; au contrair
je me persuade que ce sont eux qui soupirent avec l
plus d'ardeur après un autre bien, plus souverain qu
tous ceux qu'ils possèdent. Or ce souverain bien, con
sidéré par la raison naturelle sans la lumière de la fo
n'est autre chose que la connaissance de la vérité pa
ses premières causes, c'est-à-dire la sagesse, dont l
philosophie est l'étude [1]. Et, parce que toutes ces chose

1. Des esprits moins dogmatiques que Descartes trouvent mêm
que ce qui fait le prix de la philosophie, ce n'est pas la posse
sion, mais la recherche de la vérité. Cette idée est éloquemmen
exprimée par Bersot (*Libre Philosophie*) : « Ce qui importe, ce n'e
pas l'unité, c'est la vie, ce sont les mâles inquiétudes, c'est
souci des choses spirituelles. Là où est ce souci, il va jusqu
purifier l'erreur; tandis qu'elle tend à abaisser et à corromp
l'âme, il la guérit et la relève; il fait la vertu d'Épicure, c
Lucrèce et de Spinoza. La philosophie n'est pas la sagesse; el
n'est, comme elle se nomme elle-même d'un beau nom, qu
l'amour de la sagesse. L'âme philosophique n'est pas celle q
possède la vérité, c'est celle qui l'aime. Si elle croit l'avoir, el

ont entièrement vraies, elles ne seraient pas difficiles
persuader si elles étaient bien déduites.

Préface des Principes.

2. — MORALE PROVISOIRE[1].

La première [maxime] était d'obéir aux lois et aux
outumes de mon pays, retenant constamment la reli-
ion en laquelle Dieu m'a fait la grâce d'être instruit
ès mon enfance et me gouvernant en toute autre chose
uivant les opinions les plus modérées et les plus éloi-
nées de l'excès, qui fussent communément reçues en
ratique par les mieux sensés de ceux avec lesquels
aurais à vivre... Et entre plusieurs opinions également
eçues, je ne choisissais que les plus modérées, tant à
ause que ce sont toujours les plus commodes pour la
ratique, et vraisemblablement les meilleures, tout
xcès ayant coutume d'être mauvais, comme aussi afin
e me détourner moins du vrai chemin, en cas que je
aillisse, que si, ayant choisi l'un des extrèmes, c'eût
té l'autre qu'il eût fallu suivre...

Ma seconde maxime était d'être le plus ferme et le
lus résolu en mes actions que je pourrais, et de ne
uivre pas moins constamment les opinions les plus
outeuses lorsque je m'y serais une fois déterminé, que
i elles eussent été très assurées, imitant en ceci les
oyageurs qui, se trouvant égarés en quelque forêt, ne
oivent pas errer en tournoyant tantôt d'un côté, tantôt
'un autre, ni encore moins s'arrêter en une place, mais

y attache, si elle ne croit pas l'avoir, elle la cherche, et, même
ans la chercher, il suffit qu'elle la désire. L'âme la plus philo-
ophique est celle qui désire le plus la vérité.

1. Descartes ayant entrepris de reconstruire tout le système de
es idées, adopta pour la conduite de sa vie, et en attendant sa
orale définitive, les règles suivantes. Il n'a pas constitué cette
iorale définitive; on en peut seulement saisir quelques traits,
urtout dans ses Lettres.

marcher toujours le plus droit qu'ils peuvent vers un
même côté, et ne le changer point pour de faibles raisons, encore que ce n'ait peut-être été au commencement que le hasard seul qui les ait déterminés à le
choisir; car, par ce moyen, s'ils ne vont justement où
ils désirent, ils arriveront au moins à la fin quelque
part, où vraisemblablement ils seront mieux que dans
le milieu d'une forêt. Et ainsi, les actions de la vie ne
souffrant souvent aucun délai, c'est une vérité très certaine que, lorsqu'il n'est pas en notre pouvoir de discerner les plus vraies opinions, nous devons suivre les
plus probables; et même qu'encore que nous ne remar-
quions point davantage de probabilité aux unes qu'aux
autres, nous devons néanmoins nous déterminer à
quelques-unes et les considérer après, non plus comme
douteuses en tant qu'elles se rapportent à la pratique,
mais comme très vraies et très certaines, à cause que
la raison qui nous y a fait déterminer se trouve telle...

Ma troisième maxime était de tâcher toujours plutôt à
me vaincre que la fortune, et à changer mes désirs que
l'ordre du monde, et généralement de m'accoutumer à
croire qu'il n'y a rien qui soit entièrement en notre pouvoir que nos pensées, en sorte qu'après que nous avons
fait notre mieux touchant les choses qui nous sont extérieures, tout ce qui manque de nous réussir est au
regard de nous absolument impossible. Et ceci me sem-
blait être suffisant pour m'empêcher de rien désirer à
l'avenir que je n'acquisse, et ainsi pour me rendre content... Faisant, comme on dit, de nécessité vertu, nous
ne désirerons pas davantage d'être sains étant malades
ou d'être libres étant en prison, que nous faisons maintenant d'avoir des corps d'une matière aussi peu cor-
ruptible que les diamants, ou des ailes pour voler comme
les oiseaux. Mais j'avoue qu'il est besoin d'un long
exercice et d'une méditation souvent réitérée pour s'accoutumer à regarder de ce biais toutes les choses; et je

rois que c'est précisément en ceci que consistait le
secret de ces philosophes qui ont pu autrefois se sous-
raire à l'empire de la fortune, et, malgré les douleurs
t la pauvreté, disputer de la félicité avec leurs dieux[1].

Discours de la méthode, 3e partie.

3. — QUE LE SOUVERAIN
BIEN EST DANS LA BONNE VOLONTÉ.

Je ne vois rien que nous devions estimer bien, sinon
e qui nous appartient en quelque façon, et qui est tel
que c'est perfection pour nous de l'avoir...

... Le souverain bien de tous les hommes ensemble
st un amas ou un assemblage de tous les biens tant de
l'âme que du corps et de la fortune, qui peuvent être
n quelques hommes; mais celui d'un chacun en parti-
ulier est tout autre chose, et il ne consiste qu'en une
erme volonté de bien faire et au contentement qu'elle
roduit : dont la raison est que je ne remarque aucun
utre bien qui me semble si grand, ni qui soit entière-
ent au pouvoir d'un chacun. Car pour les biens du
orps et de la fortune, ils ne dépendent point absolu-
ent de nous; et ceux de l'âme se rapportent tous à
eux chefs, qui sont l'un de connaître et l'autre de vou-
ir ce qui est bon : mais la connaissance est souvent
u delà de nos forces; c'est pourquoi il ne reste que
otre volonté dont nous puissions absolument dispo-
er[2]. Et je ne vois point qu'il soit possible d'en dispo-
er mieux que si l'on a toujours une ferme et constante
ésolution de faire exactement toutes les choses que

1. On a déjà reconnu le caractère stoïcien de ces maximes, et
artout des deux dernières. Voir ci-dessus les extraits des
toïciens.
2. C'est ce que soutenait déjà Descartes dans le *Discours de la
méthode*, en disant qu'il n'y a rien en notre pouvoir que nos
ensées. Ceci encore est tout stoïcien.

l'on jugera être les meilleures, et d'employer toutes les forces de son esprit à les bien connaître; c'est en cela seul que consistent toutes les vertus; c'est cela seul qui, à proprement parler, mérite de la louange et de la gloire; enfin, c'est de cela seul que résulte toujours le plus grand et le plus solide contentement de la vie; ainsi j'estime que c'est en cela que consiste le souverain bien.

. . . .

Je remarque aussi que la grandeur d'un bien à notre égard ne doit pas seulement être mesurée par la valeur de la chose en quoi il consiste, mais principalement aussi par la façon dont il se rapporte à nous, et qu'outre que le libre arbitre est de soi la chose la plus noble qui puisse être en nous, d'autant qu'il nous rend en quelque façon pareils à Dieu et semble nous exempter de lui être sujets, et que par conséquent son bon usage est le plus grand de tous nos biens, il est aussi celui qui est le plus proprement nôtre et qui nous importe le plus; d'où il suit que ce n'est que de lui que nos plus grands contentements peuvent procéder; aussi voit-on, par exemple, que le repos d'esprit et la satisfaction intérieure que sentent en eux-mêmes ceux qui savent qu'ils ne manquent jamais à faire leur mieux, tant pour connaître le bien que pour l'acquérir, est un plaisir sans comparaison plus doux, plus durable et plus solide que tous ceux qui viennent d'ailleurs.

Lettre à la reine de Suède, du 20 nov. 1647.

4. — DE LA GÉNÉROSITÉ [1].

Pour ce que l'une des principales parties de la sagesse est de savoir en quelle façon et pour quelle cause chacu

1. M. Lanson a ingénieusement comparé la psychologie cornélienne avec la psychologie cartésienne, telle qu'elle ressort surtout de ce passage. (Voir LANSON, *Hommes et livres.*)

se doit estimer, ou mépriser, je tâcherai ici d'en dire mon opinion. Je ne remarque en nous qu'une seule chose qui nous puisse donner juste raison de nous estimer, à savoir l'usage de notre libre arbitre et l'empire que nous avons sur nos volontés ; car il n'y a que les seules actions qui dépendent de ce libre arbitre pour lesquelles nous puissions avec raison être loués ou blâmés ; et il nous rend en quelque façon semblables à Dieu, en nous faisant maîtres de nous-mêmes, pourvu que nous ne perdions point par lâcheté les droits qu'il nous donne [1].

Ainsi, je crois que la vraie générosité, qui fait qu'un homme s'estime au plus haut point qu'il se peut légitimement estimer, consiste seulement partie en ce qu'il connoît qu'il n'y a rien qui véritablement lui appartienne que cette libre disposition de ses volontés, ni pourquoi il doive être loué ou blâmé, sinon parce qu'il en use bien ou mal ; et partie en ce qu'il sent en soi-même une ferme et constante résolution d'en bien user, c'est-à-dire de ne manquer jamais de volonté pour entreprendre et exécuter toutes les choses qu'il jugera être les meilleures : ce qui est suivre parfaitement la vertu.

Ceux qui ont cette connaissance et sentiment d'eux-mêmes se persuadent facilement que chacun des autres hommes les peut aussi avoir de soi, pour ce qu'il n'y a rien en cela qui dépende d'autrui. C'est pourquoi ils ne méprisent jamais personne ; et, bien qu'ils voient souvent que les autres commettent des fautes qui font paraître leur faiblesse, ils sont toutefois plus enclins à les excuser qu'à les blâmer, et à croire que c'est plutôt par manque de connaissance que par manque de bonne volonté qu'ils les commettent ; et, comme ils ne pensent point être de beaucoup inférieurs à ceux qui ont plus de biens ou d'honneurs, ou même qui ont plus d'esprit,

1. Cf. : « Je suis maître de moi comme de l'univers »

plus de savoir, plus de beauté, ou généralement qui les surpassent en quelques autres perfections, aussi ne s'estiment-ils point beaucoup au-dessus de ceux qu'ils surpassent, à cause que toutes ces choses leur semblent être fort peu considérables à comparaison de la bonne volonté pour laquelle seule ils s'estiment, et laquelle ils supposent aussi être, ou du moins pouvoir être, en chacun des autres hommes.

Ainsi les plus généreux ont coutume d'être les plus humbles, et l'humilité vertueuse ne consiste qu'en ce que la réflexion que nous faisons sur l'infirmité de notre nature et sur les fautes que nous pouvons autrefois avoir commises ou sommes capables de commettre, qui ne sont pas moindres que celles qui peuvent être commises par d'autres, est cause que nous ne nous préférons à personne, et que nous pensons que les autres ayant leur libre arbitre aussi bien que nous, ils en peuvent aussi bien user.

Ceux qui sont généreux en cette façon sont naturellement portés à faire de grandes choses, et toutefois à ne rien entreprendre dont ils ne se sentent capables : et pour ce qu'ils n'estiment rien de plus grand que de faire du bien aux autres hommes, et de mépriser son propre intérêt, pour ce sujet ils sont toujours parfaitement courtois, affables et officieux envers un chacun. Et avec cela ils sont entièrement maîtres de leurs passions, particulièrement des désirs, de la jalousie et de l'envie, à cause qu'il n'y a aucune chose dont l'acquisition ne dépende pas d'eux qu'ils pensent valoir assez pour mériter d'être beaucoup souhaitée; et de la haine envers les hommes, à cause qu'ils les estiment tous; et de la peur, à cause que la confiance qu'ils ont en leur vertu les assure; et enfin de la colère, à cause que, n'estimant que fort peu toutes les choses qui dépendent d'autrui, jamais ils ne donnent tant d'avantage à leurs ennemis que de reconnaître qu'ils en sont offensés...

Mais quelle que puisse être la cause pour laquelle on s'estime, si elle est autre que la volonté qu'on sent en soi-même d'user toujours bien de son libre arbitre, de laquelle j'ai dit que vient la générosité, elle produit toujours un orgueil très blâmable, et qui est si différent de cette vraie générosité qu'il a des effets entièrement contraires; car tous les autres biens, comme l'esprit, la beauté, les richesses, les honneurs, etc., ayant coutume d'être d'autant plus estimés qu'ils se trouvent en moins de personnes, et même étant pour la plupart de telle nature qu'ils ne peuvent être communiqués à plusieurs, cela fait que les orgueilleux tâchent d'abaisser tous les autres hommes, et qu'étant esclaves de leurs désirs, ils ont l'âme incessamment agitée de haine, d'envie, de jalousie ou de colère.

Les Passions de l'âme, 3e partie, art. 102-108.

5. — DE LA SATISFACTION DE SOI-MÊME.

La satisfaction qu'ont toujours ceux qui suivent constamment la vertu est une habitude en leur âme, qui se nomme tranquillité et repos de conscience; mais celle qu'on acquiert de nouveau, lorsqu'on a fraîchement fait quelque action qu'on pense bonne, est une passion [1], à savoir une espèce de joie, laquelle je crois être la plus douce de toutes, pour ce que sa cause ne dépend que de nous-mêmes. Toutefois, lorsque cette cause n'est pas juste, c'est-à-dire lorsque les actions dont on tire beaucoup de satisfaction ne sont pas de grande importance ou même qu'elles sont vicieuses, elle est ridicule et ne sert qu'à produire un orgueil et une arrogance impertinente, ce qu'on peut particulièrement remarquer en ceux qui, croyant être dévots, sont seulement bigots et superstitieux, c'est-à-dire qui, sous ombre qu'ils vont

1. Nous dirions une émotion.

souvent à l'église, qu'ils récitent force prières, qu'ils portent les cheveux courts, qu'ils jeûnent, qu'ils donnent l'aumône, pensent être entièrement parfaits, et s'imaginent qu'ils sont si grands amis de Dieu, qu'ils ne sauraient rien faire qui lui déplaise, et que tout ce que leur dicte leur passion est un bon zèle, bien qu'elle leur dicte quelquefois les plus grands crimes qui puissent être commis par des hommes, comme de trahir des villes, de tuer des princes, d'exterminer des peuples entiers, pour cela seul qu'ils ne suivent pas leurs opinions.

Les Passions de l'âme, 3e partie, art. 190.

6. — DES DIVERSES SORTES D'AMOUR.

On distingue communément deux sortes d'amour, l'une desquelles est nommée amour de bienveillance, c'est-à-dire qui incite à vouloir du bien à ce qu'on aime; l'autre est nommée amour de concupiscence, c'est-à-dire qui fait désirer la chose qu'on aime. Mais il me semble que cette distinction regarde seulement les effets de l'amour, et non point son essence car sitôt qu'on s'est joint de volonté à quelque objet, de quelque nature qu'il soit, on a pour lui de la bienveillance, c'est-à-dire on joint aussi à lui de volonté les choses qu'on croit lui être convenables : ce qui est un des principaux effets de l'amour. Et si on juge que ce soit un bien de le posséder, ou d'être associé avec lui d'autre façon que de volonté, on le désire : ce qui est aussi l'un des plus ordinaires effets de l'amour.

Il n'est pas besoin aussi de distinguer autant d'espèces d'amour qu'il y a de divers objets qu'on peut aimer : car, par exemple, encore que les passions qu'un ambitieux a pour la gloire, un avaricieux pour l'argent, un ivrogne pour le vin, un homme d'honneur pour son ami et un bon père pour ses enfants, soient bien différentes entre elles, toutefois, en ce qu'elles participent de l'amour, elles sont semblables. Mais les trois premiers n'ont de l'amour que pour la possession des objets auxquels se rapporte leur passion, et n'en ont point pour les objets mêmes, pour lesquels ils ont simplement du désir, mêlé avec d'autres passions particulières. Au lieu que l'amour qu'un bon père a pour ses enfants est si pur, qu'il ne désire rien avoir d'eux, et ne veut point les posséder autrement qu'il fait, ni être joint à eux plus étroitement qu'il est déjà; mais les considérant comme d'autres soi-même, il recherche leur bien comme le sien propre, ou même avec plus de soin, pour ce que se représentant que lui et eux font un tout, dont il n'est pas la meilleure partie, il préfère souvent leurs intérêts aux siens, et ne craint pas de se perdre pour les sauver. L'affection que les gens d'honneur ont pour leurs amis est de cette nature, bien qu'elle soit rarement si parfaite...

On peut, ce me semble, avec meilleure raison distinguer l'amour par l'estime qu'on fait de ce qu'on aime, à comparaison de soi-même : car lorsqu'on estime l'objet de son amour moins que soi, on n'a pour lui qu'une simple affection; lorsqu'on l'estime à l'égal de soi, cela se nomme amitié; et lorsqu'on l'estime davantage, la passion qu'on a peut être nommée dévotion. Ainsi, on peut avoir de l'affection pour une fleur, pour un oiseau, pour un cheval; mais, à moins que d'avoir l'esprit fort déréglé, on ne peut avoir de l'amitié que pour des hommes. Et ils sont tellement l'objet de cette passion, qu'il n'y a point d'homme si imparfait qu'on ne puisse avoir pour lui une amitié très parfaite lorsqu'on en est aimé et qu'on a l'âme véritablement noble et généreuse... Pour ce qui est de la dévotion, son principal objet est sans doute la souveraine Divinité, à laquelle on ne saurait manquer d'être dévot, lorsqu'on la connaît comme il faut; mais on peut aussi avoir de la dévotion pour son prince, pour son pays, pour sa ville, et même pour un homme particulier, lorsqu'on l'estime beaucoup plus que soi. Or, la différence qui est entre ces trois sortes d'amour paraît principalement par leurs effets: car, d'autant qu'en toutes on se considère comme joint et uni à la chose aimée, on est toujours prêt d'abandonner la moindre partie du tout qu'on compose avec elle pour conserver l'autre. Ce qui fait qu'en la simple affection l'on se préfère toujours à ce qu'on aime; et qu'au contraire en la dévotion l'on préfère tellement la chose aimée à soi-même qu'on ne craint pas de mourir pour la conserver. De quoi on a vu souvent des exemples en ceux qui se sont exposés à une mort certaine pour la défense de leur prince, ou de leur ville, et même aussi quelquefois pour des personnes particulières auxquelles ils s'étaient dévoués.

Les Passions de l'âme, 2e partie, art. 81-83.

7. — DE LA SOLIDARITÉ.

Il y a encore une vérité[1] dont la connaissance me paraît fort utile, qui est que, bien que chacun de nous soit une personne séparée des autres, et dont par conséquent les intérêts sont en quelque façon distincts de ceux du reste du monde, on doit toutefois penser qu'on ne saurait subsister seul, et qu'on est en effet l'une des parties de l'univers, et plus particulièrement encore l'une des parties de cette terre, l'une des parties de cet État, de cette société, de cette famille à laquelle on est joint par sa demeure, par son serment, par sa naissance; et il faut toujours préférer les intérêts du tout dont on est partie à ceux de sa personne en particulier: toutefois avec mesure et discrétion; car on aurait tort

---

1. Descartes passe en revue les vérités indispensables à connaître pour la conduite de la vie. Il vient de mettre au nombre de ces vérités l'existence de Dieu et d'une âme immortelle.

o s'exposer à un grand mal pour procurer seulement
n petit bien à ses parents ou à son pays; et si un
omme vaut plus lui seul que tout le reste de sa ville [1], il
'aurait pas raison de se vouloir perdre pour la sauver.
ais si on rapportait tout à soi-même, on ne craindrait
as de nuire beaucoup aux autres hommes lorsqu'on
oirait en retirer quelque petite commodité, et on n'au-
ait aucune vraie amitié, ni aucune fidélité, et généra-
ment aucune vertu; au lieu qu'en se considérant comme
ue partie du public, on prend plaisir à faire du bien à
ut le monde, et même on ne craint pas d'exposer sa
e pour le service d'autrui lorsque l'occasion s'en pré-
nte; jusque-là qu'on voudrait aussi perdre son âme,
il se pouvait, pour sauver les autres; en sorte que cette
nsidération est la source et l'origine de toutes les plus
éroïques actions que fassent les hommes. Car pour
ux qui s'exposent à la mort par vanité : pour ce qu'ils
spèrent en être loués, par stupidité; pour ce qu'ils
appréhendent pas le danger, je crois qu'ils sont plus
plaindre qu'à priser; mais lorsque quelqu'un s'y expose
ur ce qu'il croit que c'est son devoir, ou bien lorsqu'il
uffre quelque autre mal afin qu'il en revienne du bien
ux autres; encore qu'il ne considère peut-être plus
pressément qu'il fait cela pour ce qu'il doit plus au
blic dont il est une partie qu'à soi-même en son par-
culier, il le fait toutefois en vertu de cette considéra-
on qui est confusément en sa pensée; et on est natu-
llement porté à l'avoir, lorsqu'on connaît et qu'on
me Dieu comme il faut; car alors, s'abandonnant du
ut à sa volonté, on se dépouille de ses propres inté-
ts, et on n'a point d'autre passion que de faire ce
'on croit lui être agréable. En suite de quoi on a des
tisfactions d'esprit et des contentements qui valent

1. Hypothèse qui nous paraît aujourd'hui assez peu vraisem-
able.

incomparablement davantage que toutes les petites joie
passagères qui dépendent des sens.

Lettre à la princesse Élisabeth.

8. — DE LA SYMPATHIE [1].

Si nous ne pensions qu'à nous seuls, nous ne pou
rions jouir que des biens qui nous sont particuliers ; a
lieu que, si nous nous considérons comme parties (
quelque autre corps, nous participons aussi aux bier
qui lui sont communs, sans être privés pour cela d'a
cun de ceux qui nous sont propres ; il n'en est pas (
même des maux, car, selon la philosophie, le mal n'e
rien de réel, mais seulement une privation ; et lorsqu
nous nous attristons à cause de quelque mal qui arri
à nos amis, nous ne participons point pour cela au défa
ans lequel consiste ce mal : même quelque tristesse (
quelque peine que nous ayons en telle occasion, elle r
saurait être si grande qu'est la satisfaction intérieu
qui accompagne toujours les bonnes actions, et princ
palement celles qui procèdent d'une pure affection po
autrui, qu'on ne rapporte point à soi-même, c'est-à-di
de la vertu chrétienne qu'on nomme charité. Ainsi l'o
peut, même en pleurant et prenant beaucoup de pein
avoir plus de plaisir que lorsqu'on rit et qu'on se repos
Et il est aisé à prouver que ce plaisir de l'âme auqu
consiste la béatitude n'est pas inséparable de la gaie
et de l'aise du corps, tant par l'exemple des tragédie
qui nous plaisent d'autant plus qu'elles excitent en no
plus de tristesse, que par celui des exercices du corp
comme la chasse, le jeu de paume, et autres sembl
bles, qui ne laissent pas d'être agréables, encore qu'i
soient fort pénibles, et même on voit que souvent c'e
la fatigue et la peine qui en augmentent le plaisir. Et

1. Dans son livre sur *le Plaisir et la Douleur*, M. Fr. Bouilli
a analysé avec détail les plaisirs que nous devons à la sympath

cause du contentement que l'âme reçoit en ces exercices consiste en ce qu'ils lui font remarquer la force, ou l'adresse, ou quelque autre perfection du corps auquel elle est jointe[1] : mais le contentement qu'elle a de pleurer en voyant représenter quelque action pitoyable et funeste sur un théâtre vient principalement de ce qu'il lui semble qu'elle fait une action vertueuse, ayant compassion des affligés ; et généralement elle se plaît de sentir émouvoir en soi des passions, de quelque nature qu'elles soient, pourvu qu'elle en demeure maîtresse.

Lettre à la princesse Élisabeth.

II. — Pascal[2].

1. — CONNAISSANCE GÉNÉRALE DE L'HOMME[3].

... Que l'homme contemple donc la nature entière dans sa haute majesté, qu'il éloigne sa vue des objets bas qui l'environnent. Qu'il regarde cette éclatante lumière mise comme une lampe éternelle pour éclairer l'univers, que la terre lui paraisse comme un point, au prix du vaste tour que cet astre décrit et qu'il s'étonne de ce que ce vaste tour lui-même n'est qu'une pointe très délicate à l'égard de celui que les astres qui roulent dans le firmament embrassent. Mais si notre vue s'arrête là, que l'imagination passe outre ; elle se lassera plutôt de concevoir que la nature de fournir. Tout ce monde visible n'est qu'un trait imperceptible dans l'ample sein de la nature. Nulle idée n'en approche. Nous avons beau enfler nos conceptions au delà des espaces imaginables, nous n'enfantons que des atomes, au prix de la réalité des

1. Ce sentiment est une sympathie d'un genre particulier et que beaucoup n'appelleraient pas de ce nom. L'âme ici traite le corps en étranger.

2. Ces extraits de Pascal ont été empruntés à l'édition Brunschvicg. (Hachette et Cⁱᵉ édit.)

3. Titre donné par les éditeurs de Port-Royal à ce passage.

choses. C'est une sphère dont le centre est partout, la circonférence nulle part[1]. Enfin, c'est le plus grand caractère sensible de la toute-puissance de Dieu, que notre imagination se perde dans cette pensée.

Que l'homme, étant revenu à soi, considère ce qu'il est au prix de ce qui est; qu'il se regarde comme égaré dans ce canton détourné de la nature; et que de ce petit cachot où il se trouve logé, j'entends l'univers, il apprenne à estimer la terre, les royaumes, les villes et soi-même son juste prix. Qu'est-ce qu'un homme dans l'infini[2]?

Mais pour lui présenter un autre prodige aussi étonnant, qu'il recherche dans ce qu'il connaît les choses les plus délicates. Qu'un ciron[3] lui offre dans la petitesse de son corps des parties incomparablement plus petites, des jambes avec des jointures, des veines dans ces jambes, du sang dans ces veines, des humeurs dans ce

1. Pascal a dû prendre cette image dans la préface mise par Mlle de Gournay à son édition des *Essais de Montaigne* de 1635. « Trismégiste, dit Mlle de Gournay, appelle la déité cercle dont le centre est partout, la circonférence nulle part. »

2. La considération des deux infinis est une idée fondamentale dans la philosophie de Pascal, et elle fait l'objet principal de l'opuscule intitulé : *l'Esprit géométrique.*

3. Les entomologistes modernes ont restreint le sens du mot *ciron.* Pascal entend par ce mot les plus petits insectes.

A propos de ce passage de Pascal, M. Havet rappelle un commentaire historique fort intéressant de Michelet (*l'Insecte*, VIII) : « Que savait-on de l'infini avant 1600? Rien du tout. Rien de l'infiniment grand, rien de l'infiniment petit. La page célèbre de Pascal tant citée sur ce sujet est l'étonnement naïf de l'humanité, si vieille et si jeune, qui commence à s'apercevoir de sa prodigieuse ignorance, ouvre enfin les yeux au ciel et s'éveille entre deux abîmes.

« Personne n'ignore qu'en 1610 Galilée, ayant reçu de Hollande le verre grossissant, construisit le télescope, le braqua et vit le ciel. Mais on sait moins communément que Swammerdam, s'emparant avec génie du microscope ébauché, le tourna en bas, et, le premier, entrevit l'infini vivant, le monde des atomes animés. Ils se succèdent. A l'époque où meurt le grand Italien (1632), naît ce Hollandais, le Galilée de l'infiniment petit (1637). »

sang, des gouttes dans ces humeurs, des vapeurs dans ces gouttes; que, divisant encore ces dernières choses, il épuise ses forces en ces conceptions, et que le dernier objet où il peut arriver soit maintenant celui de notre discours; il pensera peut-être que c'est là l'extrême petitesse de la nature. Je veux lui faire voir là dedans un abîme nouveau. Je lui veux peindre non seulement l'univers visible, mais l'immensité qu'on peut concevoir de la nature, dans l'enceinte de ce raccourci d'atome. Qu'il y voie une infinité d'univers, dont chacun a son firmament, ses planètes, sa terre, en la même proportion que le monde visible; dans cette terre, des animaux, et enfin des cirons, dans lesquels il retrouvera ce que les premiers ont donné; et trouvant encore dans les autres la même chose sans fin et sans repos, qu'il se perde dans ces merveilles, aussi étonnantes dans leur petitesse que les autres par leur étendue; car qui n'admirera que notre corps, qui tantôt n'était pas perceptible dans l'univers, imperceptible lui-même dans le sein du tout, soit à présent un colosse, un monde, ou plutôt un tout, à l'égard du néant où l'on ne peut arriver?

Qui se considère de la sorte s'effrayera de soi-même, et, se considérant soutenu dans la masse que la nature lui a donnée, entre ces deux abîmes de l'infini et du néant, il tremblera dans la vue de ces merveilles; et je crois que sa curiosité se changeant en admiration, il sera plus disposé à les contempler en silence qu'à les rechercher avec présomption.

Car enfin, qu'est-ce que l'homme dans la nature? Un néant à l'égard de l'infini, un tout à l'égard du néant, un milieu entre rien et tout. Infiniment éloigné de comprendre les extrêmes, la fin des choses et leur principe sont pour lui invisiblement cachés dans un secret impénétrable, également incapable de voir le néant d'où il est tiré, et l'infini où il est englouti.

Pensées, Brunschwicg, II, 72.

2. — Dignité de la pensée.

L'homme n'est qu'un roseau, le plus faible de la nature; mais c'est un roseau pensant. Il ne faut pas que l'univers entier s'arme pour l'écraser : une vapeur, une goutte d'eau suffit pour le tuer. Mais, quand l'univers l'écraserait, l'homme serait encore plus noble que ce qui le tue, parce qu'il sait qu'il meurt; et l'avantage que l'univers a sur lui, l'univers n'en sait rien.

Toute notre dignité consiste donc en la pensée. C'est de là qu'il nous faut relever, et non de l'espace et de la durée, que nous ne saurions remplir. Travaillons donc à bien penser : voilà le principe de la morale.

Ce n'est point de l'espace que je dois chercher ma dignité, mais c'est du règlement de ma pensée. Je n'aurai pas davantage en possédant des terres : par l'espace, l'univers me comprend et m'engloutit comme un point; par la pensée, je le comprends.

Pensées, Brunschwicg, VI, 347-348.

3. — Les trois ordres de grandeur.

La distance infinie des corps aux esprits figure la distance infiniment plus infinie des esprits à la charité, car elle est surnaturelle.

Tout l'éclat des grandeurs n'a point de lustre pour les gens qui sont dans les recherches de l'esprit.

La grandeur des gens d'esprit est invisible aux rois, aux riches, aux capitaines, à tous ces grands de chair.

La grandeur de la sagesse, qui n'est nulle sinon de Dieu, est invisible aux charnels et aux gens d'esprit. Ce sont trois ordres différant de genre.

Les grands génies ont leur empire, leur éclat, leur grandeur, leur victoire, leur lustre, et n'ont nul besoin des grandeurs charnelles, où elles n'ont pas de rapport.

Ils sont vus non des yeux, mais des esprits; c'est assez.

Les saints ont leur empire, leur éclat, leur victoire, leur lustre, et n'ont nul besoin des grandeurs charnelles ou spirituelles, où elles n'ont nul rapport, car elles n'y ajoutent ni ôtent. Ils sont vus de Dieu et des anges, et non des corps, ni des esprits curieux : Dieu leur suffit.

Archimède, sans éclat, serait en même vénération. Il n'a pas donné des batailles pour les yeux, mais il a fourni à tous les esprits ses inventions. Oh! qu'il a éclaté aux esprits!

Jésus-Christ, sans bien et sans aucune production au dehors de science, est dans son ordre de sainteté. Il n'a point donné d'invention, il n'a point régné; mais il a été humble, patient, saint, saint à Dieu, terrible aux démons, sans aucun péché. Oh! qu'il est venu en grande pompe et en une prodigieuse magnificence, aux yeux du cœur, qui voient la sagesse!

Il eût été inutile à Archimède de faire le prince dans ses livres de géométrie, quoiqu'il le fût [1].

Il eût été inutile à Notre-Seigneur Jésus-Christ, pour éclater dans son règne de sainteté, de venir en roi; mais il y est bien venu avec l'éclat de son ordre!

Il est bien ridicule de se scandaliser de la bassesse de Jésus-Christ, comme si cette bassesse était du même ordre duquel est la grandeur qu'il venait faire paraître. Qu'on considère cette grandeur-là dans sa vie, dans sa passion, dans son obscurité, dans sa mort, dans l'élection des siens, dans leur abandon, dans sa secrète résurrection, et dans le reste, on la verra si grande, qu'on n'aura pas sujet de se scandaliser d'une bassesse qui n'y est pas.

Mais il y en a qui ne peuvent admirer que les grandeurs charnelles, comme s'il n'y en avait pas de spiri-

---

1. Il était parent du roi Hiéron, dit Plutarque. (*Marcellus*, 14.)

tuelles; et d'autres qui n'admirent que les spirituelles, comme s'il n'y en avait pas d'infiniment plus hautes dans la sagesse.

Tous les corps, le firmament, les étoiles, la terre et ses royaumes, ne valent pas le moindre des esprits; car il connaît tout cela, et soi; et les corps, rien.

Tous les corps ensemble, et tous les esprits ensemble, et toutes leurs productions, ne valent pas le moindre mouvement de charité. Cela est d'un ordre infiniment plus élevé.

De tous les corps ensemble, on ne saurait en faire réussir une petite pensée : cela est impossible, et d'un autre ordre. De tous les corps et esprits, on n'en saurait tirer un mouvement de vraie charité; cela est impossible, et d'un autre ordre, surnaturel [1].

Pensées, Brunschwicg, XII, 793.

4. — DE LA PENSÉE DE L'IMMORTALITÉ [2].

L'immortalité de l'âme est une chose qui nous importe si fort, qui nous touche si profondément, qu'il faut avoir perdu tout sentiment pour être dans l'indifférence de savoir ce qui en est. Toutes nos actions et nos pensées doivent prendre des routes si différentes, selon qu'il y aura des biens éternels à espérer ou non, qu'il est impossible de faire une démarche avec sens et jugement,

---

1. Charité signifie ici amour de Dieu. M. Havet commente éloquemment ce beau passage : « L'esprit, qui était tout, n'est plus rien. Pour Aristote, Dieu est la pensée pure, et la fin de l'homme c'est de penser. Le Dieu de Pascal n'est pas seulement intelligence, mais amour. Un élan du cœur atteint à lui mieux que tous les efforts de science. C'est le Dieu des petits, mais combien il les fait grands! »

2. Ce morceau nous a été conservé dans les copies contemporaines; il ne se trouve plus dans ce qui nous reste du texte autographe de Pascal.

u'en la réglant par la vue de ce point, qui doit être notre
ernier objet.

Ainsi notre premier intérêt et notre premier devoir
st de nous éclaircir sur ce sujet, d'où dépend toute
otre conduite. Et c'est pourquoi, entre ceux qui n'en
ont pas persuadés, je fais une extrême différence de
eux qui travaillent de toutes leurs forces à s'en instruire,
 ceux qui vivent sans s'en mettre en peine et sans y
enser.

Je ne puis avoir que de la compassion pour ceux qui
émissent sincèrement dans ce doute, qui le regardent
omme le dernier des malheurs, et qui, n'épargnant rien
our en sortir, font de cette recherche leurs principales
 leurs plus sérieuses occupations.

Mais pour ceux qui passent leur vie sans penser à
ette dernière fin de la vie, et qui, par cette seule raison
u'ils ne trouvent pas en eux-mêmes les lumières qui
s en persuadent, négligent de les chercher ailleurs, et
'examiner à fond si cette opinion est de celles que le
euple reçoit par une simplicité crédule, ou de celles
ui, quoique obscures d'elles-mêmes, ont néanmoins un
ndement très solide et inébranlable, je les considère
'une manière toute différente.

Cette négligence en une affaire où il s'agit d'eux-
êmes, de leur éternité, de leur tout, m'irrite plus
u'elle ne m'attendrit; elle m'étonne et m'épouvante :
est un monstre pour moi. Je ne dis pas ceci par le
le pieux d'une dévotion spirituelle. J'entends, au con-
aire, qu'on doit avoir ce sentiment par un principe
intérêt humain et par un intérêt d'amour-propre; il ne
ut pour cela que voir ce que voient les personnes les
oins éclairées.

Il ne faut pas avoir l'âme fort élevée pour comprendre
u'il n'y a point de satisfaction véritable et solide; que
us nos plaisirs ne sont que vanité; que nos maux sont
finis; et qu'enfin la mort, qui nous menace à chaque

instant, doit infailliblement nous mettre dans pe
d'années dans l'horrible nécessité d'être éternellemen
ou anéantis ou malheureux.

Il n'y a rien de plus réel que cela, ni de plus terrible
Faisons tant que nous voudrons les braves, voilà la fi
qui attend la plus belle vie du monde. Qu'on fass
réflexion là-dessus et qu'on dise ensuite s'il n'est pa
indubitable qu'il n'y a de bien en cette vie qu'en l'esp
rance d'une autre vie, qu'on n'est heureux qu'à mesu
qu'on s'en approche, et que, comme il n'y aura plus d
malheurs pour ceux qui avaient une entière assuranc
de l'éternité, il n'y a point aussi de bonheur pour ceu
qui n'en ont aucune lumière.

C'est donc assurément un grand mal que d'être dan
ce doute; mais c'est au moins un devoir indispensabl
de chercher, quand on est dans ce doute; et ainsi celu
qui doute et qui ne cherche pas est tout ensemble bie
malheureux et bien injuste; que s'il est avec cela tra
quille et satisfait, qu'il en fasse profession, et enfin qu'
en fasse vanité, et que ce soit de cet état même qu'
fasse le sujet de sa joie et de sa vanité, je n'ai point d
termes pour qualifier une si extravagante créature.

Pensées, Brunschwicg, III, 194.

5. — DES DIVERSES SORTES DE RESPECT.

Il y a dans le monde deux sortes de grandeur; car
y a des grandeurs d'établissement et des grandeu
naturelles. Les grandeurs d'établissement dépendent
la volonté des hommes, qui ont cru avec raison devo
honorer certains états et y attacher certains respect
Les dignités et la noblesse sont de ce genre. En u
pays on honore les nobles, en l'autre les roturiers; e
celui-ci les aînés, en cet autre les cadets. Pourquoi cel
parce qu'il a plu aux hommes. La chose était indifféren

vant l'établi-ment, après l'établissement elle devient
uste, parce qu'il est injuste de le troubler.

Les grandeurs naturelles sont celles qui sont indé-
pendantes de la fantaisie des hommes, parce qu'elles
consistent dans les qualités réelles et effectives de
l'âme ou du corps, qui rendent l'un ou l'autre plus
estimable, comme les sciences, la lumière de l'esprit,
la vertu, la santé, la force.

Nous devons quelque chose à l'une et à l'autre de ces
grandeurs; mais comme elles sont d'une nature différente, nous leur devons aussi différents respects. Aux
grandeurs d'établissement, nous leur devons des respects
d'établissement, c'est-à-dire certaines cérémonies extérieures, qui doivent être néanmoins accompagnées,
selon la raison, d'une reconnaissance intérieure de la
justice de cet ordre, mais qui ne nous font pas concevoir quelque qualité réelle en ceux que nous honorons
de cette sorte. Il faut parler aux rois à genoux; il faut
se tenir debout dans la chambre des princes. C'est une
sottise et une bassesse d'esprit que de leur refuser ces
devoirs.

Mais, pour les respects naturels, qui consistent dans
l'estime, nous ne les devons qu'aux grandeurs naturelles; et nous devons, au contraire, le mépris et l'aversion aux qualités contraires à ces grandeurs naturelles.
Il n'est pas nécessaire, parce que vous êtes duc, que je
vous estime; mais il est nécessaire que je vous salue[1].
Si vous êtes duc et honnête homme, je rendrai ce que
je dois à l'une et à l'autre de ces qualités. Je ne vous
refuserai point les cérémonies que mérite votre qualité
de duc, ni l'estime que mérite celle d'honnête homme.
Mais si vous étiez duc sans être honnête homme, je vous

---

1. « Je m'incline devant un grand, dira Fontenelle, mais mon
esprit ne s'incline point. » Kant, qui cite ce passage de Fontenelle, a donné une analyse très intéressante à comparer avec
celle de Pascal. Voir ci-dessous.

ferais encore justice; car, en vous rendant les devoirs extérieurs que l'ordre des hommes a attachés à votre naissance, je ne manquerais pas d'avoir pour vous le mépris intérieur que mériterait la bassesse de votre esprit.

Voilà en quoi consiste la justice de ces devoirs. Et l'injustice consiste à attacher les respects naturels aux grandeurs d'établissement, ou à exiger les respects d'établissement pour les grandeurs naturelles. Monsieur N est un plus grand géomètre que moi; en cette qualité il veut passer devant moi : je lui dirai qu'il n'y entend rien. La géométrie est une grandeur naturelle; elle demande une préférence d'estime; mais les hommes n'y ont attaché aucune préférence extérieure. Je passerai donc devant lui; et l'estimerai plus que moi, en qualité de géomètre. De même si, étant duc et pair, vous ne vous contentiez pas que je me tinsse découvert devant vous, et que vous voulussiez encore que je vous estimasse, je vous prierais de me montrer les qualités qui méritent mon estime. Si vous le faisiez, elle vous est acquise, et je ne pourrais vous la refuser avec justice mais, si vous ne le faisiez pas, vous seriez injuste de me la demander; et assurément vous n'y réussiriez pas fussiez-vous le plus grand prince du monde.

Trois discours sur la condition des grands, Brunschwicg
p. 236.

6. — L'HOMICIDE.

Il est aisé de juger par tout ce que j'ai dit jusqu'ic combien le relâchement de vos opinions[1] est contraire à la sévérité des lois civiles, et même païennes. Que sera ce donc si on les compare avec les lois ecclésiastiques qui doivent être incomparablement plus saintes, puis-

1. Les opinions des Jésuites contre qui Pascal écrit.

'il n'y a que l'Église qui connaisse et qui possède la
itable sainteté? Aussi cette chaste épouse du Fils de
u, qui, à l'imitation de son époux, sait bien répandre
 sang pour les autres, mais non pas répandre pour
 celui des autres, a pour le meurtre une horreur
te particulière, et proportionnée aux lumières parti-
ères que Dieu lui a communiquées. Elle considère
 hommes non seulement comme hommes, mais
mme images du Dieu qu'elle adore. Elle a pour
cun d'eux un saint respect qui les lui rend tous
érables, comme rachetés d'un prix infini, pour être
ts les temples du Dieu vivant. Et ainsi elle croit que
mort d'un homme que l'on tue sans l'ordre de son
u n'est pas seulement un homicide, mais un sacri-
e qui la prive d'un de ses membres : puisque, soit
il soit fidèle, soit qu'il ne le soit pas, elle le considère
jours, ou comme étant un de ses enfants, ou comme
nt capable de l'être.

. . . .

'ayez donc plus la hardiesse de dire que vos déci-
ns sont conformes à l'esprit et aux canons de l'Église.
 vous défie d'en montrer aucun qui permette de tuer
ur défendre son bien seulement; car je ne parle pas
 occasions où l'on aurait à défendre aussi sa vie, *se
que liberando* : vos propres auteurs confessent qu'il
 en a point[1], comme entre autres votre père Lamy :
 n'y a, dit-il, aucun droit divin ni humain qui
mette expressément de tuer un voleur qui ne se
end pas. » Et c'est néanmoins ce que vous permettez
ressément. On vous défie d'en trouver aucun qui
mette de tuer pour l'honneur, pour un soufflet, pour
 injure ou une médisance. On vous défie d'en mon-
r aucun qui permette de tuer les témoins, les juges
 les magistrats, quelque injustice qu'on en appré-

[1] Point de canon qui le permette.

hendo. L'esprit de l'Église est entièrement éloigné
ces maximes séditieuses qui ouvrent la porte aux sou
vements auxquels les peuples sont si naturellem
portés. Elle a toujours enseigné à ses enfants qu'on
doit point rendre le mal pour le mal; qu'il faut céde
la colère [1]; ne point résister à la violence; rendre
chacun ce qu'on lui doit, honneur, tribut, soumissic
obéir aux magistrats et aux supérieurs, même injust
parce qu'on doit toujours respecter en eux la puissar
de Dieu, qui les a établis sur nous. Elle leur défc
encore plus fortement que les lois civiles de se fa
justice à eux-mêmes; et c'est par son esprit que les r
chrétiens ne se la font pas dans les crimes mêmes
lèse-majesté au premier chef, et qu'ils remettent
criminels entre les mains des juges pour les faire pu
selon les lois et dans les formes de la justice, qui s
si contraires à votre conduite, que l'opposition qui
trouve vous fera rougir. Car, puisque ce discours [2]
porte, je vous prie de suivre cette comparaison entr
manière dont on peut tuer ses ennemis, selon vous
celle dont les juges font mourir les criminels.

Tout le monde sait, mes pères, qu'il n'est jam
permis aux particuliers de demander la mort de ¡
sonne; et que, quand un homme nous aurait ruir
estropiés, brûlé nos maisons, tué notre père, et qu'i
disposerait encore à nous assassiner et à nous per
d'honneur, on n'écouterait point en justice la dema
que nous ferions de sa mort; de sorte qu'il a fallu
blir des personnes publiques qui la demandent de
part du roi, ou plutôt de la part de Dieu. A votre a
mes pères, est-ce par grimace et par feinte que
juges chrétiens ont établi ce règlement? Et ne l'on
pas fait pour proportionner les lois civiles à celles

1. Céder à celui qui est en colère.
2. Ancien sens du mot *discours* : raisonnement, discussion,

'Évangile, de peur que la pratique extérieure de la justice ne fût contraire aux sentiments intérieurs que des
chrétiens doivent avoir? On voit assez combien ce commencement des voies de la justice vous confond; mais
le reste vous accablera.

Supposez-donc, mes pères, que ces personnes publiques demandent la mort de celui qui a commis tous
ces crimes; que fera-t-on là-dessus? Lui portera-t-on
incontinent le poignard dans le sein? Non, mes pères,
la vie des hommes est trop importante; on y agit avec
plus de respect : les lois ne l'ont pas soumise à toutes
sortes de personnes, mais seulement aux juges dont on
a examiné la probité et la naissance. Et croyez-vous
qu'un seul suffise pour condamner un homme à mort?
Il en faut sept pour le moins, mes pères. Il faut que de
ces sept il n'y en ait aucun qui ait été offensé par le criminel, de peur que la passion n'altère ou ne corrompe
son jugement. Et vous savez, mes pères, qu'afin que leur
esprit soit aussi plus pur, on observe encore de donner
les heures du matin à ces fonctions · tant on apporte de
soin pour les préparer à une action si grande, où ils
tiennent la place de Dieu, dont ils sont les ministres,
pour ne condamner que ceux qu'il condamne lui-même.

Et c'est pourquoi, afin d'y agir comme fidèles dispen-
sateurs de cette puissance divine, d'ôter la vie aux
hommes, ils n'ont la liberté de juger que selon les
dépositions des témoins, et selon toutes les autres
formes qui leur sont prescrites; ensuite desquelles ils
ne peuvent en conscience prononcer que selon les lois,
ni juger dignes de mort que ceux que les lois y con-
damnent. Et alors, mes pères, si l'ordre de Dieu les
oblige d'abandonner au supplice le corps de ces misérables, le même ordre de Dieu les oblige de prendre
soin de leurs âmes criminelles; et c'est même parce
qu'elles sont criminelles qu'ils sont plus obligés à en
prendre soin; de sorte qu'on ne les envoie à la mort

qu'après leur avoir donné moyen de pourvoir à leur conscience. Tout cela est bien pur et bien innocent; et néanmoins l'Église abhorre tellement le sang, qu'elle juge encore incapables du ministère de ses autels ceux qui auraient assisté à un arrêt de mort, quoique accompagné de toutes ces circonstances si religieuses : par où il est aisé de concevoir quelle idée l'Église a de l'homicide.

Voilà, mes pères, de quelle sorte, dans l'ordre de la justice, on dispose de la vie des hommes : voyons maintenant comment vous en disposez. Dans vos nouvelles lois il n'y a qu'un juge, et ce juge est celui-là même qui est offensé. Il est, tout ensemble, le juge, la partie et le bourreau. Il se demande à lui-même la mort de son ennemi, il l'ordonne, il l'exécute sur-le-champ; et, sans respect ni du corps ni de l'âme de son frère, il tue et damne celui pour qui Jésus Christ est mort, et tout cela pour éviter un soufflet, ou une médisance, ou une parole outrageuse, ou d'autres offenses semblables, pour lesquelles un juge, qui a l'autorité légitime, serait criminel d'avoir condamné à la mort ceux qui les auraient commises, parce que les lois sont très éloignées de les y condamner. Et enfin, pour comble de ces excès, on ne contracte ni péché, ni irrégularité, en tuant de cette sorte sans autorité et contre les lois, quoiqu'on soit religieux, et même prêtre. Où en sommes-nous, mes pères? Sont-ce des religieux qui parlent de cette sorte? Sont-ce des chrétiens? Sont-ce des Turcs? Sont-ce des hommes? Sont-ce des démons? Et sont-ce là des *mystères révélés par l'Agneau a ceux de sa société*, ou des abominations suggérées par le Dragon à ceux qui suivent son parti?

. . . .

Voyez donc maintenant, mes pères, duquel de ces deux royaumes vous êtes. Vous avez ouï le langage de la ville de paix, qui s'appelle la *Jérusalem mystique*, et

ous avez ouï le langage de la ville de trouble, que
l'Écriture appelle la *spirituelle Sodome*; lequel de ces
deux langages entendez-vous? lequel parlez-vous? Ceux
qui sont à Jésus-Christ ont les mêmes sentiments que
Jésus-Christ, selon saint Paul; et ceux qui sont enfants
du diable, *ex patre diabolo*, qui a été homicide dès le
commencement du monde, suivent les maximes du
diable, selon la parole de Jésus-Christ. Écoutons donc le
langage de votre école, et demandons à vos auteurs :
Quand on nous donne un soufflet, doit-on l'endurer
plutôt que de tuer celui qui le veut donner? ou bien est-
il permis de tuer pour éviter cet affront? *Il est permis,*
disent Lessius, Molina, Escobar, Reginaldus, Filiutius,
Baldellus et autres jésuites, *de tuer celui qui veut nous
donner un soufflet.* Est-ce là le langage de Jésus-Christ?
Répondez-nous encore : Serait-on sans honneur en souffrant un soufflet, sans tuer celui qui l'a donné? « N'est-il
pas véritable, dit Escobar, que, tandis qu'un homme
laisse vivre celui qui lui a donné un soufflet, il demeure
sans honneur? » Oui, mes pères, *sans cet honneur* que le
diable a transmis de son esprit superbe en celui de ses
superbes enfants. C'est cet honneur qui a toujours été
idole des hommes possédés par l'esprit du monde.
C'est pour se conserver cette gloire, dont le démon est
le véritable distributeur, qu'ils lui sacrifient leur vie par
la fureur des duels à laquelle ils s'abandonnent, leur
honneur par l'ignominie des supplices auxquels ils
s'exposent, et leur salut par le péril de la damnation
auquel ils s'engagent, et qui les a fait priver de la sépul-
ture même par les canons ecclésiastiques. Mais on doit
louer Dieu de ce qu'il a éclairé l'esprit du roi par des
lumières plus pures que celles de votre théologie. Ses
édits, si sévères sur ce sujet, n'ont pas fait que le duel
fût un crime; ils n'ont fait que punir le crime qui est
inséparable du duel. Il a arrêté, par la crainte de la
rigueur de sa justice, ceux qui n'étaient pas arrêtés par

la crainte de la justice de Dieu; et sa pitié lui a fait connaître que l'honneur des chrétiens consiste dans l'observation des ordres de Dieu et des règles du christianisme, et non pas dans ce fantôme d'honneur que vous prétendez, tout vain qu'il soit, être une excuse légitime pour les meurtres. Ainsi vos décisions meurtrières sont maintenant en aversion à tout le monde, et vous seriez mieux conseillés de changer de sentiments, si ce n'est pas par principe de religion, au moins par maxime de politique. Prévenez, mes pères, par une condamnation volontaire de ces opinions inhumaines, les mauvais effets qui en pourraient naître, et dont vous seriez responsables. Et, pour concevoir plus d'horreur de l'homicide, souvenez-vous que le premier crime des hommes corrompus a été un homicide en la personne du premier juste; que leur plus grand crime a été un homicide en la personne du chef de tous les justes; et que l'homicide est le seul crime qui détruit tout ensemble l'État, l'Église, la nature et la piété.

Quatorzième Provinciale.

III. — Nicole.

1. — Fragilité de la vie.

Il est étrange que les hommes puissent s'appuyer sur leur vie comme sur quelque chose de solide, eux qui ont des avertissements si sensibles et si continuels de son instabilité. Je ne parle pas de la mort de leurs semblables, qu'ils voient à tous moments disparaître à leurs yeux, et qui sont autant de voix qui leur crient qu'ils sont mortels, et qu'il en faudra bientôt faire autant. Je ne parle pas non plus des maladies extraordinaires qui sont comme des coups de fouet pour les tirer de leur assoupissement et pour les avertir de penser à mourir; je parle de la nécessité où ils sont de soutenir tous les jours la défaillance de leurs corps par le boire et par le manger. Qu'y a-t-il de plus capable de leur faire sentir leur faiblesse, que de les convaincre, par ce besoin continuel, de la destruction continuelle de leur corps qu'ils tâchent de réparer et de soutenir contre l'impétuosité du torrent du monde qui les entraîne à la mort? Car la faim et la soif sont proprement des maladies mortelles. Les causes en sont incurables, et, si l'on en arrête l'effet pour quelque temps, elles l'emportent enfin sur tous les remèdes.

Qu'on laisse le plus grand esprit du monde deux jours sans manger, le voilà languissant et presque sans action et sans pensées, et uniquement occupé du sentiment de sa faiblesse et de sa défaillance. Il lui faut nécessairement de la nourriture pour faire agir les ressorts de son cerveau, sans quoi l'âme ne peut rien. Qu'y a-t-il de plus humiliant que cette nécessité? Et encore n'est-ce pas la plus fâcheuse, parce qu'elle n'est pas la plus difficile à satisfaire; celle du dormir l'est bien autrement. Pour vivre, il faut mourir tous les jours, en cessant de penser et d'agir raisonnablement, et en se laissant tomber dans un état où l'homme n'est presque plus distingué des bêtes; et cet état où nous ne vivons point emporte une grande partie de notre vie.

Il faut souffrir ces nécessités, puisque Dieu nous y assujettit. Mais il serait bien raisonnable au moins de les regarder comme des marques de notre faiblesse, puisque c'est en partie pour avertir l'homme de sa bassesse qu'il plaît à Dieu de le réduire ainsi tous les jours à l'état et à la condition des bêtes. Cependant le dérèglement des hommes est tel, qu'ils changent en sujets de vanité ce qui les devrait le plus humilier. Il n'y a rien où ils fassent paraître, quand ils le peuvent, plus de faste et de magnificence que dans les festins. On se fait honneur de cette honteuse nécessité, et, bien loin de s'en humilier, on s'en sert à se distinguer des autres, quand on est en état d'y apporter plus d'appareil et d'ostentation.

De la faiblesse de l'homme.

2. — DES SOPHISMES D'AMOUR-PROPRE, D'INTÉRÊT ET DE PASSION.

Si on examine avec soin ce qui attache ordinairement les hommes plutôt à une opinion qu'à une autre, on trouvera que ce n'est pas la pénétration de la vérité et la force des raisons, mais quelque lien d'amour-propre, d'intérêt ou de passion. C'est le poids qui emporte la balance, et qui nous détermine dans la plupart de nos doutes; c'est ce qui donne le plus grand branle à nos jugements, et qui nous y arrête le plus fortement. Nous jugeons des choses, non par ce qu'elles sont en elles-mêmes, mais par ce qu'elles sont à notre égard; et la vérité et l'utilité ne sont pour nous qu'une même chose.

Il n'en faut point d'autres preuves que ce que nous voyons tous les jours, que des choses tenues partout ailleurs pour douteuses, ou même pour fausses, sont tenues pour très certaines par tous ceux d'une nation, ou d'une profession, ou d'un institut; car, n'étant pas possible que ce qui est vrai en Espagne soit faux en France, ni que l'esprit de tous les Espagnols soit tourné si différemment de celui de tous les Français, qu'à ne juger des choses que par les règles de la raison, ce qui paraît vrai généralement aux uns paraisse faux généralement aux autres, il est visible que cette diversité de jugement ne peut venir d'autre cause, sinon qu'il plaît aux uns de tenir pour vrai ce qui leur est avantageux, et que les autres, n'y ayant point d'intérêt, en jugent d'une autre sorte.

Cependant, qu'y a-t-il de moins raisonnable que de prendre notre intérêt pour motif de croire une chose?

tout ce qu'il peut faire au plus est de nous porter à considérer avec plus d'attention les raisons qui peuvent nous faire découvrir la vérité de ce que nous désirons être vrai; mais il n'y a que cette vérité qui doit se trouver dans la chose, même indépendamment de nos désirs, qui doive nous persuader. Je suis d'un tel pays, donc je dois croire qu'un tel saint y a prêché l'Évangile. Je suis d'un tel ordre; donc je crois qu'un tel privilège est véritable. Ce ne sont pas là des raisons. De quelque ordre et de quelque pays que vous soyez, vous ne devez croire que ce qui est vrai, et que ce que vous seriez disposé à croire si vous étiez d'un autre pays, d'un autre ordre, d'une autre profession.

Mais cette illusion est bien plus visible lorsqu'il arrive un changement dans les passions : car, quoique toutes choses soient demeurées dans leur place, il semble néanmoins à ceux qui sont émus de quelque passion nouvelle, que le changement qui ne s'est fait que dans leur cœur ait changé toutes les choses extérieures qui y ont quelque rapport. Combien voit-on de gens qui ne peuvent plus reconnaître aucune bonne qualité, ni naturelle, ni acquise, dans ceux contre qui ils ont conçu de l'aversion, ou qui ont été contraires en quelque chose à leurs sentiments, à leurs désirs, à leurs intérêts! Cela suffit pour devenir tout d'un coup à leur égard téméraire, orgueilleux, ignorant, sans foi, sans honneur, sans conscience. Leurs affections et leurs désirs ne sont ni plus justes ni plus modérés que leur haine. S'ils aiment quelqu'un, il est exempt de toutes sortes de défauts; tout ce qu'il désire est juste et facile, tout ce qu'il ne désire pas est injuste et impossible, sans qu'ils puissent alléguer aucune raison de tous ces jugements que la passion même qui les possède : de sorte qu'encore qu'ils ne fassent pas dans leur esprit ce raisonnement formel : je l'aime; donc c'est le plus habile homme du monde; je le hais; donc c'est un homme de néant; ils le font en quelque sorte dans leur cœur; et c'est pourquoi on peut appeler ces sortes d'égarements des sophismes et des illusions du cœur, qui consistent à transporter nos passions dans les objets de nos passions, et à juger qu'ils sont ce que nous voulons ou désirons qu'ils soient : ce qui est sans doute très déraisonnable, puisque nos désirs ne changent rien dans l'être de ce qui est hors de nous, et qu'il n'y a que Dieu dont la volonté soit tellement efficace, que les choses sont tout ce qu'il veut qu'elles soient.

On peut rapporter à la même illusion de l'amour-propre celle de ceux qui décident tout par un principe fort général et fort commode, qui est qu'ils ont raison, qu'ils connaissent la vérité; d'où il ne leur est pas difficile de conclure que ceux qui ne sont pas de leur sentiment se trompent; en effet, la conclusion est nécessaire.

Le défaut de ces personnes ne vient que de ce que l'opinion avantageuse qu'elles ont de leurs lumières leur fait prendre toutes leurs pensées pour tellement claires et évidentes, qu'elles s'imaginent qu'il suffit de les proposer pour obliger tout le monde à s'y soumettre; et c'est pourquoi elles se mettent peu en peine d'en apporter des preuves; elles écoutent peu les raisons des autres; elles veulent tout emporter par autorité, parce qu'elles ne distinguent jamais leur autorité de la raison; elles traitent de téméraires tous ceux qui ne sont pas de leur sentiment, sans considérer que si les autres ne sont pas de leur sentiment, elles ne sont pas aussi du sentiment des autres, et qu'il n'est pas juste de supposer sans preuve que nous avons raison, lorsqu'il s'agit de convaincre des personnes qui ne sont d'une autre opinion que nous, que parce qu'elles sont persuadées que nous n'avons pas raison.

Il y en a de même qui n'ont point d'autre fondement, pour rejeter certaines opinions, que ce plaisant raisonnement : Si cela était, je ne serais pas un habile homme;

or je suis un habile homme ; donc cela n'est pas. C'est la principale raison qui a fait rejeter longtemps certains remèdes très utiles et des expériences très certaines, parce que ceux qui ne s'en étaient point encore avisés concevaient qu'ils se seraient donc trompés jusqu'alors. Quoi ! si le sang, disaient-ils, avait une révolution circulaire dans le corps ; si l'aliment ne se portait pas au foie par les veines mésaraïques[1] ; si l'artère veineuse portait le sang au cœur ; si le sang montait par la veine cave descendante ; si la nature n'avait point d'horreur du vide ; si l'air était pesant et avait un mouvement en bas, j'aurais ignoré des choses importantes dans l'anatomie et dans la physique ! il faut donc que tout cela ne soit pas. Mais, pour les guérir de cette fantaisie, il ne faut que leur bien représenter que c'est un très petit inconvénient qu'un homme se trompe, et qu'ils ne laisseront pas d'être habiles en d'autres choses, quoiqu'ils ne l'aient pas été en celles qui auraient été nouvellement découvertes.

Logique de Port-Royal, IIIe partie.

3. — DE L'ESPRIT DE CONTRADICTION.

L'impatience, qui porte à contredire les autres avec chaleur, ne vient que de ce que nous ne souffrons qu'avec peine qu'ils aient des sentiments différents des nôtres. C'est parce que ces sentiments sont contraires à notre sens qu'ils nous blessent, et non pas parce qu'ils sont contraires à la vérité. Si nous avions pour but de profiter à ceux que nous contredisons, nous prendrions d'autres mesures et d'autres voies. Nous ne voulons que les assujettir à nos opinions et nous élever au-dessus d'eux : ou plutôt nous voulons tirer, en les contredisant, une petite vengeance du dépit qu'ils nous ont fait en

1. Mésentériques.

choquant notre sens. De sorte qu'il y a tout ensemble, dans ce procédé, et de l'orgueil qui nous cause ce dépit, et du défaut de charité qui nous porte à nous en venger par une contradiction indiscrète, et de l'hypocrisie qui nous fait couvrir tous ces sentiments corrompus du prétexte de l'amour de la vérité et du désir charitable de désabuser les autres; au lieu que nous ne recherchons en effet qu'à nous satisfaire nous-mêmes. Et ainsi on nous peut très justement appliquer ce que dit le Sage : « Que les avertissements que donne un homme qui veut faire injure sont faux et trompeurs » : *Est correptio mendax in ira contumeliosi*[1]. Ce n'est pas qu'il dise toujours des choses fausses : mais c'est qu'en voulant paraître avoir le dessein de nous servir en nous corrigeant de quelque défaut, il n'a que le dessein de déplaire et d'insulter.

Nous devons donc regarder cette impatience, qui nous porte à nous élever sans discernement contre tout ce qui nous paraît faux, comme un défaut très considérable, et qui est souvent beaucoup plus grand que l'erreur prétendue dont nous voudrions délivrer les autres. Ainsi, comme nous nous devons à nous-mêmes la première charité, notre premier soin doit être de travailler sur nous-mêmes, et de tâcher de mettre notre esprit en état de supporter sans émotion les opinions des autres qui nous paraissent fausses, afin de ne les combattre jamais que dans le désir de leur être utiles.

Des moyens de conserver la paix avec les hommes,
1re partie, ch. vii.

4. — Raison fondamentale du devoir de la civilité.

Les hommes croient qu'on leur doit la civilité, et on la leur doit en effet selon qu'elle se pratique dans le monde : mais ils n'en savent pas la raison. S'ils n'avaient

[1]. *Eccl.*, xix, 28.

as d'autre droit de l'exiger que celui que leur donne la
outume, on ne la leur devrait pas; car cela ne suffit
as pour asservir les autres à certaines actions pénibles.
l faut remonter plus haut pour en trouver la source,
ussi bien que dans ce qui regarde la gratitude. Et s'il
st vrai, comme le dit un homme de Dieu, qu'il n'y a
ien de si civil qu'un bon chrétien, il faut qu'il y ait des
aisons divines qui y obligent; et ce que nous allons dire
eut aider à les découvrir.

Il faut considérer pour cela que les hommes sont liés
ntre eux par une infinité de besoins qui les obligent
ar nécessité de vivre en société, chacun en particulier
e se pouvant passer des autres; et cette société est
onforme à l'ordre de Dieu, puisqu'il permet ces besoins
our cette fin. Tout ce qui est donc nécessaire pour la
aintenir est dans cet ordre, et Dieu le commande en
uelque sorte par cette loi naturelle qui oblige chaque
artie à la conservation de son tout. Or, il est absolu-
ent nécessaire, afin que la société des hommes sub-
iste, qu'ils s'aiment et se respectent les uns les autres;
ar le mépris et la haine sont des causes certaines de
ésunion. Il y a une infinité de petites choses très
écessaires à la vie, qui se donnent gratuitement, et qui,
'entrant pas en commerce, ne se peuvent acheter que
ar l'amour. De plus, cette société étant composée
'hommes qui s'aiment eux-mêmes, et qui sont pleins
e leur propre estime, s'ils n'ont quelque soin de se
ontenter et de se ménager réciproquement, ce ne sera
u'une troupe de gens mal satisfaits les uns des autres,
ui ne pourront demeurer unis. Mais, comme l'amour et
estime que nous avons pour les autres ne paraissent
oint aux yeux, ils se sont avisés d'établir entre eux cer-
ains devoirs qui seraient des témoignages de respect
t d'affection; et il arrive de là, nécessairement, que de
anquer à ces devoirs, c'est témoigner une disposition
ontraire à l'amour et au respect. Ainsi, nous devons

ces actions extérieures à ceux à qui nous devons les dispositions qu'elles marquent, et nous leur faisons injure en y manquant, parce que cette omission marque des sentiments où nous ne devons pas être à leur égard.

On peut donc et l'on doit même se rendre exact aux devoirs de civilité que les hommes ont établis; et les motifs de cette exactitude sont non seulement très justes, mais ils sont même fondés sur la loi de Dieu. On le doit faire pour éviter de donner l'idée qu'on a du mépris ou de l'indifférence pour ceux à qui on ne les rendrait pas, pour entretenir la société humaine, à laquelle il est juste que chacun contribue, puisque chacun en retire des avantages très considérables, et enfin pour éviter les reproches intérieurs ou extérieurs de ceux à l'égard de qui on y manquerait, qui sont les sources des divisions qui troublent la tranquillité de la vie, et cette paix chrétienne qui est l'objet de ce discours.

Des moyens de conserver la paix avec les hommes,
1re partie, ch. xv.

5. — L'ORGUEIL.

L'orgueil est une enflure du cœur par laquelle l'homme s'étend et se grossit en quelque sorte en lui-même, et rehausse son idée par celle de force, de grandeur et d'excellence. C'est pourquoi les richesses nous élèvent, parce qu'elles nous donnent lieu de nous considérer nous-mêmes comme plus forts et plus grands. Nous les regardons, selon l'expression du Sage, comme une ville forte qui nous met à couvert des injures de la fortune, et nous donne moyen de dominer sur les autres : « Les richesses du riche sont comme une ville qui le fortifie : *Substantia divitis urbs roboris ejus* [1] »; c'est ce qui cause cette élévation intérieure qui est ver des richesses, comme dit saint Augustin.

1. *Prov.*, XVIII, 11.

L'orgueil des grands est de même nature que celui des riches, et il consiste de même dans cette idée qu'ils ont de leur force. Mais comme en se considérant seuls ils ne pourraient pas trouver en eux-mêmes de quoi la former, ils ont accoutumé de joindre à leur être l'image de tout ce qui leur appartient et qui est lié à eux. Un grand, dans son idée, n'est pas un seul homme, c'est un homme environné de tous ceux qui sont à lui, et qui s'imagine avoir autant de bras qu'ils en ont tous ensemble, parce qu'il en dispose et qu'il les remue. Un général d'armée se représente toujours à lui-même au milieu de ses soldats; ainsi, chacun tâche d'occuper le plus de place qu'il peut dans son imagination, et l'on ne se pousse et ne s'agrandit dans le monde que pour augmenter l'idée que chacun se forme de soi-même. Voilà le but de tous les desseins ambitieux des hommes : Alexandre et César n'ont point eu d'autre vue dans toutes leurs batailles que celle-là; et, si l'on demande pourquoi le Grand Seigneur a fait depuis peu périr cent mille hommes devant Candie, on peut répondre sûrement que ce n'est que pour attacher encore à cette image intérieure qu'il a de lui-même le titre de conquérant.

C'est ce qui nous a produit tous ces titres fastueux qui se multiplient à mesure que l'orgueil intérieur est plus grand ou moins déguisé. Je m'imagine que celui qui s'est le premier appelé *haut et puissant seigneur*, se regardait comme élevé sur la tête de ses vassaux, et que c'est ce qu'il a voulu dire par cette épithète de *haut*, si peu convenable à la bassesse des hommes. Les nations orientales surpassent de beaucoup celles de l'Europe dans cet amas de titres, parce qu'elles sont plus sottement vaines. Il faut une page entière pour expliquer les qualités du plus petit roi des Indes, parce qu'ils y comprennent le dénombrement de leurs revenus, de leurs éléphants et de leurs pierreries, et que tout cela fait partie de cet être imaginaire qui est l'objet de leur vanité.

Peut-être même que ce qui fait désirer aux hommes avec tant de passion l'approbation des autres, est qu'elle les affermit et les fortifie dans l'idée qu'ils ont de leur excellence propre; car ce sentiment public les assure, et leurs approbateurs sont comme autant de témoins qui les persuadent qu'ils ne se trompent pas dans le jugement qu'ils font d'eux-mêmes.

L'orgueil qui naît des qualités spirituelles est de même genre que celui qui est fondé sur des avantages extérieurs, et il consiste de même dans une idée qui nous représente grands à nos yeux, et qui fait que nous nous jugeons dignes d'estime et de préférence, soit que cette idée soit formée sur quelque qualité que l'on connaisse distinctement en soi, soit que ce ne soit qu'une image confuse d'une excellence et d'une grandeur que l'on s'attribue.

C'est aussi cette idée qui cause le plaisir ou le dégoût que l'on trouve dans quantité de petites choses qui nous flattent ou qui nous blessent, sans que l'on en voie d'abord la raison. On prend plaisir à gagner à toutes sortes de jeux, même sans avarice, et l'on n'aime point à perdre. C'est que, quand on perd, on se regarde comme malheureux, ce qui renferme l'idée de faiblesse et de misère; et, quand on gagne, on se regarde comme heureux, ce qui présente à l'esprit celle de force, parce qu'on suppose qu'on est favorisé de la fortune. On parle de même fort volontiers de ses maladies ou des dangers que l'on a courus, parce qu'on se regarde en cela, ou comme étant protégé particulièrement de Dieu, ou comme ayant beaucoup de force ou beaucoup d'adresse pour résister aux maux de la vie.

De la faiblesse de l'homme, ch. I.

IV. — Bossuet.

1. — LA DOUBLE NATURE DE L'HOMME [1].

Si nous sommes tout corps et tout matière, comment pouvons-nous concevoir un esprit pur? et comment avons-nous pu seulement inventer ce nom?

Je sais ce que l'on peut dire en ce lieu, et avec raison, que, lorsque nous parlons de ces esprits, nous n'entendons pas trop ce que nous disons. Notre faible imagination, ne pouvant soutenir une idée si pure, lui présente toujours quelque petit corps pour la revêtir. Mais après qu'elle a fait son dernier effort pour les rendre bien subtils et bien déliés, ne sentez-vous pas en même temps qu'il sort du fond de notre âme une lumière céleste qui dissipe tous ces fantômes, si minces et si délicats que nous ayons pu les figurer? Si vous la pressez davantage, et que vous lui demandiez ce que c'est, une voix s'élèvera du centre de l'âme : Je ne sais pas ce que c'est, mais néanmoins ce n'est pas cela. Quelle force, quelle secrète vertu sent en elle-même cette âme, pour se corriger, pour se démentir elle-même et oser rejeter tout ce qu'elle pense? qui ne voit qu'il y a en elle un

1. Cf. ROUSSEAU, *Émile*, IV. « En méditant sur la nature de l'homme, j'y crus découvrir deux principes distincts, dont l'un l'élevait à l'étude des vérités éternelles, à l'amour de la justice et du beau moral, aux régions du monde intellectuel dont la contemplation fait les délices du sage, et dont l'autre le ramenait bassement en lui-même, l'asservissait à l'empire des sens, aux passions qui sont leurs ministres, et contrariait par elles tout ce que lui inspirait le sentiment du premier. En me sentant entraîné, combattu par ces deux mouvements contraires, je me disais : « Non, l'homme n'est point un, je veux et je ne veux pas, je me se .s à la fois esclave et libre; je vois le bien, je l'aime, et je fais le mal; je suis actif quand j'écoute la raison, passif quand mes passions m'entraînent; et mon pire tourment, quand je succombe, est de sentir que j'ai pu résister. »

ressort caché qui n'agit pas encore de toute sa force, et lequel, quoiqu'il soit contraint, quoiqu'il n'ait pas son mouvement libre, fait bien voir par une certaine vigueur qu'il ne tient pas tout entier à la matière, et qu'il est comme attaché par sa pointe à quelque principe plus haut?

'Il est vrai, chrétiens, je le confesse, nous ne soutenons pas [1] longtemps cette noble ardeur; l'âme se replonge bientôt dans sa matière. Elle a ses faiblesses et ses langueurs; et, permettez-moi de le dire, car je ne sais plus comment m'exprimer, elle a des grossièretés [2] incompréhensibles qui, si elle n'est éclairée d'ailleurs, la forcent presque elle-même de douter de ce qu'elle est. C'est pourquoi les sages du monde, voyant l'homme d'un côté si grand, de l'autre si méprisable, n'ont su ni que penser ni que dire d'une si étrange composition. Demandez aux philosophes profanes ce que c'est que l'homme : les uns en feront un dieu, les autres en feront un rien; les uns diront que la nature le chérit comme une mère, et qu'elle en fait ses délices; les autres, qu'elle l'expose [3]

---

1. *Nous ne soutenons pas...* « *Soutenir* n'a pas toujours eu une signification aussi ample que celle qu'il a. On dit fort aujourd'hui : *soutenir* une négociation importante, *soutenir* son caractère, son personnage, etc. » Bouhours, *Entretiens d'Ariste et d'Eugène*, 1671.

2. *Elle a des grossièretés.* « Quantité de mots abstraits, qui ne sont plus usités qu'au singulier, s'employaient au pluriel au XVIIe siècle pour marquer la répétition des faits et des actes. » Godffroy, *Lexique de la langue de Corneille.* Voici quelques exemples de Bossuet : « Vous avez expérimenté quelles étaient ses *compassions.* » *Panég. de saint François de Sales* (1662). « Une servitude... qui nous asservit au qu'en-dira-t-on et à tant d'autres *circonspections* importunes. » *Serm. pour la vêture d'une postulante Bernardine* (1660 ou 1661). « Un homme qui poussait les difficultés aux dernières *précisions.* » *Conférence avec le ministre Claude* (1682). (Note de M. Rébelliau dans son édition des *Sermons* de Bossuet. Hachette.)

3. Allusion aux expositions d'enfants dans l'antiquité.

comme une marâtre, et qu'elle en fait son rebut ; et un troisième parti, ne sachant plus que deviner touchant la cause de ce mélange, répondra qu'elle s'est jouée en unissant deux pièces qui n'ont nul rapport, et ainsi que, par une espèce de caprice, elle a formé ce prodige qu'on appelle l'homme.

Vous jugez bien, Messieurs, que ni les uns ni les autres n'ont donné au but, et qu'il n'y a plus que la foi qui puisse expliquer une si grande énigme [1]. Vous vous trompez, ô sages du siècle : l'homme n'est pas les délices de la nature, puisqu'elle l'outrage en tant de manières ; l'homme ne peut non plus être son rebut, puisqu'il y a quelque chose en lui qui vaut mieux que la nature elle-même, je parle de la nature sensible. Maintenant, parler de caprice dans les ouvrages de Dieu, c'est blasphémer contre sa sagesse. Mais d'où vient donc une si étrange disproportion ? Faut-il, chrétiens, que je vous le dise ? Et ces masures mal assorties, avec ces fondements si magnifiques, ne crient-elles pas assez haut que l'ouvrage n'est pas en son entier ? Contemplez cet édifice, vous y verrez des marques d'une main divine ; mais l'inégalité de l'ouvrage vous fera bientôt remarquer ce que le péché a mêlé du sien. O Dieu ! quel est ce mélange ? J'ai peine à me reconnaître ; je suis prêt à m'écrier avec le prophète : *Hæccine est urbs perfecti decoris, gaudium universæ terræ* [2] ? « Est-ce là cette Jérusalem ? Est-ce là cette ville, est-ce là ce temple, l'honneur et la joie de toute la terre ? » Et moi je dis : Est-ce là cet homme fait à l'image de Dieu, le miracle de sa sagesse, et le chef-d'œuvre de ses mains ?

Sermon sur la mort.

---

1. Bossuet écrit : *Un si grand énigme. Énigme* était, en effet, masculin dans les auteurs du commencement du xviie siècle.

2. *Thren.*, ii, 15.

2. — Rapidité de la vie.

La vie humaine est semblable à un chemin dont l'issue est un précipice affreux. On nous en avertit dès le premier pas; mais la loi est portée, il faut avancer toujours. Je voudrais retourner sur mes pas : Marche! marche! Un poids invincible, une force irrésistible nous entraîne; il faut sans cesse avancer vers le précipice. Mille traverses, mille peines nous fatiguent et nous inquiètent dans la route. Encore si je pouvais éviter ce précipice affreux! Non, non; il faut marcher, il faut courir : telle est la rapidité des années. On se console pourtant, parce que de temps en temps on rencontre des objets qui nous divertissent [1], des eaux courantes, des fleurs qui passent. On voudrait s'arrêter : Marche! marche! Et cependant on voit tomber derrière soi tout ce qu'on avait passé : fracas effroyable! inévitable ruine! On se console, parce qu'on emporte quelques fleurs cueillies en passant, qu'on voit se faner entre ses mains du matin au soir, et quelques fruits, qu'on perd en les goûtant : enchantement! illusion! Toujours entraîné, tu approches du gouffre affreux : déjà tout commence à s'effacer, les jardins moins fleuris, les fleurs moins brillantes, leurs couleurs moins vives, les prairies moins riantes, les eaux moins claires : tout se ternit, tout s'efface. L'ombre de la mort se présente; on commence à sentir l'approche du gouffre fatal. Mais il faut aller sur le bord. Encore un pas : déjà l'horreur trouble les sens, la tête tourne, les yeux s'égarent. Il faut marcher; on voudrait retourner en arrière; plus de moyen : tout est tombé, tout est évanoui, tout est échappé.

Sermon pour le jour de Pâques.

1. On sait le sc. s de ce mot de *divertissement* dans la langue de Bossuet et de Pascal. Et tout est pour eux *divertissement,* même les affections les plus saintes, en dehors de l'amour de Dieu.

3. — Que dieu nous est un refuge contre l'inconstance des choses humaines.

Dans cette inconstance des choses humaines, et parmi
ant de différentes agitations qui nous troublent ou qui
ous menacent, celui-là me semble heureux qui peut
voir un refuge. Et sans cela, chrétiens, nous sommes
rop découverts aux attaques de la fortune pour pouvoir
rouver du repos. Laissons pour quelque temps la cha-
eur ordinaire du discours, et pesons les choses froi-
ement. Vous vivez ici dans la cour, et, sans entrer plus
vant dans l'état de vos affaires, je veux croire que
otre état est tranquille; mais vous n'avez pas si fort
ublié les tempêtes dont cette mer est si souvent agitée,
que vous vous fiiez tout à fait à cette bonace [1] : et c'est
ourquoi je ne vois point d'homme sensé qui ne se des-
ine un lieu de retraite qu'il regarde de loin, comme un
ort dans lequel il se jettera quand il sera poussé par
es vents contraires. Mais cet asile, que vous vous
réparez contre la fortune, est encore de son ressort;
t si loin que vous puissiez étendre votre prévoyance,
amais vous n'égalerez ses bizarreries : vous penserez
ous être munis d'un côté, la disgrâce viendra de
autre; vous aurez tout assuré aux environs, l'édifice
anquera par le fondement. Si le fondement est solide,
n coup de foudre viendra d'en haut, qui renversera
out de fond en comble : je veux dire simplement et
ans figure que les malheurs nous assaillent et nous
énètrent par trop d'endroits, pour pouvoir être prévus
t arrêtés de toutes parts. Il n'y a rien sur la terre où
ous mettions notre appui, qui non seulement ne puisse
anquer, mais encore nous être tourné en une amer-
ume infinie, et nous serions trop novices dans l'histoire

1. Vieux mot d'origine italienne.

de la vie humaine, si nous avions besoin que l'on nous
prouvât cette vérité.

Posons donc que ce qui peut arriver, ce que vous
avez vu mille fois arriver aux autres, vous arrive aussi à
vous-mêmes. Car, mes frères, vous n'avez point de sauvegarde[1] de la fortune : vous n'avez ni exemption ni
privilège contre les faiblesses communes. Qu'il arrive
que votre fortune soit renversée par quelque disgrâce,
votre famille désolée par quelque mort désastreuse, votre
santé ruinée par quelque longue et fâcheuse maladie;
si vous n'avez quelque lieu où vous vous mettiez à l'abri,
vous essuierez tout du long toute la fureur des vents et
de la tempête : mais où sera cet abri? Promenez-vous à
la campagne, le grand air ne dissipe point votre inquiétude; rentrez dans votre maison, elle vous poursuit,
cette importune s'attache à vous jusque dans votre
cabinet et dans votre lit, où elle vous fait faire cent
tours et retours, sans que jamais vous trouviez une
place qui vous soit commode[2]. Poussé et persécuté de
tous côtés, je ne vois plus que vous-même et votre
propre conscience où vous puissiez vous réfugier. Mais
si cette conscience est mal avec Dieu, ou elle n'est pas
en paix, ou sa paix est pire et plus ruineuse que tous
les troubles. Que ferez-vous, malheureux? Le dehors
vous étant contraire, vous voudriez vous renfermer au
dedans? Le dedans, qui est tout en trouble, vous rejette

1. *Sauvegarde.* Ce mot avait au xviie siècle un sens spécial :
désignait « l'exemption de logements et passages de guerre
accordée par lettre ou brevet du roi ou d'un général d'armée »
et aussi « le détachement qu'un chef militaire envoie dans un
lieu pour le garantir du pillage ».

2. Note marginale : « C'est la faute que nous faisons : notre
conscience, notre intérieur, le fond de notre âme et la plus
haute partie de nous-mêmes est hors de prise : nous l'engageons
avec les choses sur quoi la fortune peut frapper. Imprudents!
Quand le corps est découvert, ils (*certains animaux*) tâchent de
cacher la tête : nous produisons tout au dehors. »

violemment au dehors. Le monde se déclare contre vous par votre infortune; le ciel vous est fermé par vos péchés : ainsi, ne trouvant nulle consistance, quelle misère sera égale à la vôtre? Que si votre cœur est droit avec Dieu, là sera votre asile et votre refuge, là vous aurez Dieu au milieu de vous : car Dieu ne quitte jamais un homme de bien, *Deus, in medio ejus, non commovebitur,* dit le Psalmiste. Dieu donc habitant en vous soutiendra votre cœur abattu, et, entretenant votre âme affligée dans une bonne espérance, il vous donnera des consolations que le monde ne peut entendre.

Sermon sur l'amour des plaisirs.

4. — COMMENT L'ATTENTION PEUT COMBATTRE LES PASSIONS [1].

Par cet empire sur notre cerveau, nous pouvons aussi tenir en bride les passions, qui en dépendent toutes, et c'est le plus bel effet de l'attention.

Pour l'entendre, il faut observer quelle sorte d'empire nous pouvons avoir sur nos passions.

Premièrement, il est certain que nous ne leur commandons pas directement, comme à nos bras et à nos mains. Nous ne pouvons pas élever ou apaiser notre colère, comme nous pouvons ou remuer le bras, ou le tenir sans action.

Il n'est pas moins clair, et nous l'avons déjà dit, que par le pouvoir que nous avons sur les membres extérieurs, nous en avons aussi un très grand sur les passions, mais indirectement, puisque nous pouvons par là, et nous éloigner des objets qui les font naître, et en empêcher l'effet. Ainsi, je puis m'éloigner d'un objet odieux qui m'irrite, et, lorsque ma colère est excitée, je

---

1. Bossuet, dans ces pages, exprime, avec au moins autant de force que Descartes, des idées cartésiennes.

lui puis refuser mon bras, dont elle a besoin pour se satisfaire.

Mais, pour cela, il le faut vouloir, et le vouloir fortement. Et la grande difficulté est de vouloir autre chose que ce que la passion nous inspire, parce que, dans les passions, l'âme se trouve tellement portée à s'unir aux dispositions du corps, qu'elle ne peut presque se résoudre à s'y opposer.

Il faut donc chercher un moyen de calmer, ou de modérer, ou même de prévenir les passions dans leur principe, et ce moyen est l'attention bien gouvernée.

Car le principe de la passion, c'est l'impression puissante d'un objet dans le cerveau; l'effet de cette impression ne peut être mieux empêché qu'en se rendant attentif à d'autres objets.

En effet, nous avons vu que l'âme attentive fixe le cerveau en un certain état, dans lequel elle détermine d'une certaine manière le cours des esprits [1] et par là elle romp le coup de la passion, qui, les portant à un autre endroit causait de mauvais effets dans tout le corps.

C'est pourquoi on dit, il est vrai, que le remède le plus naturel des passions, c'est de détourner l'esprit autant qu'on peut des objets qu'elles lui présentent; et il n'y a rien pour cela de plus efficace que de s'attacher à d'autres objets.

Et il faut ici observer qu'il en est des esprits émus et poussés d'un certain côté, à peu près comme d'une rivière, qu'on peut plus aisément détourner que l'arrêter de droit fil. Ce qui fait qu'on réussit mieux dans la passion en pensant à d'autres choses qu'en s'opposant directement à son cours.

Et de là vient qu'une passion violente a souvent serv

---

1. *Esprits animaux*, c'était, d'après Descartes, une sorte de vapeurs subtiles du sang, auxquelles il attribuait un rôle considérable.

e frein ou de remède aux autres, par exemple l'ambi-
ion, ou la passion de la guerre à l'amour.

Et il est quelquefois utile de s'abandonner à des pas-
ions innocentes, pour détourner, ou pour empêcher des
passions criminelles.

Il sert aussi beaucoup de faire un grand choix des
personnes avec qui on converse. Ce qui est en mouvement répand aisément son agitation autour de soi; et
rien n'émeut plus les passions que les discours et les
ctions des hommes passionnés.

Au contraire, une âme tranquille nous tire en quelque
açon hors de l'agitation, et semble nous communiquer
son repos, pourvu toutefois que cette tranquillité ne
soit pas insensible et fade. Il faut quelque chose de vif
qui s'accorde un peu avec notre mouvement, mais où,
dans le fond, il se trouve de la consistance.

Enfin, dans les passions, il faut calmer les esprits par
une espèce de diversion, et se jeter, pour ainsi dire, à
côté, plutôt que de combattre de front; c'est-à-dire qu'il
n'est plus temps d'opposer des raisons à une passion
déjà émue : car, en raisonnant sur sa passion même,
pour l'attaquer, on en rappelle 'objet, on en imprime
plus fortement les traces, et on irrite plutôt les esprits
qu'on ne les calme. Où les sages réflexions sont de grand
effet, c'est à prévenir les passions. Il faut donc nourrir
son esprit de considérations sensées, et lui donner
de bonne heure des attachements honnêtes, afin que les
objets des passions trouvent la place déjà prise, les
esprits déterminés à un certain cours, et le cerveau
affermi.

Car la nature ayant formé cette partie capable d'être
occupée par les objets, et aussi d'obéir à la volonté, il
est clair que la disposition qui prévient doit l'emporter.

Si donc l'âme s'accoutume de bonne heure à être maîtresse de son attention, et qu'elle l'attache à de bons
objets, elle sera par ce moyen maîtresse, premièrement

du cerveau, par là du cours des esprits, et par là enfin des émotions que les passions excitent.

Mais il faut se souvenir que l'attention véritable est celle qui considère l'objet tout entier. Ce n'est qu'être à demi attentif à un objet, comme serait une femme tendrement aimée, que de n'y considérer que le plaisir dont on est flatté en l'aimant, sans songer aux suites honteuses d'un semblable engagement.

Il est donc nécessaire d'y bien penser, et d'y penser de bonne heure, parce que si on laisse le temps à la passion de faire toute son impression dans le cerveau, l'attention viendra trop tard.

De la connaissance de Dieu et de soi-même, ch. III.

5. — L'AMBITION.

Par une raison contraire [1], qui ne voit que plus on sort de la dépendance, plus on rend ses passions indomptables? Nous sommes des enfants qui avons besoin d'un tuteur sévère, la difficulté ou la crainte. Si on lève ces empêchements, nos inclinations corrompues commencent à se remuer et à se produire, et oppriment notre liberté sous le joug de leur licence effrénée. Ah! nous ne le voyons que trop tous les jours. Ainsi vous voyez, messieurs, combien la fortune est trompeuse, puisque bien loin de nous donner la puissance, elle ne nous laisse pas même la liberté.

Ce n'est pas sans raison, messieurs, que le fils de Dieu nous instruit à craindre les grands emplois; c'est qu'il sait que la puissance est le principe le plus ordinaire de l'égarement; qu'en l'exerçant sur les autres, on la perd souvent sur soi-même; enfin qu'elle est semblable à un vin fumeux qui fait sentir sa force aux plus sobres

---

1. Bossuet vient de dire de nos vices que « le meilleur moyen de les réprimer, c'est de leur ôter le pouvoir ».

Celui-là sera maître de ses volontés, qui saura modérer son ambition, qui se croira assez puissant, pourvu qu'il puisse régler ses désirs, et être assez désabusé des choses humaines pour ne point mesurer sa félicité à l'élévation de sa fortune.

Mais écoutons, chrétiens, ce que nous opposent les ambitieux. Il faut, disent-ils, se distinguer; c'est une marque de faiblesse de demeurer dans le commun : les génies extraordinaires se démêlent toujours de la troupe et forcent les destinées. Les exemples de ceux qui s'avancent [1] semblent reprocher aux autres leur peu de mérite; et c'est sans doute ce dessein de se distinguer qui pousse l'ambition aux derniers excès. Je pourrais combattre par plusieurs raisons cette pensée de se discerner. Je pourrais vous représenter [2] que c'est ici un siècle de confusion, où toutes choses sont mêlées; qu'il y a un jour arrêté à la fin des siècles pour séparer les bons d'avec les mauvais, et que c'est à ce grand et éternel discernement que doit aspirer de toute sa force une ambition chrétienne. Je pourrais ajouter encore que c'est en vain qu'on s'efforce de se distinguer sur la terre, où la mort nous vient bientôt arracher de ces places éminentes, pour nous abîmer avec tous les autres dans le néant commun de la nature; de sorte que les plus faibles, se riant de votre pompe d'un jour et de votre discernement [3] imaginaire, vous diront avec le prophète : O homme puissant et superbe, qui pensiez par votre grandeur vous être tiré du pair, « vous voilà blessé comme nous, et vous êtes fait semblable à nous ». *Et tu vulneratus es sicut et nos, nostri similis effectus es* [4].

1. *S'avancer*, « faire progrès, faire fortune. C'est un homme à *s'avancer* en peu de temps. » *Académie*, 1694.

2. *Je pourrais vous représenter...* C'est ce que Bossuet avait sans doute fait en chaire d'une façon développée dans le sermon *Sur l'ambition*, de 1661.

3. Ici : le fait d'*être discerné*.

4. *Isa.*, XIV, 10.

Mais sans m'arrêter à ces raisons, je demanderai seulement à ces âmes ambitieuses par quelles voies elles prétendent de se distinguer [1] : celle du vice est honteuse, celle de la vertu est bien longue. La vertu ordinairement n'est pas assez souple [2] pour ménager la faveur des hommes; et le vice qui met tout en œuvre est plus actif, plus pressant, plus prompt, et ensuite il réussit mieux que la vertu, qui ne sort point de ses règles, qui ne marche qu'à pas comptés, qui ne s'avance que par mesure. Ainsi vous vous ennuierez d'une si grande lenteur; peu à peu votre vertu se relâchera, et après, elle abandonnera tout à fait sa première régularité pour s'accommoder à l'humeur du monde. Ah! que vous feriez bien plus sagement de renoncer tout à coup à l'ambition! Peut-être qu'elle vous donnera de temps en temps quelques légères inquiétudes; mais toujours en aurez-vous bien meilleur marché, et il vous sera bien plus aisé de la retenir, que lorsque vous lui aurez laissé prendre goût aux honneurs et aux dignités. Vivez donc content de ce que vous êtes, et surtout que le désir de faire du bien ne vous fasse pas désirer une condition plus relevée. C'est l'appât ordinaire des ambitieux : ils plaignent toujours le public, ils s'érigent en réformateurs des abus, ils deviennent sévères censeurs de tous ceux qu'ils voient dans les grandes places. Pour eux, que de beaux desseins ils méditent! que de sages conseils pour l'État! que de grands sentiments pour l'Église! que de saints règlements pour un diocèse! Au milieu de ces desseins charitables et de ces pensées chrétiennes, ils s'engagent dans l'amour du monde, ils prennent insensiblement l'esprit du siècle; et puis, quand ils sont

1. *Prétendre de...* se disait alors : « Je prétends bien *de* vous voir. » SÉVIGNÉ, 15 juillet 1673. « Ne prétendez pas, mes pères, *de* faire accroire au monde... » PASCAL, *Prov.*, xv.
2. Cf. le premier sermon *Sur la Providence* (1ᵉʳ point) et le sermon *Sur l'honneur du monde* (2ᵉ point).

arrivés au but, il faut attendre les occasions qui ne marchent qu'à pas de plomb, et qui enfin n'arrivent jamais. Ainsi périssent tous ces beaux desseins, et s'évanouissent comme un songe toutes ces grandes pensées [1].

Sermon sur l'ambition.

6. — L'AUMÔNE.

Donc l'Église de Jésus-Christ est véritablement la ville des pauvres. Les riches, je ne crains point de le dire, en cette qualité de riches, car il faut parler correctement, étant de la suite du monde, étant, pour ainsi dire, marqués à son coin, n'y sont soufferts que par tolérance; et c'est aux pauvres et aux indigents, qui portent la marque du Fils de Dieu, qu'il appartient proprement d'y être reçus. C'est pourquoi le divin Psalmiste les appelle « les pauvres de Dieu » : *pauperes tuos* [2]. Pourquoi les pauvres de Dieu? Il les nomme ainsi en esprit, parce que dans la nouvelle alliance il lui a plu de les adopter avec une prérogative particulière.

. . . .

Et de là nous devons entendre qu'il ne suffit pas de les plaindre, ni même de les assister, mais que nous devons encore concevoir pour eux de grands sentiments

---

1. Ce développement est ainsi rédigé dans le sermon de 1661 : « C'est l'appât ordinaire des ambitieux; ils plaignent le public; ils se font les réformateurs des abus, deviennent sévères censeurs de tous ceux qu'ils voient dans les dignités. Pour eux... que de beaux desseins pour l'État! que de grandes pensées pour l'Église! Au milieu de ces beaux desseins et de ces pensées chrétiennes, on s'engage dans l'amour du monde, on prend l'esprit de ce siècle, on devient mondain et ambitieux, et, quand on est arrivé au but, il faut attendre les occasions, et ces occasions ont des pieds de plomb, elles n'arrivent jamais... et peu à peu tous ces beaux desseins se perdent et s'évanouissent tous ainsi qu'un songe. »

2. *Ps.*, LXXI, 2.

de respect. Saint Paul nous en donne l'exemple. Écrivant aux Romains d'une aumône qu'il allait porter aux fidèles de Jérusalem, il leur parle en ces termes : « Je vous conjure, mes frères, par Notre-Seigneur Jésus-Christ et par la charité du Saint-Esprit, que vous m'aidiez par vos prières auprès de Dieu, afin que les saints qui sont en Jérusalem agréent le présent que j'ai à leur faire. *Obsecro vos, fratres, per Dominum nostrum Jesum Christum et per charitatem Sancti Spiritus, ut adjuvetis me in orationibus vestris pro me ad Deum, ut obsequii mei oblatio accepta fiat in Jerusalem sanctis* [1]. Qui n'admirerait, chrétiens, comme il traite les pauvres honorablement! Il ne dit pas « l'aumône que j'ai à leur faire, ni l'assistance que j'ai à leur donner »; mais, « le service que j'ai à leur rendre.» Il fait quelque chose de plus, et je vous prie de méditer ce qu'il ajoute : « Priez Dieu, dit-il, mes chers frères, que mon service leur soit agréable. » Que veut dire le saint apôtre, et faut-il tant de précautions pour faire agréer une aumône? Ce qui le fait parler de la sorte, c'est la haute dignité des pauvres. On peut donner pour deux motifs : ou pour gagner l'affection, ou pour soulager la misère; ou par un effet d'estime, ou par un sentiment de pitié : l'un est un présent, et l'autre une aumône. Dans l'aumône, on croit ordinairement que c'est assez de donner; on apporte plus de soin dans le présent, et il y a un certain art innocent de relever le prix de ce que l'on donne, par la manière et les circonstances. C'est en cette dernière façon que saint Paul assiste les pauvres. Il ne les regarde pas seulement comme des malheureux qu'il faut assister; mais il regarde que dans leur misère ils sont les principaux membres de Jésus-Christ et les premiers-nés de l'Église. En cette qualité glorieuse, les considère comme des personnes auxquelles il faut

---

1. *Rom.*, xv, 30, 31. Au bas de la page, Bossuet donne aussi le dernier verset de saint Paul en grec.

a cour, si je puis parler de la sorte. C'est pourquoi il n'estime pas que ce soit assez que son présent les soulage, mais il souhaite que son service leur agrée; et, pour obtenir cette grâce, il met toute l'Église en prières. Tant les pauvres sont considérables dans l'Église de Jésus-Christ, que saint Paul semble établir sa félicité dans l'honneur de les servir et dans le bonheur de leur plaire : *ut obsequii mei oblatio accepta fiat in Jerusalem sanctis.*

. . . .

Il [1] ne voudrait voir dans son Église que ceux qui portent sa marque, que des pauvres, que des indigents, que des affligés, que des misérables. Mais s'il n'y a que des malheureux, qui soulagera les malheureux? Que deviendront les pauvres dans lesquels il souffre, et dont il ressent tous les besoins? Il pourrait leur envoyer ses saints anges; mais il est plus juste qu'ils soient assistés par des hommes qui leur sont semblables. Venez donc, ô riches, dans son Église; la porte enfin vous en est ouverte; mais elle vous est ouverte en faveur des pauvres, et à condition de les servir. C'est pour l'amour de ses enfants qu'il permet l'entrée à ces étrangers. Voyez le miracle de la pauvreté : les riches étaient étrangers; mais le service des pauvres les naturalise, et leur sert à expier la contagion qu'ils contractent parmi leurs richesses. Par conséquent, ô riches du siècle, prenez tant qu'il vous plaira des titres superbes; vous les pouvez porter dans le monde : dans l'Église de Jésus-Christ, vous êtes seulement serviteurs des pauvres.

. . . .

Mais quel service leur devons-nous rendre? En quoi sommes-nous tenus de les assister? Vous le voyez déjà, chrétiens, dans l'exemple du patriarche Abraham. Mais

1. Dieu.

l'admirable saint Augustin vous va donner encore su[r]
ce sujet-là une instruction plus particulière. « Le se[r]-
vice que vous devez aux nécessiteux, c'est de porter ave[c]
eux une partie du fardeau qui les accable [1]. » L'apôt[re]
saint Paul ordonne aux fidèles de « porter les fardeau[x]
les uns des autres » : *Alter alterius onera portate* [2]. Le[s]
pauvres ont leur fardeau, et les riches aussi ont le leu[r].
Les pauvres ont leur fardeau : qui ne le sait pas? Quan[d]
nous les voyons suer et gémir, pouvons-nous ne pa[s]
reconnaître que tant de misères pressantes sont un far[-]
deau très pesant, dont leurs épaules sont accablée[s]?
Mais encore que les riches marchent à leur aise, et sem[-]
blent n'avoir rien qui leur pèse, sachez qu'ils ont aus[si]
leur fardeau. Et quel est ce fardeau des riches? Chr[é]-
tiens, le pourrez-vous croire? Ce sont leurs propre[s]
richesses. Quel est le fardeau des pauvres? C'est l[e]
besoin. Quel est le fardeau des riches? C'est l'abo[n]-
dance. « Le fardeau des pauvres, dit saint Augusti[n],
c'est de n'avoir pas ce qu'il faut; et le fardeau des riche[s],
c'est d'avoir plus qu'il ne faut » : *Onus paupertatis n[e]
habere, divitiarum onus plus quam opus est habere.* Quoi don[c],
est-ce un fardeau incommode que d'avoir trop de bien[s]?
Ah! que j'entends de mondains qui désirent un tel far[-]
deau dans le secret de leurs cœurs! Mais qu'ils arrête[nt]
ces désirs inconsidérés. Si les injustes préjugés du sièc[le]
les empêchent de concevoir en ce monde combien l'abo[n]-
dance pèse, quand ils viendront en ce pays où il nui[t]
d'être trop riches, quand ils comparaîtront à ce tribun[al]
où il faudra rendre compte non seulement des talents

1. *De verbo apost.*, Sermo CLXIX, 9.
2. *Galat.*, VI, 2.
3. Allusion à la parabole évangélique où un maître, parta[nt]
en voyage, donne des talents à ses trois serviteurs. Le premi[er]
et le second les font valoir, le troisième enfouit le sien. C'e[st]
même de cette parabole, très connue et très commentée [au]
moyen âge, qu'est venu le sens actuel du *talent,* les aptitud[es]

lispensés [1], mais encore des talents enfouis, et répondre à ce juge inexorable non seulement de la dépense, mais encore de l'épargne et du ménage [2]; alors, messieurs, ils reconnaîtront que les richesses sont un grand poids, et ils se repentiront vainement de ne s'en être pas déchargés.

Mais n'attendons pas cette heure fatale, et, pendant que le temps le permet, pratiquons ce conseil de saint Paul : *Alter alterius onera portate* : « Portez vos fardeaux les uns les autres. » Riches, portez le fardeau du pauvre, soulagez sa nécessité, aidez-le à soutenir les afflictions sous le poids desquelles il gémit : mais sachez qu'en le déchargeant vous travaillez à votre décharge; lorsque vous lui donnez, vous diminuez son fardeau, et il diminue le vôtre; vous portez le besoin qui le presse, il porte l'abondance qui vous surcharge. Communiquez entre vous mutuellement vos fardeaux, « afin que les charges deviennent égales » : *ut fiat æqualitas*, dit saint Paul [3]. Car quelle injustice, mes frères, que les pauvres portent tout le fardeau, et que tout le poids des misères aille fondre sur leurs épaules! S'ils s'en plaignent et s'ils en murmurent contre la Providence divine, Seigneur, permettez-moi de le dire, c'est avec quelque couleur de justice : car étant tous pétris d'une même masse, et ne pouvant pas [4] y avoir grande différence entre de la boue et de la boue, pourquoi verrons-nous d'un côté la joie, la faveur, l'affluence; et de l'autre la tristesse, et le désespoir, et l'extrême nécessité, et encore le mépris et la servitude? Pourquoi cet homme si fortuné vivrait-il dans

naturelles étant une sorte de capital qui nous est confié à charge de le faire valoir. (Voir le *Dictionnaire* de Littré.)

1. *Dispensés*, c'est-à-dire *dépensés*. C'est le sens du verbe *dispensare* dans le bas latin.

2. *Ménage*, l'art de ménager, d'économiser.

3. *II Cor.*, VIII, 14.

4. *Ne pouvant pas y avoir*, proposition participe.

une telle abondance et pourrait-il contenter jusqu'au
désirs les plus inutiles d'une curiosité étudiée, pendan
que ce misérable, homme toutefois aussi bien que lui
ne pourra soutenir sa pauvre famille, ni soulager l
faim qui le presse? Dans cette étrange inégalité, pou
rait-on justifier la Providence de mal ménager les tré
sors que Dieu met entre des égaux, si par un autr
moyen elle n'avait pourvu au besoin des pauvres, e
remis quelque égalité entre les hommes? C'est pou
cela, chrétiens, qu'il a établi son Église, où il reçoit le
riches, mais à condition de servir les pauvres; où
ordonne que l'abondance supplée au défaut, et donn
des assignations aux nécessiteux sur le superflu de
opulents. Entrez, mes frères, dans cette pensée : s
vous ne portez le fardeau des pauvres, le vôtre vou
accablera; le poids de vos richesses mal dispensées vou
fera tomber dans l'abîme; au lieu que, si vous partage
avec les pauvres le poids de leur pauvreté, en prena
part à leur misère, vous mériterez tout ensemble de par
ticiper à leurs privilèges.

Sermon sur l'éminente dignité des pauvres.

7. — DE L'ESCLAVAGE DES BIENS DE CE MONDE.

L'abondance, la bonne fortune, la vie délicate e
voluptueuse sont comparées souvent dans les saint
Lettres à des fleuves impétueux, qui passent sans s'a
rêter, et tombent sans pouvoir soutenir leur prop
poids. Mais si la félicité du monde imite un fleuve dan
son inconstance, elle lui ressemble aussi dans sa forc
parce qu'en tombant elle nous pousse, et qu'en coulan
elle nous tire : « *Attendis Quia labitur, cave quia trahit*
dit saint Augustin [1].

Il faut aujourd'hui, messieurs, vous représenter c

1. *In Ps.* CXXXVI, 3.

attrait puissant. Venez et ouvrez les yeux, et voyez les liens cachés dans lesquels votre cœur est pris; mais pour comprendre tous les degrés de cette déplorable servitude où nous jettent les biens du monde, contemplez ce que fait en nous l'attache d'un cœur qui les possède, l'attache d'un cœur qui en use, l'attache d'un cœur qui s'y abandonne. O quelles chaînes! ô quel esclavage! Mais disons les choses par ordre.

Premièrement, chrétiens, c'est une fausse imagination des âmes simples et ignorantes, qui n'ont pas expérimenté la fortune, que la possession des biens de la terre rend l'âme plus libre et plus dégagée. Par exemple, on se persuade que l'avarice serait tout à fait éteinte, que l'on n'aurait plus d'attache aux richesses, si l'on en avait ce qu'il faut. Ah! c'est alors, disons-nous, que le cœur, qui se resserre dans l'inquiétude du besoin, reprendra sa liberté tout entière dans la commodité et dans l'aisance. Confessons la vérité devant Dieu : tous les jours nous nous flattons de cette pensée; mais certes nous nous abusons, notre erreur est extrême. Certes, c'est une folie de s'imaginer que les richesses guérissent l'avarice, ni ¹ que cette eau puisse étancher cette soif. Nous voyons par expérience que le riche, à qui tout abonde, n'est pas moins impatient dans ses pertes que le pauvre, à qui tout manque; et je ne m'en étonne pas, car il faut entendre, messieurs, que nous n'avons pas seulement pour tout notre bien une affection particulière : ce qui fait que nous voyons ordinairement que l'âme n'a pas moins d'attache, que la perte n'est pas moins sensible dans l'abondance que dans la disette. Il en est comme des cheveux, qui font toujours sentir la même douleur, soit qu'on les arrache d'une tête chauve, soit qu'on les tire d'une belle tête qui en

1. Remarquez cet emploi de *ni*, lors même qu'il n'y a point de négation précédemment exprimée, et que l'*idée* seule de la proposition principale est négative.

est couverte : on sent toujours la même douleur, à cause que chaque cheveu ayant sa racine propre, la violence est toujours égale. Ainsi, chaque petite parcelle du bien que nous possédons tenant dans le fond du cœur par sa racine particulière, il s'ensuit manifestement que l'opulence n'a pas moins d'attache que la disette; au contraire, qu'elle est, du moins en ceci, et plus captive et plus engagée, qu'elle a plus de liens qui l'enchaînent, et un plus grand poids qui l'accable. Te voilà donc, ô homme du monde, attaché à ton propre bien avec un amour immense. Mais il se croirait pauvre dans son abondance (de même de toutes les autres passions), s'il n'usait de sa bonne fortune. Voyons quel est cet usage, et, pour procéder toujours avec ordre, laissons ceux qui s'emportent d'abord aux excès, et considérons un moment les autres, qui s'imaginent être modérés quand ils se donnent de tout leur cœur aux choses permises.

Le mauvais riche de la parabole les doit faire trembler jusqu'au fond de l'âme. Qui n'a ouï remarquer cent fois que le Fils de Dieu ne nous parle ni de ses adultères, ni de ses rapines, ni de ses violences? Sa délicatesse et sa bonne chère font une partie si considérable de son crime, que c'est presque le seul désordre qui nous est rapporté dans notre Évangile. « C'est un homme, dit saint Grégoire, qui s'est damné dans les choses permises, parce qu'il s'y est donné tout entier, parce qu'il s'y est laissé aller sans retenue » : tant il est vrai, chrétiens, que ce n'est pas toujours l'objet défendu, mais que c'est fort souvent l'attache qui fait des crimes damnables.

. . . .

Et certes, il est impossible qu'en prenant si peu de soin de se retenir dans les choses qui sont permises, ils ne s'emportent bientôt jusqu'à ne craindre plus de poursuivre celles qui sont ouvertement défendues. Car, chrétiens, qui ne le sait pas? qui ne le sent par expérience?

notre esprit n'est pas fait de sorte qu'il puisse facilement se donner des bornes. Job l'avait bien connu par expérience : *Pepigi fœdus cum oculis meis* [1] : « J'ai fait un pacte avec mes yeux, de ne penser à aucune beauté mortelle. » Voyez qu'il règle la vue pour arrêter la pensée. Il réprime des regards qui pourraient être innocents, pour arrêter des pensées qui apparemment seraient criminelles; ce qui n'est peut-être pas si clairement défendu par la loi de Dieu, il y oblige ses yeux par traité exprès. Pourquoi? parce qu'il sait que, par cet abandon aux choses licites, il se fait dans tout notre cœur un certain épanchement d'une joie mondaine; si bien que l'âme, se laissant aller à tout ce qui lui est permis, commence à s'irriter de ce que quelque chose lui est défendu. Ah! quel état! quel penchant! quelle étrange disposition! Je vous laisse à penser si une liberté précipitée jusques au voisinage du vice ne s'emportera pas bientôt jusqu'à la licence; si elle ne passera pas bientôt les limites, quand il ne lui restera plus qu'une si légère démarche. Sans doute, ayant pris sa course avec tant d'ardeur dans cette vaste carrière des choses permises, elle ne pourra plus retenir ses pas; et il lui arrivera infailliblement ce que dit de soi-même le grand saint Paulin : « Je m'emporte au delà de ce que je dois, pendant que je ne prends aucun soin de me modérer en ce que je puis : *Quod non expediebat admisi, dum non tempero quod licebat* [2]. »

Après cela, chrétiens, si Dieu ne fait un miracle, la licence des grandes fortunes n'a plus de limites : *Prodiit quasi ex adipe iniquitas eorum* [3] : « Dans leur graisse, dit le Saint-Esprit, dans leur abondance, il se fait un fonds d'iniquité qui ne s'épuise jamais. » C'est de là que nais-

1. *Job*, XXXI, 1.
2. *Epist.*, XXX, *ad Sever.*, 3.
3. *Ps.*, LXXII, 7.

sent ces péchés régnants, qui ne se contentent pas
qu'on les souffre ni même qu'on les excuse, mais qui
veulent encore qu'on les applaudisse [1]. C'est là qu'on se
plaît de faire le grand par le mépris de toutes les lois et
en faisant une insulte publique à la pudeur du genre
humain. Ah! si je pouvais ici vous ouvrir le cœur d'un
Nabuchodonosor, ou d'un Balthazar, ou de quelque
autre de ces rois superbes qui nous sont représentés
dans l'Histoire Sainte, vous verriez avec horreur et
tremblement ce que peut, dans un cœur qui a oublié
Dieu, cette terrible pensée de n'avoir rien qui nous con
traigne. C'est alors que la convoitise va tous les jours
se subtilisant et enchérissant sur elle-même. De là nais
sent des vices inconnus, des monstres d'avarice, des
raffinements de volupté, des délicatesses d'orgueil, qui
n'ont pas de nom [2]. Et ce qu'il y a de plus étrange, c'est
qu'au milieu de tous ces excès, souvent on s'imagine
être vertueux parce que, dans une licence qui n'a point de
bornes, on compte parmi ses vertus tous les vices dont
on s'abstient; on croit faire grâce à Dieu et à sa justice
de ne la pousser pas tout à fait à bout. L'impunité fait
tout oser; on ne pense ni au jugement, ni à la mort

1. Dans la première rédaction, Bossuet continuait ainsi : « Car
il y a, dit saint Augustin, deux espèces de péchés : les uns vien
nent de la disette, les autres naissent de l'excès. Ceux qui nais
sent du besoin et de la misère, ce sont des péchés serviles et
timides : quand un pauvre vole, il se cache; quand il est décou
vert, il tremble; il n'oserait soutenir son crime, trop heureux
s'il le peut couvrir et envelopper dans les ténèbres. Mais ces
péchés d'abondance, ils sont superbes et audacieux, ils veulen
régner. Vous diriez qu'ils sentent la grandeur de leur extraction
ils veulent jouir, dit Tertullien, de toutes les lumières du jour et
de toute la conscience du ciel : *Delicta vestra et loco omni, e
luce omni, et universa cœli consciencia fruuntur.* »

2. A ce développement comparer dans l'*Orais. fun. de Henriett
de France* (1669) : « Les grandes prospérités nous aveuglen
nous transportent, etc. »

même, jusqu'à ce qu'elle vienne, toujours imprévue, finir l'enchaînement des crimes, pour commencer celui des supplices.

Sermon sur l'impénitence finale.

V. — Fénelon.

LES DOMESTIQUES.
SUR LA CONDUITE QU'IL FAUT TENIR A LEUR ÉGARD.

Tâchez donc de vous faire aimer de vos gens sans aucune basse familiarité : n'entrez pas en conversation avec eux; mais aussi ne craignez pas de leur parler assez souvent avec affection et sans hauteur sur leurs besoins. Qu'ils soient assurés de trouver en vous du conseil et de la compassion : ne les reprenez point aigrement de leurs défauts; n'en paraissez ni surpris ni rebuté, tant que vous espérez qu'ils ne sont pas incorrigibles; faites-leur entendre doucement raison, et souffrez souvent d'eux pour le service, afin d'être en état de les convaincre de sang-froid que c'est sans chagrin et sans impatience que vous leur parlez, bien moins pour votre service que pour leur intérêt. Il ne sera pas facile d'accoutumer les jeunes personnes de qualité à cette conduite douce et charitable; car l'impatience et l'ardeur de la jeunesse, jointes à la fausse idée qu'on leur donne de leur naissance, leur fait regarder les domestiques à peu près comme des chevaux : on se croit d'une autre nature que les valets; on suppose qu'ils sont faits pour la commodité de leurs maîtres. Tâchez de montrer combien ces maximes sont contraires à la modestie pour soi, et à l'humanité pour son prochain. Faites entendre que les hommes ne sont point faits pour être servis; que c'est une erreur brutale de croire qu'il y ait des hommes nés pour flatter la paresse et l'orgueil des autres; que le service étant établi contre l'égalité naturelle des hommes, il faut l'adoucir autant qu'on le peut; que les maîtres, qui sont mieux élevés que leurs valets, étant pleins de défauts, il ne faut pas s'attendre que les valets n'en aient point [1], eux qui ont manqué d'instructions et de bons exemples; qu'enfin, si les valets se gâtent en servant mal, ce que l'on appelle d'ordinaire *être bien servi* gâte encore plus les maîtres, car cette facilité de se satisfaire en tout ne fait qu'amollir l'âme, que la rendre ardente et passionnée pour les moindres commodités, enfin que la livrer à ses désirs.

De l'Éducation des filles, ch. xii.

1. Cf. : « Aux vertus qu'on exige dans un domestique, Votre Excellence connaît-elle beaucoup de maîtres qui fussent dignes d'être valets? » BEAUMARCHAIS, *le Barbier de Séville,* acte I, scène ii.

LA PHILOSOPHIE MORALE
AU DIX-HUITIÈME SIÈCLE

I. — La conscience.

Il est au fond de nos âmes un principe inné de justice et de vertu sur lequel, malgré nos propres maximes, nous jugeons nos actions et celles d'autrui comme bonnes ou mauvaises; et c'est à ce principe que je donne le nom de *conscience*.

Mais, à ce mot, j'entends s'élever de toutes parts la clameur des prétendus sages : « Erreurs de l'enfance, préjugés de l'éducation! s'écrient-ils tous de concert. Il n'y a rien dans l'esprit humain que ce qui s'y introduit par l'expérience, et nous ne jugeons d'autre chose que sur des idées acquises. » Ils font plus, cet accord évident et universel de toutes les nations, ils l'osent rejeter [1]; et, contre l'éclatante uniformité du jugement des hommes, ils vont chercher dans les ténèbres quelque exemple obscur et connu d'eux seuls; comme si tous les penchants de la nature étaient anéantis par la dépravation d'un peuple, et que, sitôt qu'il est des monstres, l'espèce ne fût plus rien. Mais que servent au sceptique Montaigne les tourments qu'il se donne pour

1. Voir plus loin l'extrait intitulé : *De l'universalité de la loi morale.*

déterrer en un coin du monde une coutume opposée aux notions de la justice? Que lui sert de donner aux plus suspects voyageurs l'autorité qu'il refuse aux écrivains les plus célèbres? Quelques usages incertains et bizarres, fondés sur des causes locales qui nous sont inconnues, détruiront-ils l'induction générale tirée du concours de tous les peuples, opposés en tout le reste, et d'accord sur ce seul point? O Montaigne! toi qui te piques de franchise et de vérité, sois sincère et vrai, si un philosophe peut l'être, et dis-moi s'il est quelque pays sur la terre où ce soit un crime de garder sa foi, d'être clément, bienfaisant, généreux, où l'homme de bien soit méprisable, et le perfide honoré.

Chacun, dit-on, concourt au bien public pour son intérêt. Mais d'où vient donc que le juste y concourt à son préjudice? Qu'est-ce qu'aller à la mort pour son intérêt? Sans doute, nul n'agit que pour son bien; mais, s'il n'est un bien moral dont il faut tenir compte, on n'expliquera jamais par l'intérêt propre que les actions des méchants : il est même à croire qu'on ne tentera point d'aller plus loin. Ce serait une trop abominable philosophie que celle où l'on serait embarrassé des actions vertueuses; où l'on ne pourrait se tirer d'affaire qu'en leur controuvant des intentions basses et des motifs sans vertu; où l'on serait forcé d'avilir Socrate et de calomnier Régulus. Si jamais de pareilles doctrines pouvaient germer parmi nous, la voix de la nature ainsi que celle de la raison s'élèveraient incessamment contre elles, et ne laisseraient jamais à un seul de leurs partisans l'excuse de l'être de bonne foi...

Conscience! conscience! instinct divin, immortelle et céleste voix; guide assuré d'un être ignorant et borné, mais intelligent et libre; juge infaillible du bien et du mal, qui rends l'homme semblable à Dieu; c'est toi qui fais l'excellence de sa nature et la moralité de ses actions; sans toi je ne sens rien en moi qui m'élève aulessus des bêtes, que le triste privilège de m'égarer, d'erreurs en erreurs à l'aide d'un entendément sans règle et d'une raison sans principe.

Grâce au ciel, nous voilà délivrés de tout cet effrayant appareil de philosophie : nous pouvons être hommes sans être savants; dispensés de consumer notre vie à l'étude de la morale, nous avons à moindres frais un guide plus assuré dans ce dédale immense des opinions humaines. Mais ce n'est pas assez que ce guide existe, il faut savoir le reconnaître et le suivre. S'il parle à tous les cœurs, pourquoi donc y en a-t-il si peu qui l'entendent? Eh! c'est qu'il nous parle la langue de la nature, que tout nous fait oublier. La conscience est timide, elle aime la retraite et la paix; le monde et le bruit l'épouvantent; les préjugés dont on la fait naître sont ses plus cruels ennemis; elle fuit ou se tait devant eux; leur voix bruyante étouffe la sienne et l'empêche de se faire entendre; le fanatisme ose la contrefaire et dicter le crime en son nom. Elle se rebute enfin à force d'être éconduite; elle ne nous parle plus, elle ne nous répond plus, et, après de si longs mépris pour elle, il en coûte autant de la rappeler qu'il en coûta de la bannir.

J.-J. Rousseau, Émile, IV.

II. — Caractère sacré et inaliénable de la liberté humaine.

Si un particulier, dit Grotius [1], peut aliéner sa liberté et se rendre esclave d'un maître, pourquoi tout un peuple ne pourrait-il pas aliéner la sienne et se rendre sujet d'un roi? — Il y a là bien des mots équivoques qui auraient besoin d'explication; mais tenons-nous en celui d'*aliéner*. Aliéner, c'est donner ou vendre. Or,

1. Publiciste et homme d'État hollandais (1588-1645).

un homme qui se fait esclave d'un autre ne se donne pas; il se vend tout au moins pour sa subsistance mais un peuple, pourquoi se vend-il? Bien qu'un ro. fournisse à ses sujets leur subsistance, il ne tire la sienne que d'eux, et, selon Rabelais, un roi ne vit pas de peu. Les sujets donnent donc leur personne à condi tion qu'on prendra aussi leur bien. Je ne vois pas ce qu'il leur reste à conserver.

On dira que le despote assure à ses sujets la tranquil lité civile: soit, mais qu'y gagnent-ils, si les guerres que son ambition leur attire, si son insatiable avidité, si les vexations de son ministère les désolent plus que ne feraient leurs dissensions? Qu'y gagnent-ils, si cette tranquillité même est une de leurs misères? On vit tran quille aussi dans les cachots : en est-ce assez pour s'y trouver bien? Les Grecs enfermés dans l'antre du Cyclope y vivaient tranquilles, en attendant que leur tour vînt d'être dévorés.

Dire qu'un homme se donne gratuitement, c'est dire une chose absurde et inconcevable; un tel acte est illé gitime et nul, par cela seul que celui qui le fait n'est pas dans son bon sens. Dire la même chose de tout un peuple, c'est supposer un peuple de fous : la folie ne fait pas droit.

Quand chacun pourrait s'aliéner lui-même, il ne peut aliéner ses enfants; ils naissent hommes et libres; leur liberté leur appartient : nul n'a droit d'en disposer qu'eux. Avant qu'ils soient en âge de raison, le père peut, en leur nom, stipuler des conditions pour leur conservation, pour leur bien-être, mais non les donner irrévocablement et sans condition; car un tel don est contraire aux fins de la nature et passe les droits de la paternité. Il faudrait donc, pour qu'un gouvernement arbitraire fût légitime, qu'à chaque génération le peuple fût le maître de l'admettre ou de le rejeter : mais alors ce gouvernement ne serait plus arbitraire.

Renoncer à sa liberté, c'est renoncer à sa qualité d'homme, aux droits de l'humanité, même à ses devoirs. Il n'y a nul dédommagement possible pour quiconque renonce à tout; une telle renonciation est incompatible avec la nature de l'homme; et c'est ôter toute moralité à ses actions que d'ôter toute liberté à sa volonté.

Enfin, c'est une convention vaine et contradictoire de stipuler d'une part une autorité absolue, et de l'autre une obéissance sans bornes. N'est-il pas clair qu'on n'est engagé à rien envers celui dont on a droit de tout exiger? Et cette seule condition, sans équivalent, sans échange, n'entraîne-t-elle pas la nullité de l'acte? Car quel droit mon esclave aurait-il contre moi, puisque tout ce qu'il a m'appartient, et que, son droit étant le mien, ce droit de moi contre moi-même est un mot qui n'a aucun sens?

Ainsi, de quelque sens qu'on envisage les choses, le droit d'esclavage est nul, non seulement parce qu'il est illégitime, mais parce qu'il est absurde et ne signifie rien. Ces mots *esclavage* et *droit* sont contradictoires, ils s'excluent mutuellement; soit d'un homme à un homme, soit d'un homme à un peuple, ce discours sera toujours également insensé : « Je fais avec toi une convention toute à ta charge et toute à mon profit, que j'observerai tant qu'il me plaira, et que tu observeras tant qu'il me plaira. »

J.-J. ROUSSEAU, Contrat social, I, IV.

III. — L'esclavage, 1.

Rien n'est plus affreux que la condition du noir dans tout l'archipel américain. On commence par le flétrir du sceau ineffaçable de l'esclavage, en imprimant avec un fer chaud sur ses bras ou sur ses mamelles le nom ou la marque de son oppresseur. Une cabane étroite, mal-

15

saine, sans commodités, lui sert de demeure. Son lit es
une claie plus propre à briser le corps qu'à le reposer
Quelques pots de terre, quelques plats de bois formen
son ameublement. La toile grossière qui cache une
partie de sa nudité ne le garantit ni des chaleurs insup
portables du jour, ni des fraîcheurs dangereuses de l
nuit. Ce qu'on lui donne de manioc, de bœuf salé, d
morue, de fruits et de racines, ne soutient qu'à peine s
misérable existence. Privé de tout, il est condamné
un travail continuel, dans un climat brûlant, sous l
fouet toujours agité d'un conducteur féroce.

L'Europe retentit depuis un siècle des plus saines
des plus sublimes maximes de la morale; la fraternit
de tous les hommes est établie de la manière la plu
touchante dans d'immortels écrits. On s'indigne de
cruautés civiles ou religieuses de nos féroces ancêtres
et l'on détourne les regards de ces siècles d'horreur e
de sang. Ceux de nos voisins que les Barbaresques on
chargés de chaînes obtiennent nos secours et notr
pitié; des malheurs, même imaginaires, nous arrachen
des larmes dans le silence du cabinet et surtout a
théâtre. Il n'y a que la fatale destinée des malheureu
nègres qui ne nous intéresse pas. On les tyrannise, o
les mutile, on les brûle, on les poignarde; et nous l'en
tendons dire froidement et sans émotion. Les tourment
d'un peuple à qui nous devons nos délices ne von
jamais jusqu'à notre cœur...

Pour renverser l'édifice de l'esclavage étayé par de
passions si universelles, par des lois si authentique
par la rivalité de nations si puissantes, par des pr
jugés plus puissants encore, à quel tribunal porterons
nous la cause de l'humanité, que tant d'hommes trahis
sent de concert? Rois de la terre, vous seuls pouve
faire cette révolution. Si vous ne vous jouez pas d
reste des humains; si vous ne regardez pas la puissanc
des souverains comme le droit d'un brigandage heureux

et l'obéissance des sujets comme une surprise faite à l'ignorance, pensez à vos devoirs. Refusez le sceau de votre autorité au trafic infâme et criminel d'hommes convertis en vils troupeaux, et ce commerce disparaîtra. Réunissez une fois pour le bonheur du monde vos forces et vos projets si souvent concertés pour sa ruine.

RAYNAL, *Histoire philosophique des Indes*, liv. XI.

IV. — L'esclavage, 2.

L'esclavage proprement dit est l'établissement d'un droit qui rend un homme tellement propre à un autre homme, qu'il est le maître absolu de sa vie et de ses biens. Il n'est pas bon par sa nature; il n'est utile ni au maître, ni à l'esclave; à celui-ci, parce qu'il ne peut rien faire par vertu; à celui-là, parce qu'il contracte avec ses esclaves toutes sortes de mauvaises habitudes, qu'il s'accoutume insensiblement à manquer à toutes les vertus morales, qu'il devient fier, prompt, dur, colère, voluptueux, cruel...

Il est faux qu'il soit permis de tuer dans la guerre autrement que dans le cas de nécessité; mais dès qu'un homme en a fait un autre esclave, on ne peut pas dire qu'il ait été dans la nécessité de le tuer, puisqu'il ne l'a pas fait. Tout le droit que la guerre peut donner sur les captifs est de s'assurer tellement de leur personne qu'ils ne puissent plus nuire. Les homicides faits de sang-froid par les soldats, et après la chaleur de l'action, sont rejetés de toutes les nations du monde.

Il n'est pas vrai qu'un homme libre puisse se vendre. La vente suppose un prix; l'esclave se vendant, tous ses biens entreraient dans la propriété du maître; le maître ne donnerait donc rien, et l'esclave ne recevrait

rien. Il aurait un *pécule*, dira-t-on. Mais le pécule es
accessoire à la personne : s'il n'est pas permis de s
tuer, parce qu'on se dérobe à sa patrie, il n'est pas plu
permis de se vendre. La liberté de chaque citoyen es
une partie de la liberté publique. Cette qualité dan
l'État populaire est même une partie de la Souvera
neté...

La troisième manière, c'est la naissance. Celle-ci tomb
avec les deux autres. Car si un homme n'a pu se vendr
encore moins a-t-il pu vendre son fils qui n'était pas n
Si un prisonnier de guerre ne peut être réduit en serv
tude, encore moins ses enfants...

Si j'avais à soutenir le droit que nous avons eu d
rendre les nègres esclaves, voici ce que je dirais : Le
peuples d'Europe ayant exterminé ceux de l'Amériqu
ils ont dû mettre en esclavage ceux de l'Afrique, pou
s'en servir à défricher tant de terres.

Le sucre serait trop cher, si l'on ne faisait travaill
la plante qui le produit par des esclaves.

Ceux dont il s'agit sont noirs depuis les pieds jusqu
la tête, et ils ont le nez si écrasé qu'il est presqu
impossible de les plaindre.

On ne peut se mettre dans l'esprit que Dieu, qui e
un être sage, ait mis une âme, surtout une âme bonn
dans un corps tout noir.

Une preuve que les nègres n'ont pas le sens commu
c'est qu'ils font plus de cas d'un collier de verre que d
l'or qui, chez des nations policées, est d'une si gran
conséquence.

Il est impossible que nous supposions que ces gens-
soient des hommes, parce que, si nous les supposio
des hommes, on commencerait à croire que nous n
sommes pas nous-mêmes chrétiens.

De petits esprits exagèrent trop l'injustice que l'o
fait aux Africains. Car si elle était telle qu'ils le disen
ne serait-il pas venu dans la tête des Princes d'Europ

qui font entre eux tant de conventions inutiles, d'en faire une générale en faveur de la miséricorde et de la pitié?

MONTESQUIEU, Esprit des Lois, ch. I, II, V.

V. — La Justice.

Plus j'ai vu des hommes différents par le climat, les mœurs, le langage, les lois, le culte, et par la mesure de leur intelligence, et plus j'ai remarqué qu'ils ont tous le même fonds de morale[1]; ils ont tous une notion grossière du juste et de l'injuste, sans savoir un mot de théologie; ils ont tous acquis cette même notion dans l'âge où la raison se déploie, comme ils ont tous acquis naturellement l'art de soulever des fardeaux avec des bâtons, et de passer un ruisseau sur un morceau de bois sans avoir appris les mathématiques.

Il m'a donc paru que cette idée du juste et de l'injuste leur était nécessaire, puisque tous s'accordaient en ce point dès qu'ils pouvaient agir et raisonner. L'Intelligence suprême qui nous a formés a donc voulu qu'il y eût de la justice sur la terre, pour que nous pussions y vivre un certain temps. Il me semble que, n'ayant ni instinct pour nous nourrir comme les animaux, ni armes naturelles comme eux, et végétant plusieurs années dans l'imbécillité d'une enfance exposée à tous les dangers, le peu qui serait resté d'hommes échappés aux dents des bêtes féroces, à la faim, à la misère, se

1. Sur cette question, voir un chapitre de M. Janet dans le livre intitulé : La Morale. La connaissance de peuplades beaucoup plus sauvages que celles dont parle Voltaire dans ces pages a rendu la question de l'universalité de la loi morale plus difficile qu'au XVIII° siècle. On peut continuer d'admettre au moins que l'humanité tend à s'entendre sur certains principes et certains devoirs. Voir Leçons III et V.

seraient occupés à se disputer quelque nourriture et quelques peaux de bêtes, et qu'ils se seraient bientôt détruits comme les enfants du dragon de Cadmus, sitôt qu'ils auraient pu se servir de quelque arme. Du moins, il n'y aurait eu aucune société, si les hommes n'avaient conçu l'idée de quelque justice, qui est le lien de toute société.

Comment l'Égyptien qui élevait des pyramides et des obélisques, et le Scythe errant qui ne connaissait pas même les cabanes, auraient-ils eu les mêmes notions fondamentales du juste et de l'injuste, si Dieu n'avait donné de tout temps à l'un et à l'autre cette raison qui, en se développant, leur fait apercevoir les mêmes principes nécessaires, ainsi qu'il leur a donné des organes qui, lorsqu'ils ont atteint le degré de leur énergie, perpétuent nécessairement et de la même façon la race du Scythe et de l'Égyptien? Je vois une horde barbare, ignorante, superstitieuse, un peuple sanguinaire et usurier, qui n'avait pas même de terme dans son jargon pour signifier la géométrie et l'astronomie : cependant ce peuple a les mêmes lois fondamentales que le sage Chaldéen qui a connu les routes des astres, et que le Phénicien, plus savant encore, qui s'est servi de la connaissance des astres pour aller fonder des colonies aux bornes de l'hémisphère où l'Océan se confond avec la Méditerranée. Tous ces peuples assurent qu'il faut respecter son père et sa mère, que le parjure, la calomnie, l'homicide sont abominables. Ils tirent donc tous les mêmes conséquences du même principe de leur raison développée.

La notion de quelque chose de juste me semble si naturelle, si universellement acquise par tous les hommes, qu'elle est indépendante de toute loi, de tout pacte, de toute religion. Que je redemande à un Turc, à un Guèbre, à un Malabare, l'argent que je lui ai prêté pour se nourrir et pour se vêtir, il ne lui tombera jamai dans la tête de me répondre : Attendez que je sache si Mahomet, Zoroastre ou Brahma [1] ordonnent que je vous rende votre argent. Il conviendra qu'il est juste qu'il me paie ; et, s'il n'en fait rien, c'est que sa pauvreté ou son avarice l'emporteront sur la justice qu'il reconnaît.

Je mets en fait qu'il n'y a aucun peuple chez lequel il soit juste, beau, convenable, honnête, de refuser la nourriture à son père et à sa mère quand on peut leur en donner ; que nulle peuplade n'a jamais pu regarder la calomnie comme une bonne action, non pas même une compagnie de bigots fanatiques.

L'idée de justice me paraît tellement une vérité du premier ordre, à laquelle tout l'univers donne son assentiment, que les plus grands crimes qui affligent la société humaine sont commis sous un faux prétexte de justice. Le plus grand des crimes, du moins le plus destructif, et par conséquent le plus opposé au but de la nature, est la guerre : mais il n'y a aucun agresseur qui ne colore ce forfait du prétexte de la justice.

Les déprédateurs romains faisaient déclarer toutes leurs invasions justes par des prêtres nommés *Féciales*. Tout brigand qui se trouve à la tête d'une armée commence ses fureurs par un manifeste et implore le Dieu des armées.

Les petits voleurs eux-mêmes, quand ils sont associés, se gardent bien de dire : Allons voler, allons arracher à la veuve et à l'orphelin leur nourriture ; ils disent : Soyons justes, allons reprendre notre bien des mains des riches qui s'en sont emparés. Ils ont entre eux un dictionnaire qu'on a même imprimé dès le XVIe siècle ; et dans ce vocabulaire, qu'ils appellent *argot*, les mots

---

1. Zoroastre est le législateur religieux des populations bactriennes, Brahma est le dieu des Hindous. Les Guèbres sont les sectateurs de Zoroastre. Le Malabar est une partie de la côte occidentale de l'Inde, celle où aborda Vasco de Gama en 1498. Un Malabare est pour Voltaire un habitant de l'Inde.

de *vol*, *larcin*, *rapine* ne se trouvent point; ils se servent des termes qui répondent à *gagner*, *reprendre*.

Le mot d'injustice ne se prononce jamais dans un conseil d'État où l'on propose le meurtre le plus injuste; les conspirateurs, même les plus sanguinaires, n'ont jamais dit : Commettons un crime; ils ont tous dit : Vengeons la patrie des crimes du tyran; punissons ce qui nous paraît une injustice. En un mot, flatteurs lâches, ministres barbares, conspirateurs odieux, voleurs plongés dans l'iniquité, tous rendent hommage, malgré eux, à la vertu même qu'ils foulent aux pieds.

J'ai toujours été étonné que, chez les Français, qui sont éclairés et polis, on ait souffert sur le théâtre ces maximes, aussi affreuses que fausses, qui se trouvent dans la première scène de *Pompée* [1], et qui sont beaucoup plus outrées que celles de Lucain dont elles sont imitées :

> La justice et le droit sont de vaines idées...
> Le droit des rois consiste à ne rien épargner.

Et on met ces abominables paroles dans la bouche de Photin, ministre du jeune Ptolémée. Mais c'est précisément parce qu'il est ministre qu'il devait dire tout le contraire; il devait représenter la mort de Pompée comme un malheur nécessaire et juste.

Je crois donc que les idées du juste et de l'injuste sont aussi claires, aussi universelles que les idées de santé et de maladie, de vérité et de fausseté, de convenance et de disconvenance. Les limites du juste et de l'injuste sont très difficiles à poser; comme l'état mitoyen entre la santé et la maladie, entre ce qui est convenable et la disconvenance des choses, entre le faux et le vrai, est difficile à marquer. Ce sont des nuances qui se

1. La tragédie de *Pompée* de Corneille. On sait que Voltaire est souvent injuste à l'égard de Corneille.

mêlent, mais les couleurs tranchantes frappent tous les yeux. Par exemple, tous les hommes avouent qu'on doit rendre ce qu'on nous a prêté; mais si je sais certainement que celui à qui je dois deux millions s'en servira pour asservir ma patrie, dois-je lui rendre cette arme funeste? Voilà où les sentiments se partagent : mais, en général, je dois observer mon serment quand il n'en résulte aucun mal; c'est de quoi personne n'a jamais douté.

On peut m'objecter que le consentement des hommes de tous les temps et de tous les pays n'est pas une preuve de la vérité. Tous les peuples ont cru à la magie, aux sortilèges, aux démoniaques, aux apparitions, aux influences des astres, à cent autres sottises pareilles : ne pourrait-il pas en être ainsi du juste et de l'injuste?

Il me semble que non. Premièrement, il est faux que tous les hommes aient cru à ces chimères. Elles étaient, à la vérité, l'aliment de l'imbécillité du vulgaire, et il y a le vulgaire des grands et le vulgaire du peuple; mais une multitude de sages s'en est toujours moquée : ce grand nombre de sages, au contraire, a toujours admis le juste et l'injuste tout autant et même encore plus que le peuple.

La croyance aux sorciers, etc., est bien éloignée d'être nécessaire au genre humain; la croyance à la justice est d'une nécessité absolue; donc elle est un développement de la raison donnée de Dieu; et l'idée des sorciers, etc., est, au contraire, un pervertissement de cette même raison.

VOLTAIRE, Le Philosophe ignorant.

VI. — Il n'y a point de liberté sans lois.

On a beau vouloir confondre l'indépendance et la liberté : ces deux choses sont si différentes, que même elles s'excluent mutuellement. Quand chacun fait ce qu'il lui plaît, on fait souvent ce qui déplaît à d'autres, et cela ne s'appelle pas un état libre. La liberté consiste moins à faire sa volonté, qu'à n'être pas soumis à celle d'autrui; elle consiste encore à ne pas soumettre la volonté d'autrui à la nôtre. Quiconque est maître ne peut être libre; et régner, c'est obéir. Vos magistrats savent cela mieux que personne, eux qui, comme Othon, n'omettent rien de servile pour commander. Je ne connais de volonté vraiment libre que celle à laquelle nul n'a droit d'opposer de la résistance; dans la liberté commune, nul n'a droit de faire ce que la liberté d'un autre lui interdit, et la vraie liberté n'est jamais destructive d'elle-même. Ainsi la liberté sans la justice est une véritable contradiction; car, comme qu'on s'y prenne, tout gêne dans l'exécution d'une volonté désordonnée.

Il n'y a donc point de liberté sans lois, ni où quelqu'un est au-dessus des lois : dans l'état même de nature, l'homme n'est libre qu'à la faveur de la loi naturelle, qui commande à tous. Un peuple libre obéit mais il ne sert pas; il a des chefs, et non pas des maîtres; il obéit aux lois, mais il n'obéit qu'aux lois, et c'est par la force des lois qu'il n'obéit pas aux hommes. Toutes les barrières qu'on donne dans les républiques au pouvoir des magistrats ne sont établies que pour garantir de leurs atteintes l'enceinte sacrée des lois; ils en sont les ministres, non les arbitres; ils doivent les garder, non les enfreindre. Un peuple est libre, quelque forme qu'ait son gouvernement, quand, dans celui qui le gouverne, il ne voit point l'homme, mais l'organe de la loi. En un mot, la liberté suit toujours le sort des lois, elle règne ou périt avec elles; je ne sache rien de plus certain.

Rousseau, *Lettres écrites de la Montagne*, 2e partie, lettre VIII

VII. — Le droit naturel.

Le droit naturel est celui que la nature indique à tous les hommes. Vous avez élevé votre enfant, il vous doit du respect comme à son père, de la reconnaissance comme à son bienfaiteur.

Vous avez droit aux productions de la terre que vous avez cultivée par vos mains. Vous avez donné et reçu une promesse, elle doit être tenue.

Le droit humain ne peut être fondé en aucun cas que sur ce droit de nature ; et le grand principe, le principe universel de l'un et de l'autre, est, dans toute la terre : « Ne fais pas ce que tu ne voudrais pas qu'on te fît. » Or, on ne voit pas comment, suivant ce principe, un homme pourrait dire à un autre : « Crois ce que je crois, et ce que tu ne peux croire, ou tu périras. » C'est ce qu'on dit en Portugal, en Espagne, à Goa. On se contente à présent, dans quelques autres pays, de dire : « Crois, ou je t'abhorre ; crois, ou je te ferai tout le mal que je pourrai ; monstre, tu n'as pas ma religion, tu n'as donc point de religion : il faut que tu sois en horreur à tes voisins, à ta ville, à ta province. »

S'il était de droit humain de se conduire ainsi, il faudrait donc que le Japonais détestât le Chinois, qui aurait en exécration le Siamois ; celui-ci poursuivrait les Gangarides, qui tomberaient sur les habitants de l'Indus ; un Mogol arracherait le cœur au premier Malabare qu'il trouverait ; le Malabare pourrait égorger le Persan, qui pourrait massacrer le Turc : et tous ensemble se jetteraient sur les chrétiens, qui se sont si longtemps dévorés les uns les autres.

Le droit de l'intolérance est donc absurde et barbare : c'est le droit des tigres, et il est bien horrible, car les tigres ne déchirent que pour manger, et nous nous sommes exterminés pour des paragraphes.

Voltaire, Traité sur la tolérance, ch. vi.

VIII. — Tolérance, 1.

Ce n'est plus aux hommes que je m'adresse, c'est à toi, Dieu de tous les êtres, de tous les mondes, et de tous les temps : s'il est permis à de faibles créatures perdues dans l'immensité, et imperceptibles au reste de l'univers, d'oser te demander quelque chose, à toi qui as tout donné, à toi dont les décrets sont immuables comme éternels, daigne regarder en pitié les erreurs attachées à notre nature; que ces erreurs ne fassent point nos calamités. Tu ne nous as point donné un cœur pour nous haïr, et des mains pour nous égorger; fais que nous nous aidions mutuellement à supporter le fardeau d'une vie pénible et passagère; que les petites différences entre les vêtements qui couvrent nos débiles corps, entre tous nos langages insuffisants, entre tous nos usages ridicules, entre toutes nos lois imparfaites, entre toutes nos opinions insensées, entre toutes nos conditions si disproportionnées à nos yeux, et si égales devant toi; que toutes ces petites nuances qui distinguent les atomes appelés *hommes* ne soient pas de signaux de haine et de persécution; que ceux qui allument des cierges en plein midi pour te célébrer supportent ceux qui se contentent de la lumière de ton soleil; que ceux qui couvrent leur robe d'une toile blanche pour dire qu'il faut t'aimer ne détestent pas ceux qui disent la même chose sous un manteau de laine noire; qu'il soit égal de t'adorer dans un jargon formé d'une ancienne langue ou dans un jargon plus nouveau; que ceux dont l'habit est teint en rouge ou en violet, qui dominent sur une petite parcelle d'un petit tas de la boue de ce monde, et qui possèdent quelques fragments arrondis d'un certain métal. jouissent sans orgueil de ce qu'ils appellent *grandeur* et *richesse*, et que les autres les voient sans envie : car tu sais qu'il n'y a dans ces vanités ni de quoi envier, ni de quoi s'enorgueillir.

Puissent tous les hommes se souvenir qu'ils sont frères ! qu'ils aient en horreur la tyrannie exercée sur les âmes, comme ils ont en exécration le brigandage qui ravit par la force le fruit du travail et de l'industrie paisible ! Si les guerres sont inévitables, ne nous haïssons pas, ne nous déchirons pas les uns les autres dans le sein de la paix, et employons l'instant de notre existence à bénir également en mille langages divers, depuis Siam jusqu'à la Californie, ta bonté qui nous a donné cet instant.

Voltaire, Traité de la tolérance, ch. XXIII.

IX. — Tolérance, 2.

1. — Très humble remontrance aux inquisiteurs d'Espagne et de Portugal [1].

Une juive de dix-huit ans, brûlée à Lisbonne au dernier autodafé, donna occasion à ce petit ouvrage ; et je crois que c'est le plus inutile qui ait jamais été écrit. Quand il s'agit de prouver des choses si claires, on est sûr de ne pas convaincre.

L'auteur déclare que, quoiqu'il soit juif, il respecte la religion chrétienne, et qu'il l'aime assez pour ôter aux princes qui ne seront pas chrétiens un prétexte plausible pour la persécuter.

« Vous vous plaignez, dit-il aux inquisiteurs, de ce que l'empereur du Japon fait brûler à petit feu tous les chrétiens qui sont dans ses États ; mais il vous répondra : Nous vous traitons, vous qui ne croyez pas comme nous, comme vous traitez vous-mêmes ceux qui ne

1. Il y eut à Lisbonne, en 1745, un autodafé qui fut tristement célèbre en Europe. Le supplice du feu fut aboli en Portugal par le ministre Pombal.

croient pas comme vous; vous ne pouvez vous plaindre que de votre faiblesse, qui vous empêche de nous exterminer, et qui fait que nous vous exterminons.

« Mais il faut avouer que vous êtes bien plus cruels que cet empereur. Vous nous faites mourir, nous qui ne croyons pas tout ce que vous croyez. Nous suivons une religion que vous savez vous-mêmes avoir été autrefois chérie de Dieu; nous pensons que Dieu l'aime encore, et vous pensez qu'il ne l'aime plus; et parce que vous jugez ainsi, vous faites passer par le fer et par le feu ceux qui sont dans cette erreur si pardonnable, de croire que Dieu aime encore ce qu'il a aimé [1].

« Si vous êtes cruels à notre égard, vous l'êtes bien plus à l'égard de nos enfants : vous les faites brûler, parce qu'ils suivent les inspirations que leur ont données ceux que la loi naturelle et les lois de tous les peuples leur apprennent à respecter comme des dieux [2].

« Vous vous privez de l'avantage que vous a donné sur les mahométans la manière dont leur religion s'est établie. Quand ils se vantent du nombre de leurs fidèles, vous leur dites que la force les leur a acquis, et qu'ils ont étendu leur religion par le fer : pourquoi donc établissez-vous la vôtre par le feu?

« Quand vous voulez nous faire venir à vous, nous vous objectons une source dont vous vous faites gloire de descendre [3]. Vous nous répondez que votre religion est nouvelle, mais qu'elle est divine; et vous le prouvez parce qu'elle s'est accrue par la persécution des païens et par le sang de vos martyrs : mais aujourd'hui vous prenez le rôle des Dioclétien, et vous nous faites prendre le vôtre.

1. C'est la source de l'aveuglement des juifs, de ne pas sentir que l'économie de l'Évangile est dans l'ordre des desseins de Dieu, et qu'ainsi elle est une suite de son immutabilité même. (Note de l'auteur.)

2. Leurs pères.

3. Abraham et Jacob.

« Nous vous conjurons, non pas par le Dieu puissant que nous servons, vous et nous, mais par le Christ que vous nous dites avoir pris la condition humaine pour vous proposer des exemples que vous puissiez suivre ; nous vous conjurons d'agir avec nous comme il agirait lui-même s'il était encore sur la terre. Vous voulez que nous soyons chrétiens, et vous ne voulez pas l'être [1].

« Mais, si vous ne voulez pas être chrétiens, soyez au moins des hommes : traitez-nous comme vous feriez si, n'ayant que ces faibles lueurs de justice que la nature nous donne, vous n'aviez point une religion pour vous conduire, et une révélation pour vous éclairer.

« Si le ciel vous a assez aimés pour vous faire voir la vérité, il vous a fait une grande grâce : mais est-ce aux enfants qui ont eu l'héritage de leur père de haïr ceux qui ne l'ont pas eu ?

« Que si vous avez cette vérité, ne nous la cachez pas par la manière dont vous nous la proposez. Le caractère de la vérité, c'est son triomphe sur les cœurs et les esprits et non pas cette impuissance que vous avouez, lorsque vous voulez la faire recevoir par des supplices.

« Si vous êtes raisonnables, vous ne devez pas nous faire mourir, parce que nous ne voulons pas vous tromper. Si votre Christ est le fils de Dieu, nous espérons qu'il nous récompensera de n'avoir pas voulu profaner ses mystères ; et nous croyons que le Dieu que nous servons, vous et nous, ne nous punira pas de ce que nous avons souffert la mort pour une religion qu'il nous a autrefois donnée, parce que nous croyons qu'il nous l'a encore donnée.

« Vous vivez dans un siècle où la lumière naturelle est plus vive qu'elle n'a jamais été, où la philosophie a éclairé les esprits, où la morale de votre Évangile a été plus connue, où les droits respectifs des hommes les

---

1. La douceur étant la vertu chrétienne.

uns sur les autres, l'empire qu'une conscience a sur
une autre conscience, sont mieux établis. Si·donc vous
ne revenez pas de vos anciens préjugés, qui, si vous
n'y prenez garde, sont vos passions, il faut avouer que
vous êtes incorrigibles, incapables de toute lumière et
de toute instruction; et une nation est bien malheureuse, qui donne de l'autorité à des hommes tels que
vous.

« Voulez-vous que nous vous disions naïvement notre
pensée? Vous nous regardez plutôt comme vos ennemis
que comme les ennemis de votre religion : car, si vous
aimiez votre religion, vous ne la laisseriez pas cor-
rompre par une ignorance grossière.

« Il faut que nous vous avertissions d'une chose : c'est
que, si quelqu'un dans la postérité ose jamais dire que
dans le siècle où nous vivons les peuples d'Europe
étaient policés, on vous citera pour prouver qu'ils
étaient barbares; et l'idée que l'on aura de vous sera
telle, qu'elle flétrira votre siècle, et portera la haine sur
tous vos contemporains. »

Montesquieu, l'Esprit des lois, liv. XXV, ch. XIII.

X. — Tolérance, 3.

Qu'est-ce que la religion, Sire? C'est l'assemblage des
devoirs de l'homme envers Dieu : devoirs de culte à
rendre à cet Être suprême, devoirs de justice et de
bienfaisance à l'égard des autres hommes; devoirs, ou
connus par les simples lumières de la raison qui composent ce qu'on appelle la religion naturelle, ou que la
Divinité elle-même a enseignés aux hommes par une
révélation surnaturelle, et qui forment la religion
révélée.

Tous les hommes ne s'accordent point à reconnaître la

évélation, et ceux qui en reconnaissent une ne s'accordent pas non plus sur celle qu'ils admettent.

. . . .

Je conçois que des hommes qui croient toutes les religions également fausses, qui les regardent comme es inventions de la politique pour gouverner les peuples avec plus de facilité, peuvent ne se faire aucun crupule de contraindre ceux qui dépendent d'eux à uivre la religion qu'ils croient avoir intérêt de leur rescrire... Mais s'il y a une religion vraie, si Dieu doit emander compte à chacun de celle qu'il aura crue et ratiquée; si une éternité de supplices doit être le parage de celui qui aura rejeté la véritable religion; comment a-t-on pu imaginer qu'aucune puissance sur la erre ait droit d'ordonner à un homme de suivre une utre religion que celle qu'il croit vraie en son âme et onscience?

S'il y a une religion vraie, il faut la suivre et la professer malgré toutes les puissances de la terre, malgré es édits des empereurs et des rois, malgré les jugements des proconsuls et le glaive des bourreaux. C'est our avoir eu ce courage, c'est pour avoir rempli ce evoir sacré qu'on propose à notre vénération les martyrs de la primitive Église. Si les martyrs ont dû résister la puissance civile pour suivre la voix de leur conscience, leur conscience ne devait donc pas reconnaître our juge la puissance civile.

Tous les souverains n'ont pas la même religion, et haque homme religieux se sent en sa conscience, pour on devoir et son salut, obligé de suivre la religion qu'il roit la vraie. Les souverains n'ont donc pas droit d'ordonner à leurs sujets de suivre la religion qu'eux souverains ont adoptée. Dieu, en jugeant les hommes, leur emandera s'ils ont cru et pratiqué la vraie religion. Il e leur demandera pas s'ils ont cru et pratiqué la religion de leur souverain : et comment le leur demanderait-

il, si tous les souverains ne sont pas de la vraie religion
Jetez les yeux sur la mappemonde, Sire, et voyez com
bien il y a peu de pays dont les souverains soien
catholiques. Comment se pourrait-il que le plus gran
nombre des souverains de l'univers étant dans l'erreu
ils eussent reçu de Dieu le droit de juger la vraie rel
gion? S'ils n'ont pas ce droit, s'ils n'ont ni l'*infaillibilit*
ni la *mission divine* qui seule pourrait le donner, commen
oseraient-ils prendre sur eux de décider du sort d
leurs sujets, de leur bonheur ou de leur malheur pendan
une éternité entière? Tout homme, dans les principe
de la religion, a son âme à sauver; il a toutes le
lumières de la raison et de la révélation pour trouver l
voie du salut; il a sa conscience pour appliquer ce
lumières; mais cette conscience est pour lui seul. Suivr
la sienne est le droit et le devoir de tout homme, et nu
homme n'a droit de donner la sienne pour règle à u
autre. Chacun répond pour soi devant Dieu, et nul n
répond pour autrui.

. . . .

Les défenseurs de l'intolérance diront-ils que le princ
n'a droit de commander que quand sa religion est vraie
et qu'alors on doit lui obéir? Non, même alors on n
peut ni ne doit lui obéir; car si l'on doit suivre l
religion qu'il prescrit, ce n'est pas parce qu'il le com
mande, mais parce qu'elle est vraie; et ce n'est pas r
ne peut être parce que le prince la prescrit qu'elle e
vraie. Il n'y a aucun homme assez absurde pour croi
une religion vraie par une pareille raison. Celui don
qui s'y soumet de bonne foi n'obéit pas au prince,
n'obéit qu'à sa conscience; et l'ordre du prince n'ajou
ni ne peut ajouter aucun poids à l'obligation que cell
conduite lui impose. Que le prince croie ou ne croie pa
une religion, qu'il commande ou ne commande pas d
la suivre, elle n'en est ni plus ni moins ce qu'elle est, o
vraie ou fausse. L'opinion du prince est donc absol

ment étrangère à la vérité d'une religion, et par conséquent à l'obligation de la suivre : le prince n'a donc, comme prince, aucun droit de juger, aucun droit de commander à cet égard; son incompétence est absolue sur les choses de cet ordre, qui ne sont point de son ressort, et dans lesquelles la conscience de chaque individu n'a et ne peut avoir que Dieu pour juge.

. . . .

Non, le salut de leurs sujets ne leur est point et ne peut leur être confié. Il ne l'est ni ne peut l'être à aucun prince infidèle, et, s'il l'était au prince chrétien et catholique à l'exclusion du prince infidèle, il faudrait qu'il y eût quelque différence, entre le prince infidèle et le prince catholique, quant à l'autorité qu'ils ont droit d'exercer sur leurs sujets. Il faudrait que Clovis, en se faisant chrétien, eût acquis des droits de souverain qui lui manquaient auparavant. Il faudrait que la couronne, en passant de la tête de Henri III sur celle de Henri IV, eût perdu quelques-uns de ses droits, et c'était en effet la doctrine des fanatiques du temps.

Tel est le piège que le fanatisme intolérant a tendu aux princes qui ont eu la sottise de l'écouter. En les flattant d'un pouvoir inutile à leur grandeur. il n'a voulu qu'acquérir un instrument aveugle de ses fureurs, et se préparer un titre pour dépouiller à son tour l'autorité légitime, si elle ne voulait plus être son esclave. C'est le même esprit, c'est la même doctrine, qui a produit l'infernale Saint-Barthélemy et la détestable Ligue, mettant tour à tour le poignard dans la main des rois pour égorger les peuples, et dans la main des peuples pour assassiner les rois.

Voilà, Sire, un sujet de méditation que les princes doivent avoir sans cesse présent à la pensée.

TURGOT, Mémoire au roi sur la tolérance (1775).

XI. — La liberté du travail.

Louis, etc. Nous devons à tous nos sujets de leur assurer la jouissance pleine et entière de leurs droits; nous devons surtout cette protection à cette classe d'hommes qui, n'ayant de propriété que le travail et leur industrie, ont d'autant plus le besoin et le droit d'employer, dans toute leur étendue, les seules ressources qu'ils aient pour subsister.

Nous avons vu avec peine les atteintes multipliées qu'ont données à ce droit naturel et commun des institutions, anciennes à la vérité, mais que ni le temps, ni l'opinion, ni les actes même émanés de l'autorité, qui semble les avoir consacrées, n'ont pu légitimer.

Dans presque toutes les villes de notre royaume, l'exercice des différents arts et métiers est concentré dans les mains d'un petit nombre de maîtres réunis en communauté, qui peuvent seuls, à l'exclusion de tous les autres citoyens, fabriquer ou vendre les objets du commerce particulier dont ils ont le privilège exclusif; en sorte que ceux de nos sujets qui, par goût ou par nécessité, se destinent à l'exercice des arts et des métiers, ne peuvent y parvenir qu'en acquérant la maîtrise, à laquelle ils ne sont reçus qu'après des épreuves aussi longues et aussi pénibles que superflues, et après avoir satisfait à des droits ou à des exactions multipliées, par lesquelles une partie des fonds dont ils auraient eu besoin pour monter leur commerce ou leur atelier, ou même pour subsister, se trouve consumée en pure perte.

Ceux dont la fortune ne peut satisfaire à ces dépenses sont réduits à n'avoir qu'une subsistance précaire sous l'empire des maîtres, à languir dans l'indigence, ou à porter hors de leur patrie une industrie qu'ils auraient pu rendre utile à l'État.

Les citoyens de toutes les classes sont privés du droit

de choisir les ouvriers qu'ils voudraient employer, et des avantages que leur donnerait la concurrence pour le bas prix et la perfection du travail. On ne peut souvent exécuter l'ouvrage le plus simple, sans recourir à plusieurs ouvriers de communautés différentes, sans essuyer les lenteurs, les infidélités, les exactions que nécessitent ou favorisent les prétentions de ces différentes communautés, et les caprices de leur régime arbitraire et intéressé...

L'illusion a été portée, chez quelques personnes, jusqu'au point d'avancer que le droit de travailler était un droit royal, que le prince pouvait vendre, et que les sujets devaient acheter.

Nous nous hâtons de rejeter une pareille maxime.

Dieu, en donnant à l'homme des besoins, en lui rendant nécessaire la ressource du travail, a fait du droit de travailler la propriété de tout homme, et cette propriété est la première, la plus sacrée et la plus imprescriptible de toutes.

Nous regardons comme un des premiers devoirs de notre justice, et comme un des actes les plus dignes de notre bienfaisance, d'affranchir nos sujets de toutes les atteintes portées à ce droit inaliénable de l'humanité.

Turgot, Œuvres, t. II. Édit du roi, portant
suppression des jurandes, p. 302-306.

XII. — Les devoirs d'un prince.

Rappelez-vous que la justice est la première vertu de celui qui commande, et la seule qui arrête la plainte de celui qui obéit.

Qu'il est beau de se soumettre soi-même à la loi qu'on impose, et qu'il n'y a que la nécessité et la généralité de la loi qui la fassent aimer.

Que plus les États sont bornés, plus l'autorité politique se rapproche de la puissance paternelle.

Que si le souverain a les qualités d'un souverain, ses États seront toujours assez étendus.

Que si la vertu d'un particulier peut se soutenir sans appui, il n'en est pas de même de la vertu d'un peuple : qu'il faut récompenser les gens de mérite, encourager les hommes industrieux, approcher de soi les uns et les autres.

Qu'il y a partout des hommes de génie, et que c'est au souverain à les faire paraître.

Mon fils, c'est dans la prospérité que vous vous montrerez bon; mais c'est l'adversité qui vous montrera grand. S'il est beau de voir l'homme tranquille, c'est au moment où les hasards se rassemblent sur lui.

Faites le bien; et songez que la nécessité des événements est égale sur tous.

Soumettez-vous-y; et accoutumez-vous à regarder d'un même œil le coup qui frappe l'homme et qui le renverse, et la chute d'un arbre qui briserait sa statue.

Vous êtes mortel comme un autre, et, lorsque vous tomberez, un peu de poussière vous couvrira comme un autre.

Ne vous promettez point un bonheur sans mélange : mais faites-vous un plan de bienfaisance que vous opposiez à celui de la nature, qui vous opprime quelquefois. C'est ainsi que vous vous élèverez, pour ainsi dire, au-dessus d'elle, par l'excellence d'un système qui répare les désordres du sien. Vous serez heureux le soir, si vous avez fait plus de bien qu'elle ne vous aura fait de mal. Voilà l'unique moyen de vous réconcilier avec la vie. Comment haïr une existence qu'on se rend douce à soi-même par l'utilité dont elle est aux autres?

Persuadez-vous que la vertu est tout, et que la vie n'est rien; et si vous avez de grands talents, vous serez un jour compté parmi les héros.

Rapportez tout au dernier moment, à ce moment où la mémoire des faits les plus éclatants ne vaudra pas le souvenir d'un verre d'eau présenté par humanité à celui qui avait soif.

Le cœur de l'homme est tantôt serein et tantôt couvert de nuages ; mais le cœur de l'homme de bien, semblable au spectacle de la nature, est toujours grand et beau, tranquille ou agité.

Songez au danger qu'il y aurait à se faire l'idée d'un bonheur qui fût toujours le même, tandis que la condition de l'homme varie sans cesse.

L'habitude de la vertu est la seule que vous puissiez contracter sans crainte pour l'avenir. Tôt ou tard les autres sont importunes.

Lorsque la passion tombe, la honte, l'ennui, la douleur commencent. Alors on craint de se regarder. La vertu se voit elle-même toujours avec complaisance.

Le vice et la vertu travaillent sourdement en nous. Ils n'y sont pas oisifs un moment. Chacun mine de son côté. Mais le méchant ne s'occupe pas à se rendre méchant, comme l'homme de bien à se rendre bon. Celui-là est lâche dans le parti qu'il a pris ; il n'ose se perfectionner. Faites-vous un but qui puisse être celui de toute votre vie.

Diderot, Extraits. (Edit. Texte, p. 39, Hachette.)

XIII. — L'amour des hommes.

Reconnaissez donc, ô hommes, que dans la vertu seule réside ce bonheur qu'on désire et qu'on cherche si vainement ailleurs. Ce n'est qu'en vous montrant utiles et bons que vous pourrez prétendre à l'amour de vos semblables, et que vous aurez le droit de vous aimer vous-mêmes. Apprenez enfin à connaître votre intérêt le plus cher, le plus réel : apprenez la manière dont chacun de vous doit s'aimer. Cet amour de soi est nécessaire, naturel, inséparable de l'homme, approuvé par la morale ; mais il vous impose le devoir d'aimer les autres, de contribuer à leur bien-être, si vous voulez mériter leur tendresse et leurs secours. Occupez-vous donc de ceux qui font route avec vous dans le sentier difficile de la vie. Prêtez-leur une main secourable, afin de les engager à vous assister à leur tour. Ce serait se haïr que de se concentrer en soi-même et d'oublier les égards, la bienveillance, les soins que l'on doit montrer aux autres; ce serait une entreprise aussi folle qu'inutile, que celle de vivre heureux dans la société sans les secours de ses associés. Hélas! nul d'entre vous, ô mortels, n'est à l'abri des traits du sort. Nul d'entre vous n'est sûr de ne pas boire quelque jour dans la coupe de l'infortune. Nul d'entre vous, dans quelque rang qu'il se trouve, ne peut se passer un instant de l'assistance des autres, soit pour écarter le mal, soit pour obtenir quelque plaisir. « Aime pour être aimé », voilà le précepte simple auquel peut se réduire la morale universelle. Peuples, que la nature a répandus sur les différentes contrées de la terre, aimez-vous donc les uns les autres, et terminez des combats éternels qui détruisent à tout moment votre félicité. Souverains, aimez vos peuples, et vous trouverez dans leur amour un soutien que rien ne peut ébranler. Grands, nobles, riches et puissants de ce monde, faites du bien aux hommes et vous serez vraiment chéris et distingués. Sages et savants, éclairez les nations, soyez vraiment utiles; vous serez considérés, et vos illustres noms se transmettront à la postérité! Époux, parents et maîtres, aimez pour obtenir la tendresse, qui peut seule répandre des charmes sur vos associations diverses. Citoyens, dans vos liaisons habituelles, ne perdez jamais de vue le désir d'être aimés ou de plaire. En vous conformant à des règles si claires, vous jouirez en ce monde de la félicité dont la nature humaine est susceptible. Chacun de vous, ô mortels, vivra content sur la terre et n'éprouvera point d'alarmes quand il se verra forcé de la quitter

D'HOLBACH, *Morale universelle*, section II, ch. VII.

KANT

—

I. — Le devoir absolu.

1. — LA BONNE VOLONTÉ.

De tout ce qu'il est possible de concevoir dans le monde, et même en général en dehors du monde, il n'y a qu'une seule chose qu'on puisse tenir pour bonne sans restriction, c'est une *bonne volonté* [1]. L'intelligence, la finesse, le jugement, et tous les talents de l'esprit, ou le courage, la résolution, la persévérance, comme qualités du tempérament, sont sans doute choses bonnes et désirables à beaucoup d'égards ; mais ces dons de la nature peuvent aussi être extrêmement mauvais et pernicieux, lorsque la volonté qui en doit faire usage et qui constitue ainsi essentiellement ce qu'on appelle le caractère n'est pas bonne. Il en est de même des dons de la fortune. Le pouvoir, la richesse, l'honneur, la santé même, tout le bien-être, et ce parfait contentement de son état qu'on appelle le bonheur, toutes ces choses nous donnent une confiance en nous, qui dégénère même souvent en présomption, lorsqu'il n'y a pas là une bonne volonté pour

---

1. Cf. Aristote, *Morale à Nicomaque*, III, 3. « L'intention paraît être l'élément le plus essentiel de la vertu ; et bien mieux que les actions mêmes de l'agent, elle nous permet d'apprécier ses qualités morales. »

empêcher qu'elles n'exercent une fâcheuse influence su[r]
l'esprit, et pour ramener toutes nos actions à un principe universellement légitime. Ajoutez d'ailleurs qu'u[n]
spectateur raisonnable et désintéressé ne peut voir ave[c]
satisfaction que tout réussisse à un être que ne décor[e]
aucun trait de bonne volonté, et qu'ainsi la bonn[e]
volonté semble être une condition indispensable pou[r]
mériter d'être heureux...

La bonne volonté ne tire pas sa bonté de ses effets o[u]
de ses résultats, ni de son aptitude à atteindre tel ou te[l]
but proposé, mais seulement du *vouloir*, c'est-à-dir[e]
d'elle-même, et, considérée en elle-même, elle doit êtr[e]
estimée incomparablement supérieure à tout ce qu'o[n]
peut exécuter par elle au profit de quelque penchant, o[u]
même de tous les penchants réunis. Quand un sort contraire ou l'avarice d'une nature marâtre priveraient cett[e]
volonté de tous les moyens d'exécuter ses desseins[,]
quand les plus grands efforts n'aboutiraient à rien, e[t]
quand il ne resterait que la bonne volonté toute seul[e]
(et je n'entends point par là un simple souhait, mai[s]
l'emploi de tous les moyens qui sont en notre pouvoir)[,]
elle brillerait encore de son propre éclat, comme un[e]
pierre précieuse, car elle tire d'elle-même toute s[a]
valeur. L'utilité ou l'inutilité ne peut rien ajouter ni rie[n]
ôter à cette valeur. L'utilité n'est guère que comme u[n]
encadrement qui peut bien servir à faciliter la vente d'u[n]
tableau, ou à attirer sur lui l'attention de ceux qui n[e]
sont pas assez connaisseurs, mais non à le recom-
mander aux vrais amateurs et à déterminer son prix...

Plus une raison cultivée s'applique à la recherche de[s]
jouissances de la vie et du bonheur, moins l'homme es[t]
véritablement satisfait. De là, chez la plupart de ceu[x]
qui se montrent les plus raffinés en matière de joui[s]
sances, un certain dégoût de la raison. En effet, aprè[s]
avoir pesé tous les avantages qu'on peut retirer, je n[e]
dis pas seulement de l'invention des arts de luxe, mai[s]

même des sciences (qui ne leur paraissent être en définitive qu'un luxe de l'entendement), ils trouvent en dernière analyse qu'ils se sont donné plus de peine qu'ils n'ont recueilli de bonheur, et ils finissent par sentir plus d'envie que de mépris pour le vulgaire, qui s'abandonne davantage à la direction de l'instinct naturel et n'accorde à la raison que peu d'influence sur sa conduite. Or, loin d'accuser de mécontentement ou d'ingratitude envers la bonté de la cause qui gouverne le monde ceux qui rabaissent si fort et regardent même comme rien les prétendus avantages que la raison peut nous procurer relativement au bonheur de la vie, il faut reconnaître que ce jugement a son principe caché dans cette idée que notre existence a une fin tout autrement noble, que la raison est spécialement destinée à l'accomplissement de cette fin, et non à la poursuite du bonheur, et que l'homme y doit subordonner en grande partie ses fins particulières, comme à une condition suprême.

> *Fondements de la Métaphysique des mœurs*, trad. Barni, p. 13-17. (Alcan, édit.)

2. — Définition du devoir.

Le devoir est la nécessité de faire une action par respect pour la loi. Je puis bien avoir de l'inclination, mais jamais du respect pour l'objet qui doit être l'effet de mon action, précisément parce que cet objet n'est qu'un effet et non l'activité d'une volonté. De même, je ne puis avoir du respect pour une inclination, qu'elle soit la mienne ou celle d'un autre; je ne puis que l'agréer dans le premier cas, et quelquefois l'aimer dans le second, c'est-à-dire la regarder comme favorable à mon propre intérêt. Il n'y a que ce qui est lié à ma volonté comme principe, et non comme effet, ce qui ne sert pas à mon inclination mais en triomphe, ou du moins l'exclut entièrement de la délibération, et, par conséquent, la loi, considérée en elle-même, qui puisse être un objet de respect et en même temps un ordre. Or, si une action faite par devoir exclut nécessairement toute influence des penchants, et par là tout objet de la volonté, il ne reste plus rien pour déterminer la volonté, sinon, objectivement [1] la loi, et subjectivement [2] le pur respect pour cette loi pratique, par conséquent cette maxime qu'il faut obéir à cette loi, même au préjudice de tous les penchants.

Fondements de la Métaphysique des mœurs, trad. Barni, p. 24-25. (Alcan, édit.)

3. — BONHEUR ET DEVOIR.

Le principe du bonheur peut bien donner des maximes, mais non des maximes qui puissent servir de lois à la volonté, quand même on prendrait le bonheur général pour objet. En effet, comme la connaissance de cet objet repose sur des données purement empiriques, puisque le jugement qu'en porte chacun dépend de sa manière de voir, et que cette manière de voir même est très variable dans le même individu, on en peut bien tirer des règles générales, mais non pas des règles universelles, c'est-à-dire on en peut bien tirer des règles qui après tout conviendront le plus souvent, mais non pas des règles ayant toujours et nécessairement la même valeur, et, par conséquent, on n'y peut fonder des lois pratiques. Précisément parce qu'ici un objet de la volonté doit servir de principe à sa règle et, par conséquent, lui être antérieur, cette règle ne peut se rapporter qu'à la chose recommandée, c'est-à-dire à l'expérience, et, par conséquent, elle ne peut se fonder que sur l'expérience, d'où il suit que la diversité des jugements doit être

1. En dehors ou au-dessus de nous, du *sujet* agissant.
2. En nous, dans le *sujet.*

nfinie. Ce principe ne prescrit donc pas à tous les êtres
aisonnables les mêmes règles pratiques, quoiqu'elles
ient un titre commun, celui du bonheur. La loi morale,
u contraire, n'est conçue comme objectivement néces-
aire que parce qu'elle doit avoir la même valeur pour
uiconque est doué de raison et de volonté.

La maxime de l'amour de soi (la prudence) conseille
eulement; la loi de la moralité ordonne. Or, il y a une
rande différence entre les choses qu'on nous conseille
t celles auxquelles nous sommes obligés.

> *Critique de la Raison pratique*, trad. Barni, p. 184-185
> (Alcan, édit.)

4. — PURETÉ ET MAJESTÉ DU DEVOIR.

Il est très beau de faire du bien aux hommes par
umanité et par sympathie, ou d'être juste par amour
e l'ordre, mais ce n'est pas là encore la vraie maxime
orale qui doit diriger notre conduite, celle qui nous
onvient, à nous autres hommes. Il ne faut pas que,
emblables à des soldats volontaires, nous ayons l'or-
ueil de nous placer au-dessus de l'idée du devoir, et de
rétendre agir de notre propre mouvement, sans avoir
esoin pour cela d'aucun ordre. Nous sommes soumis à
a discipline de la raison, et dans nos maximes nous ne
evons jamais oublier cette soumission, ni en rien
trancher. Il ne faut pas diminuer par notre présomp-
on l'autorité qui appartient à la loi (quoiqu'elle vienne
e notre propre raison), en plaçant ailleurs que dans la
i même et dans le respect que nous lui devons le prin-
pe déterminant de notre volonté, celle-ci fût-elle d'ail-
urs conforme à la loi. Devoir et obligation, voilà les
euls mots qui conviennent pour exprimer notre rap-
ort à la loi morale. Nous sommes, il est vrai, des mem-
es législateurs d'un royaume moral que notre liberté
nd possible, et que la raison pratique nous propose

comme un objet de respect, mais en même temps no
en sommes les sujets, non les chefs; et méconnaître l'i
fériorité du rang que nous occupons comme créature
et refuser par présomption à la sainte loi du devoir l'a
torité qui lui appartient, c'est déjà commettre u
infraction à l'esprit de cette loi, quand même on
remplirait la lettre...

La majesté du devoir n'a rien à démêler avec l
jouissances de la vie; elle a sa loi propre, elle a aus
son propre tribunal. On aurait beau secouer ensemb
ces deux choses pour les mêler et les présenter comr
un remède à l'âme malade, elles se sépareraient bient
d'elles-mêmes, ou, dans tous les cas, la première cess
rait d'agir, et, si la vie physique y gagnait quelq
force, la vie morale s'éteindrait sans retour...

La vertu n'est estimée si haut, que parce qu'elle coû
si cher, et non parce qu'elle procure quelque avantag
Toute l'admiration que nous inspire ce caractère
l'effort même que nous pouvons faire pour lui resse
bler reposent uniquement sur la pureté du princi
moral, laquelle ne peut en quelque sorte sauter a
yeux que si l'on écarte des mobiles de l'action tout
que les hommes peuvent rapporter au bonheur [1]. Ai
la moralité a d'autant plus de force sur le cœur huma
qu'on la lui montre plus pure. D'où il suit que, si la
morale, si l'image de la sainteté et de la vertu d
exercer en général quelque influence sur notre ân
elle ne le peut qu'autant qu'on nous la présente com
un mobile pur et dégagé de toute considération d'i
térêt personnel, car c'est surtout dans le malheur qu'e
montre toute sa dignité.

> *Critique de la Raison pratique*, trad. Barni, p. 262-272-3
> Alcan, édit.)

1. Comparer ceci avec la conception d'Aristote sur la vertu
le bonheur.

5. — Le devoir.

Devoir! mot grand et sublime, toi qui n'as rien l'agréable ni de flatteur, et commandes la soumission, sans pourtant employer, pour ébranler la volonté, des menaces propres à exciter naturellement l'aversion et la terreur, mais en te bornant à proposer une loi, qui d'elle-même s'introduit dans l'âme et la force au respect (sinon toujours à l'obéissance), et devant laquelle se taisent tous les penchants, quoiqu'ils travaillent sourdement contre elle; quelle origine est digne de toi? Où trouver la racine de ta noble tige, qui repousse fièrement toute alliance avec les penchants, cette racine où il faut placer la condition indispensable de la valeur que les hommes peuvent se donner à eux-mêmes?

Critique de la Raison pratique, trad. Barni, p. 269. (Alcan, édit.)

6. — Le ciel étoilé et la loi morale.

Deux choses remplissent l'âme d'une admiration et d'un respect toujours renaissants et qui s'accroissent à mesure que la pensée y revient plus souvent et s'y applique davantage : le ciel étoilé au-dessus de nous, la loi morale au dedans. Je n'ai pas besoin de les chercher et de les deviner comme si elles étaient enveloppées de nuages ou placées, au delà de mon horizon, dans une région inaccessible; je les vois devant moi et je les rattache immédiatement à la conscience de mon existence. Dans l'une, la vue d'une multitude innombrable de mondes anéantit presque mon importance, en tant que je me considère comme une créature animale, qui, après avoir (on ne sait comment) joui de la vie pendant un court espace de temps, doit rendre la matière dont elle est formée à la planète qu'elle habite (et qui n'est elle-même qu'un point dans l'univers). L'autre, au contraire, relève infiniment ma valeur, comme intelligence, par ma personnalité, dans laquelle la loi morale me révèle une vie indépendante de l'animalité et même de tout le monde sensible, autant, du moins, qu'on en peut juger par la destination que cette loi assigne à mon existence, et qui, loin d'être bornée aux conditions et aux limites de cette vie, s'étend à l'infini.

Critique de la Raison pratique, trad. Barni, p. 389. (Alcan, édit.)

II. — Le respect.

Le respect s'adresse toujours aux personnes, jamais aux choses. Les choses peuvent exciter en nous de l'inclination, et même de l'amour, quand ce sont des animaux (par exemple des chevaux, des chiens, etc.), ou de la crainte, comme la mer, un volcan, une bête féroce, mais jamais de respect. Ce qui ressemble le plus à ce sentiment, c'est l'admiration; et celle-ci, comme affection, est un étonnement que les choses peuvent aussi produire, par exemple les montagnes qui s'élèvent jusqu'au ciel, la grandeur, la multitude et l'éloignement des corps célestes, la force et l'agilité de certains animaux, etc. Mais tout cela n'est point du respect. Un homme peut aussi être un objet d'amour, de crainte ou d'admiration et même d'étonnement, sans être pour cela un objet de respect. Son enjouement, son courage et sa force, la puissance qu'il doit au rang qu'il occupe parmi les autres, peuvent m'inspirer ces sentiments sans que j'éprouve intérieurement de respect pour sa personne. Je m'incline devant un grand, disait Fontenelle, mais mon esprit ne s'incline pas. Et moi j'ajouterai devant l'humble bourgeois ou roturier en qui je vois l'honnêteté du caractère portée à un degré que je ne trouve pas en moi-même, mon esprit s'incline, que je le veuille ou non, et si haute que je porte la tête pour lu faire remarquer la supériorité de mon rang. Pourquoi cela? C'est que son exemple me rappelle une loi qui confond ma présomption, quand je la compare à ma conduite, et dont je ne puis regarder la pratique comme impossible, puisque j'en ai sous les yeux un exemple vivant. Que si j'ai conscience d'être honnête au même degré, le respect subsiste encore. En effet, comme tout ce qui est bon dans l'homme est toujours défectueux, la loi, rendue visible par un exemple, confond toujours mon orgueil, car l'imperfection, dont l'homme qui me sert de mesure pourrait bien être entaché, ne m'est pas aussi bien connue que la mienne, et il m'apparaît ainsi sous un jour plus favorable. Le respect est un tribut que nous ne pouvons refuser au mérite, que nous le voulions ou non; nous pouvons bien ne pas le laisser paraître au dehors, mais nous ne saurions nous empêcher de l'éprouver intérieurement.

Le respect est si peu un sentiment de plaisir qu'on ne s'y livre pas volontiers à l'égard d'un homme. On cherche à trouver quelque chose qui puisse en alléger le fardeau, quelque motif de blâme qui dédommage de l'humiliation causée par l'exemple qu'on a sous les yeux. Les morts mêmes, surtout quand l'exemple qu'ils nous donnent paraît inimitable, ne sont pas toujours à l'abri de cette critique. La loi morale elle-même, malgré son imposante majesté, n'échappe pas à ce penchant que nous avons à nous défendre du respect. Si nous aimons à le rabaisser jusqu'au rang d'une inclination familière, si nous nous efforçons à ce point d'en faire un précepte favori d'intérêt, bien entendu, n'est-ce pas pour nous délivrer de ce terrible respect, qui nous rappelle si sévèrement notre propre indignité? Mais, d'un autre côté, le respect est si peu un sentiment de peine que, quand une fois nous avons mis à nos pieds notre présomption, et que nous avons donné à ce sentiment une influence pratique, nous ne pouvons plus nous lasser d'admirer

la majesté de la loi morale, et que notre âme croit
s'élever elle-même d'autant plus qu'elle voit cette sainte
loi plus élevée au-dessus d'elle et de sa fragile nature.

Critique de la Raison pratique, trad. Barni, p. 252-255.
(Alcan, édit.)

III. — La personne morale.

1. — VALEUR ABSOLUE DE LA PERSONNE.

Je dis que l'homme et, en général, tout être raisonnable, existe comme fin en soi, et non pas simplement
comme moyen pour l'usage arbitraire de telle ou telle
volonté, et que dans toutes ses actions, soit qu'elles ne
regardent que lui-même, soit qu'elles regardent aussi
d'autres êtres raisonnables, il doit toujours être considéré comme fin. Tous les objets des inclinations n'ont
qu'une valeur conditionnelle; car si les inclinations et
les besoins qui en dérivent n'existaient pas, ces objets
seraient sans valeur. Mais les inclinations mêmes, ou
les sources de nos besoins ont si peu une valeur
absolue et méritent si peu d'être désirées pour elles-
mêmes, que tous les êtres raisonnables doivent souhaiter
d'en être entièrement délivrés. Ainsi la valeur de tous
les objets, que nous pouvons nous procurer par nos
actions, est toujours conditionnelle. Les êtres dont
l'existence ne dépend pas de notre volonté, mais de la
nature, n'ont aussi, si ce sont des êtres privés de
raison, qu'une valeur relative, celle de moyens, et c'est
pourquoi on les appelle des *choses*, tandis qu'au contraire on donne le nom de *personnes* aux êtres raisonnables, parce que leur nature même en fait des fins en
soi, c'est-à-dire quelque chose qui ne doit pas être
employé comme moyen, et qui, par conséquent, restreint d'autant la liberté de chacun (et lui est un objet
de respect). Les êtres raisonnables ne sont pas en elle

mplement des fins subjectives, dont l'existence a une
leur pour nous, comme effet de notre action, mais ce
nt des fins objectives, c'est-à-dire des choses dont
existence est par elle-même une fin, et une fin qu'on ne
eut subordonner à aucune autre, par rapport à laquelle
le ne serait qu'un moyen. Autrement, rien n'aurait une
leur absolue. Mais si toute valeur était conditionnelle,
, par conséquent, contingente[1], il n'y aurait plus pour
raison de principe pratique suprême...

L'impératif pratique se traduira donc ainsi[2] : Agis de
lle sorte que tu traites toujours l'humanité, soit dans
personne, soit dans la personne d'autrui, comme une
, et que tu ne t'en serves jamais comme d'un moyen.

Exemples : 1° Que celui qui médite le suicide se demande
on action peut s'accorder avec l'idée de l'humanité,
nçue comme fin en soi. En se détruisant lui-même,
ur échapper à un état pénible, il use de sa personne
mme d'un moyen destiné à entretenir en lui un état
pportable jusqu'à la fin de la vie. Mais l'homme n'est
s une chose, c'est-à-dire un objet dont on puisse user
mplement comme d'un moyen ; il faut toujours le con-
dérer dans toutes ses actions comme une fin en soi.
ne puis donc disposer en rien de l'homme en ma
ersonne, le mutiler, le dégrader ou le tuer.

2° Celui qui est tenté de faire une promesse trompeuse
connaîtra aussitôt qu'il veut se servir d'un autre
mme comme d'un pur moyen, ou comme si cet
mme ne contenait pas lui-même une fin. Car celui
e je veux, par cette promesse, faire servir à mes des-

---

1. Non nécessaire.

2. Kant a d'abord donné une première formule exprimant le
ractère universel de la loi : « Agis toujours d'après une maxime
aison personnelle) telle que tu puisses vouloir qu'elle soit une
universelle. » Et il aboutit à une troisième formule : « Agis
ujours comme si tu étais législateur en même temps que sujet
ns la République des volontés libres et raisonnables. »

seins ne peut approuver ma manière d'agir envers lu
ni, par conséquent, contenir lui-même la fin de cet
action. Cette violation du principe de l'humanité da
les autres hommes est encore plus manifeste, quand
tire ses exemples d'atteintes à la liberté ou à la proprié
d'autrui. Là, en effet, on voit clairement que celui q
viole les droits des hommes est résolu à ne se serv
de leur personne que comme d'un moyen, sans prend
garde que, en leur qualité d'êtres raisonnables, il fa
toujours les considérer aussi comme des êtres qui d
vent pouvoir contenir eux-mêmes la fin pour laque
on agit.

Fondements de la Métaphysique des mœurs, trad. Bar
p. 69-72. (Alcan, édit.)

2. — LA PERSONNALITÉ.

Cette idée de la personnalité, qui excite notre resp
et qui nous révèle la sublimité de notre nature (con
dérée dans sa destination), en même temps qu'elle no
fait remarquer combien notre conduite en est éloigné
et que par là elle confond notre présomption, cette id
est naturelle même à la raison commune, qui la sai
aisément. Y a-t-il un homme, tant soit peu honnête
qui il ne soit parfois arrivé de renoncer à un menson
d'ailleurs inoffensif, par lequel il pouvait se tirer l
même d'un mauvais pas ou rendre service à un ami cl
et méritant, uniquement pour ne pas se rendre secrè
ment méprisable à ses propres yeux? L'honnète hom
frappé par un grand malheur, qu'il aurait pu éviter
avait voulu manquer à son devoir, n'est-il pas soute
par la conscience d'avoir maintenu et respecté en
personne la dignité humaine, de n'avoir point à rou
de lui-même et de pouvoir s'examiner sans crain
Cette consolation n'est pas le bonheur sans doute, c
n'en est pas même la moindre partie. Nul, en effet,
souhaiterait l'occasion de l'éprouver, et peut-être

ésirerait la vie à ces conditions; mais il vit, et ne peut
ouffrir d'être à ses propres yeux indigne de la vie.
ette tranquillité intérieure n'est donc que négative,
elativement à tout ce qui peut rendre la vie agréable;
ar elle vient de la conscience que nous avons d'échapper
u danger de perdre quelque chose de notre valeur per-
onnelle, après avoir perdu tout le reste. Elle est l'effet
'un respect pour quelque chose de bien différent de la
e, et au prix duquel, au contraire, la vie, avec toutes
es jouissances, n'a aucune valeur. L'homme dont nous
arlions ne vit plus que par devoir, car il est tout à fait
égoûté de la vie.

> *Critique de la Raison pratique*, trad. Barni, p. 270-271.
> (Alcan, édit.)

IV. — Le mensonge.

La plus grande transgression du devoir de l'homme
vers lui-même considéré simplement comme être
oral, envers l'humanité dans sa personne, est le man-
ement à la vérité, ou le mensonge. On voit évidem-
ent que toute fausseté dans l'expression des pensées,
en qu'elle ne prenne, en droit, la dénomination rigou-
use de mensonge que lorsqu'elle blesse les droits
autrui, ne peut l'éviter dans la morale, qui ne perd
int son autorité par l'absence de la lésion; car le
shonneur (qui consiste à être l'objet de la déconsidé-
tion morale) accompagne le mensonge et ne quitte
s plus le menteur que l'ombre ne fait du corps. Le
ensonge peut être ou externe ou interne. Par le pre-
ier, l'homme se rend méprisable aux yeux des autres;
ar le second, ce qui est pis encore, il s'avilit à ses
ropres yeux et dégrade la dignité humaine dans sa
ropre personne. Il ne s'agit pas ici 'e la perte qu'un
tre homme peut éprouver du mensonge, puisque tel
est pas le caractère de ce vice (qui consisterait alors

dans la simple transgression du devoir envers autrui); ı
du préjudice que le menteur se porte à lui-mêm
puisque alors le mensonge, comme opposé à la pru
dence, ne contredirait qu'une maxime d'intérêt, mai
pas une maxime morale, et ne pourrait être considér
comme transgression du devoir. — Le mensonge e
l'avilissement et, pour ainsi dire, l'anéantissement d
la dignité d'homme. Une personne qui ne croit pa
ce qu'elle dit à une autre (ne serait-ce qu'à un êtr
idéal) a moins de valeur que si elle était une simpl
chose; car on peut faire usage des qualités d'un
chose pour en retirer quelque profit, parce qu'elle e
réelle et donnée; mais la communication des pe
sées à quelqu'un, par des mots qui contiennent à de
sein le contraire de ce que pense celui qui parle, e
une fin complètement opposée à la forme dernière
naturelle de la parole, par conséquent une abdicatio
de la personnalité. Ce qui fait que le menteur e
moins un homme véritable qu'une apparence trompeus
d'homme. La véracité dans des déclarations s'appel
aussi loyauté; et si ce sont en même temps des pr
messes, elle s'appelle encore probité, mais en génér
bonne foi.

Il n'est pas nécessaire que le mensonge (dans la sign
fication morale du mot), comme fausseté intentionnel
en général, soit nuisible aux autres pour être blâmabl
car alors il serait une violation du droit d'autrui. Il pe
n'être aussi que l'effet de la légèreté ou d'un bon nat
rel; on peut même se proposer par là une bonne fin
cependant la manière dont on recherche cette fin es
par la forme seulement, un manquement de l'homn
envers sa propre personne, et une indignité qui doit
rendre méprisable à ses propres yeux.

La réalité d'un grand nombre de mensonges intern
dont les hommes se rendent coupables peut être facil
ment prouvée; mais il semble plus difficile d'en exp

quer la possibilité, parce qu'une seconde personne, qu'on a l'intention de tromper, semble nécessaire à cet effet, et qu'il paraît contradictoire de se tromper soi-même de propos délibéré.

L'homme, comme être moral (*homo noumenon*) [1], ne peut se servir de lui-même en tant qu'être physique (*homo phænomenon*) comme d'un pur instrument (machine à parole) qui ne serait point assujetti au but interne de la communication des pensées. L'homme physique se trouve donc soumis à la condition de l'accord avec l'homme intérieur dans la manifestation (*declaratio*) de la pensée, et par conséquent obligé à la véracité envers lui-même. Ainsi, l'homme moral abuse de l'homme physique, si, par exemple, il ment dans l'affirmation d'une croyance à un juge futur du monde, quand il ne trouve point en lui cette foi, mais parce qu'il se persuade n'avoir rien à perdre, avoir au contraire à gagner en la professant au scrutateur des cœurs, pour se le rendre favorable en tous cas. Il ment également si, le sachant bien, il se flatte de l'observance interne de la loi, lorsque, au contraire, il ne sent en lui-même d'autre motif que la crainte des châtiments.

Doctrine morale élémentaire, I, 2, trad. Tissot, p. 225-228.

V. — Les croyances nécessaires impliquées par la vie morale.

1. — LIBERTÉ.

Tout être qui ne peut agir autrement que sous la condition de l'idée de la liberté est par là même, au point de vue pratique, réellement libre; c'est-à-dire que toutes les lois, qui sont inséparablement liées à la liberté, ont

1. Être intelligible.

pour cet être la même valeur que si sa volonté avait été reconnue libre en elle-même, au point de vue de la philosophie théorique. Et je soutiens en même temps que nous devons nécessairement admettre que tout être raisonnable, qui a une volonté, a l'idée de la liberté, et qu'il n'agit que sous cette idée. En effet, nous concevons dans un être raisonnable une raison qui est pratique, c'est-à-dire qui est douée de causalité à l'égard de ses objets. Or il est impossible de concevoir une raison qui, ayant conscience d'être elle-même la cause de ses jugements, recevrait une direction du dehors, car alors le sujet n'attribuerait plus à sa raison, mais à un mobile, la détermination de ses jugements. Il faut donc qu'elle se considère comme étant elle-même, indépendamment de toute influence étrangère, l'auteur de ses principes, et, par conséquent, comme raison pratique ou comme volonté d'un être raisonnable, elle doit se considérer elle-même comme libre, c'est-à-dire que la volonté d'un être raisonnable ne peut être une volonté propre que sous la condition de l'idée de la liberté, et que, par conséquent, la liberté doit être attribuée, au point de vue pratique, à tous les êtres raisonnables...

Fondements de la Métaphysique des mœurs, trad. Barni, 102.

La loi morale qui elle-même ne prouve pas seulement la possibilité, mais la réalité dans les êtres qui reconnaissent cette loi comme obligatoire pour eux, la loi morale... détermine donc ce que la philosophie spéculative devait laisser indéterminé, c'est-à-dire la loi d'une causalité[1] dont le concept était pour celle-ci purement négatif, et lui donne ainsi pour la première fois de la réalité objective.

Critique de la Raison pratique, trad. Barni, p. 203-204. (Alcan, édit.)

1. Causalité libre ou liberté. Ainsi la liberté, que la théorie ne peut démontrer, est *réclamée* par la loi morale.

2. — IMMORTALITÉ DE L'AME.

La réalisation du souverain bien dans le monde est objet nécessaire d'une volonté qui peut être déterminée par la loi morale. Mais la parfaite conformité des intentions de la volonté à la loi morale est la condition suprême du souverain bien. Elle doit donc être possible aussi bien que son objet, puisqu'elle est contenue dans l'ordre même qui prescrit de le réaliser. Or la parfaite conformité de la volonté à la loi morale, ou la sainteté est une perfection dont aucun être raisonnable n'est capable dans le monde sensible, à aucun moment de son existence. Et, puisqu'elle n'en est pas moins exigée comme pratiquement nécessaire, il faut donc la chercher uniquement dans un progrès indéfiniment continu vers cette parfaite conformité; et, suivant les principes de la raison pure pratique, il est nécessaire d'admettre ce progrès pratique comme l'objet réel de notre volonté.

Or ce progrès indéfini n'est possible que dans la supposition d'une existence et d'une personnalité indéfiniment persistantes de l'être raisonnable (ou de ce qu'on nomme l'immortalité de l'âme).

Donc le souverain bien n'est pratiquement possible que dans la supposition de l'immortalité de l'âme; par conséquent, celle-ci, étant inséparablement liée à la loi morale, est un postulat de la raison pure pratique (par où j'entends une proposition théorique, mais qui comme elle ne peut être démontrée, en tant que cette proposition est inséparablement liée à une loi pratique, ayant *priori* une valeur absolue [1]).

Critique de la Raison pratique, trad. Barni, p. 328-329.
(Alcan, édit.)

[1]. C'est-à-dire encore une proposition théoriquement indémontrable, mais que la loi morale réclame comme nécessaire.

3. — EXISTENCE DE DIEU.

Le bonheur est l'état où se trouve dans le monde u
être raisonnable pour qui, dans toute son existence
tout va selon son désir et sa volonté, et il suppose, pa
conséquent, l'accord de la nature avec tout l'ensembl
des fins de cet être, et en même temps avec le princip
essentiel de sa volonté. Or, la loi morale, comme loi d
la liberté, commande par des principes de détermina
tion, qui doivent être entièrement indépendants de l
nature et de l'accord de la nature avec notre faculté d
désirer (comme mobiles). D'un autre côté, l'être raisor
nable agissant dans le monde n'est pas non plus caus
du monde et de la nature même. La loi morale ne sau
rait donc fonder par elle-même un accord nécessaire e
juste entre la moralité et le bonheur dans un être qu
faisant partie du monde, en dépend, et ne peut, pa
conséquent, être la cause de cette nature et la rendi
par ses propres forces parfaitement conforme, en ce qi
concerne son bonheur, à ses principes pratiques. E
pourtant, dans le problème pratique que nous prescr
la raison pure, c'est-à-dire dans la poursuite nécessai
du souverain bien, cet accord est postulé comme néce
saire : nous devons chercher à réaliser le souverain bie
(qui, par conséquent, doit être possible). Donc. l'exi
tence d'une cause de toute la nature, distincte de l
nature même et servant de principe à cet accord, c'es
à-dire à la juste harmonie du bonheur et de la moralit
est aussi possible.

Le souverain bien n'est possible dans le monde qu'ai
tant qu'on admet une nature suprême douée d'une ca
salité conforme à l'intention morale. Or un être qui e
capable d'agir d'après la représentation de certaine
lois est une intelligence (un être raisonnable), et la ca
salité de cet être, en tant qu'elle est déterminée pi

cette représentation, est une volonté. Donc la cause suprême de la nature, comme condition du souverain bien, est un être qui est cause de la nature, en tant qu'intelligence et volonté (par conséquent, auteur de la nature), c'est-à-dire qu'elle est Dieu.

Critique de la Raison pratique, trad. Barni, p. 332-333. (Alcan, édit.)

LA PHILOSOPHIE MORALE
AU DIX-NEUVIÈME SIÈCLE

I. — Humanité.

1. — L'amour de l'humanité.

Outre les sentiments de famille et de patriotisme, l'amour de l'humanité comprend encore tous les sentiments qui nous attachent à nos semblables par leur seule qualité d'homme.

Je rencontre un indigent qui souffre de la faim; je m'empresse de le secourir. Que m'importe son nom, son pays? Je ne le reverrai jamais; mais il est homme. Dans une tempête, un marin voit à côté de lui un navire en détresse; il risque, pour le sauver, sa vie et celle de son équipage : demande-t-il si les naufragés sont des Anglais ou des Français? Ce sont peut-être des ennemis, mais, à coup sûr, ce sont des malheureux. Un médecin entend des cris de douleur, il accourt : c'est son ennemi mortel! Oui, mais il souffre, il y a là un homme à sauver, et le médecin se dévoue. La sœur de charité prend l'habit de Saint-Vincent de Paul et entre dans un hôpital : qui va-t-elle soigner, consoler, guérir? Elle n'en sait rien : des membres de la famille humaine! Tout homme est sûr d'être accueilli s'il a besoin de son dévouement. Voilà l'amour de l'humanité. Un sage recueillit un pirate naufragé, le vêtit, le nourrit. On lui en fit un reproche. « Ce n'est pas l'homme, dit-il, que je vois en lui, c'est l'humanité [1]. » Juge, il aurait puni le pirate ; homme, il protégeait le malheureux [2].

L'amour de l'humanité, dans une âme bien réglée, existe à côté de l'amour de la famille et de l'amour de la patrie. Dans quelles limites faut-il contenir chacun de ces trois amours pour qu'ils ne se blessent pas? C'est une science difficile : et l'on voit bien, quand on y regarde de près, que la règle doit venir d'ailleurs et qu'elle n'est pas dans les sentiments eux-mêmes. Pourquoi suis-je répréhensible, si, généreux au dehors, je laisse au dedans pâtir ma famille? Et pourquoi suis-je criminel, si je n'abandonne pas ma famille lorsque ma patrie a besoin de mon sang? Pourquoi, dans une guerre, dois-je faire le plus de mal possible à l'ennemi armé? Et pourquoi, si je découvre la vaccine, dois-je en faire don à l'humanité entière et non à la France?

Les stoïciens, pour la plupart, mettaient l'amour de la patrie au nombre des préjugés, et voulaient que l'humanité seule eût des droits sur le cœur humain... Les stoïciens se réfutent par leur exagération même; car, si leur principe était vrai, il ne prouverait pas moins contre la famille que contre la patrie. Pour eux, ils avouent cette conséquence sans s'y arrêter...

On serait tenté de leur dire : Ne prenez pas sur vous la charge de bienfaiteurs de l'humanité qui n'appartient qu'aux génies et aux dévouements extraordinaires, si d'abord vous n'accomplissez à côté de vous les devoirs de la condition humaine. Il faut de nécessité commencer par être honnête homme pour avoir le droit d'aspirer à être un grand homme. Les vertus domestiques ne ren-

1. ÉPICTÈTE, *Fragments*, 100.
2. SAINT-MARTIN, *L'homme du désir*, t. I, p. 25 : « Comment aurions-nous de l'inimitié pour les hommes, nous sommes tous assis à la même table. » (Note de l'auteur.)

dent personne illustre; mais il n'est pas permis de mesurer la grandeur de la vertu au bruit qu'elle fait dans le monde. Dieu, qui connaît et notre cœur et nos forces, nous a faits en toutes choses pour aller du petit au grand, pour apprendre, en aimant nos enfants, à aimer nos concitoyens, et pour concourir à l'ordre admirable de l'univers, en accomplissant humblement notre petite tâche. C'est ainsi que, la plupart du temps, il permet même aux grands hommes de ne servir l'humanité qu'en aidant à la prospérité de leur pays, et c'est déjà, pour les débiles mains d'un homme, un assez lourd fardeau à soulever, sans y ajouter le poids du monde.

Pour les écrits, pour toutes les découvertes utiles, pour tout ce qui donne un serviteur à l'humanité sans ôter un citoyen à la patrie, qui peut douter qu'on ne puisse et qu'on ne doive même embrasser l'espérance de se rendre utile à tous les hommes et de servir même la postérité? S'il est vrai que les riches ne possèdent leurs richesses que pour les faire servir au soulagement des misérables, cela est également vrai des richesses que Dieu même nous donne et de cette fortune de convention, fruit de nos constitutions civiles. Nul n'a le droit de laisser son talent improductif. Dieu le place dans un homme, mais il le donne à l'humanité. Toute la question est de ne pas quitter un devoir pour l'autre, et, quand on apporte un bienfait au monde, de commencer par la patrie à le propager et à le répandre.

JULES SIMON, Le Devoir, II, III.

2. — DÉVELOPPEMENT PARALLÈLE DE LA SYMPATHIE ET DE L'INTELLIGENCE.

On doit concevoir... l'instinct sympathique et l'activité intellectuelle comme destinés surtout à suppléer mutuellement à leur commune insuffisance sociale. On peut dire, en effet, que si l'homme devenait plus bienveilant, cela équivaudrait essentiellement, dans la pratique sociale, à le supposer plus intelligent, non seulement en vertu du meilleur emploi qu'il ferait alors spontanément de son intelligence réelle, mais aussi en ce que celle-ci ne serait plus autant absorbée par la discipline, indispensable quoique imparfaite, qu'elle doit s'efforcer d'imposer constamment à l'énergique prépondérance spontanée des penchants égoïstes. Mais la relation n'est pas moins exacte réciproquement, bien qu'elle y doive être moins appréciable; car, tout vrai développement intellectuel équivaut finalement, pour la conduite générale de la vie humaine, à un accroissement direct de la bienveillance naturelle, soit en augmentant l'empire de l'homme sur ses passions, soit en rendant plus net et plus vif le sentiment habituel des réactions déterminées par les divers contacts sociaux. Si, sous le premier aspect, on doit hautement reconnaître qu'aucune grande intelligence ne saurait se développer convenablement dans un certain fonds de bienveillance universelle, qui peut seul procurer à son libre élan un but assez éminent et un assez large exercice, de même, en sens inverse, il ne faut pas douter davantage que tout noble essor intellectuel ne tende directement à faire prévaloir les sentiments de sympathie générale, non seulement en écartant les impulsions égoïstes, mais encore en inspirant habituellement, en faveur de l'ordre fondamental, une sage prédilection spontanée, qui, malgré sa froideur ordinaire, peut aussi heureusement concourir au maintien de la bonne harmonie sociale que des penchants plus vifs et moins opiniâtres. Les reproches moraux, qu'on a le plus justement adressés à la culture intellectuelle, ne me paraissent, en général, même abstraction faite de toute exagération irrationnelle, reposer essentiellement que sur une fausse appréciation philosophique : au lieu de convenir au développement propre de l'intelligence, ils s'appliquent réellement, au contraire,

dans la plupart des cas, à des intelligences trop infé
rieures à leurs fonctions sociales, et dont la spontanéité
peu prononcée a davantage exigé la stimulation factice
due aux penchants les plus énergiques, c'est-à-dire au
moins désintéressés. On ne peut donc plus contester la
double harmonie continue qui rattache directement l'un
à l'autre les deux principes modérateurs de la vie
humaine, l'activité intellectuelle et l'instinct social, dont
l'influence fondamentale, quoique ainsi fortifiée, reste
néanmoins, de toute nécessité, toujours plus ou moins
subalterne envers l'inévitable prépondérance de l'ins
tinct personnel[1], indispensable moteur primitif de l'exis
tence réelle. La première destination de la morale uni
verselle, en ce qui concerne l'individu, consiste surtout
à augmenter autant que possible cette double influence
modératrice, dont l'extension graduelle constitue aussi
le premier résultat spontané du développement général
de l'humanité.

Aug. Comte, *Cours de Philosophie positive*, IV (1839).

1. Quelques lignes plus haut, A. Comte a démontré ce qu'il
appelle cette indispensable prépondérance, et l'utilité que les
sentiments sympathiques peuvent même tirer d'un certain fond
égoïste de notre nature; il faut aimer le plaisir pour chercher
faire plaisir aux autres. « Il est aisé de comprendre... que cette
indispensable prépondérance des instincts personnels peut seul
imprimer à notre existence sociale un caractère nettement déter
miné et fermement soutenu, en assignant un but permanent et
énergique à l'emploi direct et continu de notre activité indivi
duelle. Car, malgré les justes plaintes auxquelles peut donner
lieu l'ascendant exagéré des intérêts privés sur les intérêts
publics, il demeure incontestable que la notion de l'intérêt
général ne saurait avoir aucun sens intelligible sans celle de
l'intérêt particulier, puisque la première ne peut évidemment
résulter que de ce que la seconde offre de commun chez les
divers individus. Quelle que pût être la puissance des affections
sympathiques, dans une idéale rectification de notre nature,
nous ne saurions cependant jamais souhaiter habituellement
pour les autres que ce que nous désirons pour nous-mêmes,
sauf les cas, très rares et fort secondaires, où un raffinement

3. — TRAVAIL ET HUMANITÉ.

Où vont tous ces enfants dont pas un seul ne rit?
Ces doux êtres pensifs que la fièvre maigrit?
Ces filles de huit ans qu'on voit cheminer seules?
Ils s'en vont travailler quinze heures sous des meules;
Ils vont, de l'aube au soir, faire éternellement
Dans la même prison le même mouvement.
Accroupis sous les dents d'une machine sombre,
Monstre hideux qui mâche on ne sait quoi dans l'ombre,
Innocents dans un bagne, anges dans un enfer,
Ils travaillent. Tout est d'airain, tout est de fer.
Jamais on ne s'arrête et jamais on ne joue.
Aussi quelle pâleur! la cendre est sur leur joue.
Il fait à peine jour, ils sont déjà bien las.
Ils ne comprennent rien à leur destin, hélas!
Ils semblent dire à Dieu : « Petits comme nous sommes,
Notre père, voyez ce que nous font les hommes! »
O servitude infâme imposée à l'enfant!
Rachitisme! travail dont le souffle étouffant
Défait ce qu'a fait Dieu : qui tue, œuvre insensée,
La beauté sur les fronts, dans les cœurs la pensée,
Et qui ferait — c'est là son fruit le plus certain —
D'Apollon un bossu, de Voltaire un crétin!
Travail mauvais, qui prend l'âge tendre en sa serre,
Qui produit la richesse en créant la misère,

de délicatesse morale, essentiellement impossible sans l'habitude de la méditation intellectuelle, peut nous faire suffisamment apprécier, à l'égard d'autrui, des moyens de bonheur auxquels nous n'attachons plus presque aucune importance personnelle. Si donc on pouvait supprimer en nous la prépondérance nécessaire des instincts personnels, on aurait radicalement détruit notre nature morale au lieu de l'améliorer, puisque les affections sociales, dès lors privées d'une indispensable direction, tendraient bientôt, malgré cet hypothétique ascendant, à dégénérer en une vague et stérile charité, inévitablement dépourvue de toute grande efficacité pratique. »

Qui se sert d'un enfant ainsi que d'un outil!
Progrès dont on demande : « Où va-t-il? que veut-il? »
Qui brise la jeunesse en fleur! qui donne, en somme,
Une âme à la machine et la retire à l'homme!
Que ce travail haï des mères soit maudit!
Maudit comme le vice où l'on s'abâtardit,
Maudit comme l'opprobre et comme le blasphème!
O Dieu! qu'il soit maudit au nom du travail même,
Au nom du vrai travail saint, fécond, généreux,
Qui fait le peuple libre et qui rend l'homme heureux!

V. Hugo, Contemplations, liv. III.

4. — Il faut s'aimer en autrui.

Aimez donc votre prochain, parce que votre prochain vous est uni dans la vie, et qu'en ce sens votre prochain, c'est vous-même. Apprenez à vous aimer là où vous êtes, c'est-à-dire dans vos semblables, dont l'existence manifeste, au premier chef, votre existence. Vous ne sauriez échapper à cette loi d'amour et d'union; vous ne sauriez du moins la violer sans souffrir...

Et si vous ne savez pas la reconnaître, l'aimer, la pratiquer; par un effet nécessaire, par une correspondance qui tient à cette loi elle-même, et qui en est un corollaire identique avec elle, vous violez l'essence de votre nature; et du même coup, par conséquent, vous vous corrompez et vous souffrez.

Que deviennent tous les sophismes de l'égoïsme devant cette loi de la vie que nous venons de démontrer? Puisque notre vie est liée à ce point à celle de nos semblables, puisque nous sommes unis à l'humanité, puisque nos semblables, au fond, c'est nous, encore une fois que devient l'égoïsme, et que deviennent les fausses doctrines fondées sur l'intérêt individuel et égoïste de chacun? Évidemment, l'égoïsme tourne à sa propre défaite; il se détruit par lui-même. Vous voulez vous aimer : aimez-vous dans les autres; car votre vie est dans les autres, et sans les autres votre vie n'est rien. Aimez-vous dans les autres; car si vous ne vous aimez pas ainsi, vous ne savez pas réellement vous aimer.

P. LEROUX, De l'Humanité, liv. III, ch. IV.

5. — HOMO SUM.

Durant que je vivais, ainsi qu'en plein désert,
Dans le rêve, insultant la race qui travaille,
Comme un lâche ouvrier ne faisant rien qui vaille
S'enivre, et ne sait plus à quoi l'outil lui sert,

Un soupir, né du mal autour de moi souffert,
M'est venu des cités et des champs de bataille,
Poussé par l'orphelin, le pauvre sur la paille
Et le soldat tombé qui sent son cœur ouvert.

Ah! parmi les douleurs, qui dresse en paix sa tente,
D'un bonheur sans rayons jouit et se contente,
Stoïque impitoyable en sa sérénité?

Je ne puis : ce soupir m'obsède comme un blâme,
Quelque chose de l'homme a traversé mon âme,
Et j'ai tous les soucis de la fraternité.

SULLY-PRUDHOMME, Les Épreuves, ACTION. (Lemerre, édit.)

6. — DU BONHEUR.

Il nous semble que nous ne retirons guère de la société des autres, ni pour eux, ni pour nous, le profit qu'elle peut procurer, et que c'est la faute de ce terrible *moi,* qui consent si peu à s'oublier lui-même. Si nous parlons de cette société étroite, composée de la famille et des relations familières sur lesquelles nous pouvons tant, soit en bien, soit en mal, sommes-nous sans

reproche? On veut avoir raison, on veut gouverner, e
que tout aille selon nos goûts et nos humeurs; il y
assez de ces gens difficiles à vivre, qui ajouteraient de
arêtes aux poissons et des épines aux buissons· ains
on ne se donne pas la peine de se réformer, et on gât
par quelques travers de caractère le bonheur de ceu
qui nous approchent et le fruit de grandes qualités o
même de grandes vertus. Si on pénétrait dans les plu
intimes sociétés, dans combien ne trouverait-on pa
cette plaie secrète? Et, pour venir à ce qu'on appelle l
monde, tandis que la société bien entendue est comm
un concert où chacun met du sien pour faire aller l'en
semble, combien de fois on ne considère que soi et o
gâte le plaisir commun : et c'est grand dommage, ca
enfin c'est un des plus assurés. Si les hommes étaien
sages, ils conviendraient, quand ils se rencontren
d'endormir un moment leurs peines par le doux mouve
ment d'un commerce aimable et bienveillant. Je di
endormir, et non pas étouffer. Il est des douleur
sacrées qu'il faut garder religieusement; le temp
émousse leur première violence, et il est bon qu'il e
soit ainsi, car nous ne pourrions pas y résister; mai
enfin elles vivent, et elles sont en nous comme un lie
réservé où nous n'entrons qu'avec respect. On éprouv
une compassion profonde pour ceux qui portent d
semblables douleurs, et on se sent attendri quand o
les voit causer et sourire pour vous épargner l'impre
sion de leur chagrin. Mais, dira-t-on, on ne gagne pa
là que des moments! Mais, mon Dieu, qu'y a-t-il autr
chose que des moments dans la vie, et, si vous gâtez le
jours et les heures, qu'espérez-vous des années?

Osons dire la vérité sur le bonheur. On se le repr
sente ordinairement comme un état fixe, comme u
repos; or l'homme est un être vivant : son bonheur e
donc de vivre, et la vie est un mouvement, par cons
quent un effort, un regret, une espérance et un

sainte. Pascal a dit avec profondeur : « Nous ne cherchons jamais les choses, mais la recherche des choses. » Telle est visiblement la nature de l'esprit humain. Quand on annonça à saint Anselme que probablement Dieu le rappellerait à lui dans quelques jours, il répondit : « Si telle est sa volonté, j'obéirai de bon cœur; mais s'il aimait mieux me laisser encore parmi vous au moins assez longtemps pour résoudre une question que je médite touchant l'origine de l'âme, j'accepterais avec reconnaissance, d'autant que je ne sais si, après ma mort, personne la résoudra. » M. de Rémusat, qui cite cette touchante réponse, ajoute : « La recherche de la vérité passionne encore ces grands et inquiets esprits au moment où ils vont à elle; ils préfèrent l'amour à la possession, et sur le seuil du ciel ils regrettent de la terre le travail et l'espérance. »

La vie pratique est, comme la vie spéculative, toute en mouvement. Si vous voulez bien voir l'instinct de la nature humaine, considérez les jeux des enfants, ce qu'ils mettent d'action pour creuser un trou ou élever une montagne de sable, puis aussitôt pour combler ce trou et démolir cette montagne; plus tard, ils mettent la même ardeur à l'équitation, à la navigation, à la danse, à la chasse; il faut constamment leur donner quelque chose à faire. Et les hommes sont comme les jeunes gens et les enfants : eux aussi, il faut qu'ils fassent quelque chose. Dans la plus grande fortune, ils ne jouissent de rien s'ils sont condamnés à rester désœuvrés, et dans la condition la plus misérable, dans le chagrin, en exil, en prison, s'ils parviennent à s'occuper, le sentiment de leur misère s'allège.

Chacun sait que pour les hommes qui ont eu un travail régulier, quand ils entrent dans la retraite, il y a un moment de crise très pénible : ils ne savent que faire d'eux, ils souffrent, quelques-uns en meurent; il faut qu'ils ressaisissent vite un autre travail, et le soin de

ceux qui les aiment est de le leur offrir pour les sauve
Pour prendre tout de suite le plus grand exemple d
passage d'une activité démesurée au repos absolu, que
spectacle que celui de Napoléon à Sainte-Hélène! Comm
son historien nous le représente, réduit à l'inactior
après avoir, pendant quinze ans, bouleversé le monde
consumé par le temps qu'il dévorait autrefois, comptar
avec triomphe les heures dont il est venu à bout; pui
dans une fièvre d'agir, se levant avec le jour, faisar
lever sa maison et se mettant en nage à remuer de l
terre, jusqu'à ce qu'il se dégoûte de ce travail et retomb
sur lui-même de tout son poids!

Bersot, Un Moraliste. Du bonheur.

7. — LE VÉRITABLE PROGRÈS.

Je ne conçois pas qu'une âme élevée puisse rest
indifférente à un tel spectacle et ne souffre pas
voyant la plus grande partie de l'humanité exclue d
bien qu'elle possède et qui ne demanderait qu'à se pa
tager. Il y a des gens qui ne conçoivent pas le bonhe
sans faveur exceptionnelle, et qui n'apprécieraient pl
la fortune, l'éducation, l'esprit, si tout le monde
avait. Ceux-là n'aiment pas la perfection en elle-mêm
mais la supériorité relative; ce sont des orgueilleux
des égoïstes. Pour moi, je ne comprends le parfa
bonheur que quand tous seront parfaits. Je n'imagi
pas comment l'opulent peut jouir de plein cœur de s
opulence, tandis qu'il est obligé de se voiler la fa
devant la misère d'une portion de ses semblables. M
plus vive peine est de songer que tous ne peuvent pa
tager mon bonheur. Il n'y aura de bonheur que qua
tous seront égaux, mais il n'y aura d'égalité que qua
tous seront parfaits. Quelle douleur pour le savant et
penseur de se voir, par leur excellence même, isolés
l'humanité, ayant leur monde à part, leur croyance

part! Et vous vous étonnez qu'avec cela ils soient parfois tristes et solitaires! Mais ils posséderaient l'infini, la vérité absolue, qu'ils devraient souffrir de le posséder seuls, et regretter les rêves vulgaires qu'ils savouraient au moins en commun avec tous...

Il ne suffit pas pour le progrès de l'esprit humain que quelques penseurs isolés arrivent à des points de vue fort avancés, et que quelques têtes s'élèvent comme des folles avoines au-dessus du niveau commun. Que sert telle magnifique découverte, si tout au plus une centaine de personnes en profitent? En quoi l'humanité est-elle plus avancée, si sept ou huit personnes ont aperçu la haute raison des choses? Un résultat n'est acquis que quand il est entré dans la grande circulation. Or les résultats de la haute science ne sont pas de ceux qu'il suffit d'énoncer. Il faut y élever les esprits. Kant et Hegel auraient beau avoir raison; leur science, dans l'état actuel, demeurerait incommunicable. Serait-ce leur faute?

Non; ce serait la faute des barbares qui ne les peuvent comprendre, ou plutôt la faute de la société qui suppose fatalement des barbares. Une civilisation n'est réellement forte que quand elle a une base étendue. L'antiquité eut des penseurs presque aussi avancés que les nôtres; et, pourtant, la civilisation antique périt par sa paucité, sous la multitude des barbares. Elle ne portait pas sur assez d'hommes, elle a disparu, non faute d'intensité, mais faute d'extension. Il devient tout à fait urgent, ce me semble, d'élargir le tourbillon de l'humanité; autrement, des individus pourraient atteindre le ciel quand la masse se traînerait encore sur terre. Ce progrès-là ne serait pas de bon aloi, et demeurerait comme non accompli.

RENAN, *Avenir de la Science*, XVII. (Calmann Lévy, édit.)

8. — LES DROITS DE L'ESPRIT.

Certes, s'il ne fallait voir dans la vie que le plaisir, on devrait maudire l'agitation de la pensée, et traiter de pervers ceux qui viennent, pour satisfaire leur inquiétude, troubler le sommeil des autres. Mais, s'il en était ainsi, si le bien-être était réellement la fin de l'humanité, Fourier et Cabet auraient raison. Il est horrible qu'un homme soit sacrifié à la jouissance d'un autre homme. L'inégalité n'est concevable et juste qu'aux yeux de celui qui prête à la société une signification morale. S'il ne s'agissait que de jouir, mieux vaudrait pour tous le brouet noir que pour un petit nombre les délices, pour le grand nombre la faim. En vérité, serait-ce la peine de sacrifier sa vie et son bonheur au bien d'autrui, si tout se bornait à procurer de fades jouissances à quelques niais, qui se sont mis eux-mêmes par leur égoïsme au ban de l'humanité? Et qu'importe, à la fin de cette triste et courte vie, d'avoir pu être cité comme un exemple de félicité extérieure? Ce qui importe, c'est d'avoir beaucoup pensé et beaucoup aimé. c'est d'avoir levé un œil ferme sur toute chose, c'est de pouvoir dire à sa dernière heure : « J'ai beaucoup vécu. » J'aime mieux un yogui, j'aime mieux un mouni de l'Inde, j'aime mieux Siméon Stylite mangé des vers sur sa colonne, que ces pâles existences que n'a jamais traversées le rayon de l'idéal, qui depuis leur premier jusqu'à leur dernier moment se sont déroulées jour par jour comme les feuilles d'un livre de comptoir.

Le but de l'humanité n'est pas le bonheur; c'est la perfection intellectuelle et morale. Il s'agit bien de se reposer, grand Dieu! quand on a l'infini à parcourir et le parfait à atteindre! L'humanité ne se reposera que dans le parfait. Il serait trop étrange que des hommes intéressés, par des considérations de bourse ou de boutique, arrêtassent le mouvement de l'esprit, le vrai mouvement religieux.

> RENAN, *Questions contemporaines. Réflexions sur l'état des esprits* (1849). (Calmann Lévy, édit.)

9. — LA GUERRE.

Parlons donc simplement et raisonnablement de la guerre. Elle peut servir à défendre le droit; mais le succès qu'elle donne n'est ni la manifestation ni la source du droit, et parfois il l'opprime. Elle peut honorer notre nature et la porter à des extrémités sublimes, mais elle n'en est point la perfection ni l'attribut le plus divin, ni même l'action la plus noble. Elle a tour à tour blessé et réjoui la conscience, préservé et détruit la liberté. Elle a sa racine indestructible en nous-mêmes, comme toutes les grandes formes de l'activité humaine, et elle exista d'abord entre les hommes, entre les familles, entre les tribus; nous l'avons fait reculer en l'ennoblissant, et d'ordinaire elle ne sévit plus qu'entre les nations. Elle déplaçait jadis les bornes des héritages; aujourd'hui, elle ne déplace plus que les bornes des frontières, qui, faute d'une justice supérieure, ne peuvent être fixées et maintenues que par l'épée. Mais c'est une folie ou un sophisme que de prétendre qu'en ce genre de procès il n'y a point de victoire pour les plaideurs injustes, ou, ce qui est pire, que les arrêts sanglants qui les terminent ne font que manifester le bon droit.

> PRÉVOST-PARADOL, *Essais*, 3ᵉ série, p. 223.

II. — Solidarité.

1. — L'UNION FAIT LA FORCE.

Lorsqu'un arbre est seul, il est battu des vents et dépouillé de ses feuilles; et ses branches, au lieu de s'élever, s'abaissent comme si elles cherchaient la terre.

Lorsqu'une plante est seule, ne trouvant point d'abri contre l'ardeur du soleil, elle languit, et se dessèche, et meurt.

Lorsque l'homme est seul, le vent de la puissance le courbe vers la terre, et l'ardeur de la convoitise des grands de ce monde absorbe la sève qui le nourrit.

Ne soyez donc point comme la plante et comme l'arbre qui sont seuls : mais unissez-vous les uns aux autres, et appuyez-vous et abritez-vous mutuellement.

Tandis que vous serez désunis, et que chacun ne songera qu'à soi, vous n'avez rien à espérer que souffrances, et malheur, et oppression

Qu'y-a-t-il de plus faible que le passereau et de plus désarmé que l'hirondelle? Cependant, quand paraît l'oiseau de proie, les hirondelles et les passereaux parviennent à le chasser, en se rassemblant autour de lui, et le poursuivant tous ensemble.

Prenez exemple sur le passereau et l'hirondelle.

Celui qui se sépare de ses frères, la crainte le suit quand il marche, s'assied près de lui quand il repose, et ne le quitte pas même durant son sommeil.

Donc, si l'on vous demande : Combien êtes-vous répondez : Nous sommes un, car nos frères, c'est nous et nous, c'est nos frères.

Dieu n'a fait ni petits ni grands, ni maîtres ni esclaves ni rois ni sujets : il a fait tous les hommes égaux.

Mais, entre les hommes, quelques-uns ont plus de force ou de corps, ou d'esprit, ou de volonté; et ce son ceux-là qui cherchent à s'assujettir les autres, lorsqu l'orgueil ou la convoitise étouffent en eux l'amour d leurs frères.

Et Dieu savait qu'il en serait ainsi, et c'est pourquo il a commandé aux hommes de s'aimer, afin qu'ils fus sent unis, et que les faibles ne tombassent point sou l'oppression des forts.

Car celui qui est plus fort qu'un seul sera moins for

que deux, et celui qui est plus fort que deux sera moins fort que quatre; et ainsi les faibles ne craindront rien, lorsque, s'aimant les uns les autres, ils seront unis véritablement.

Un homme voyageait dans la montagne, et il arriva en un lieu où un gros rocher, ayant roulé sur le chemin, le remplissait tout entier, et hors du chemin il n'y avait point d'autre issue, ni à gauche, ni à droite.

Or cet homme, voyant qu'il ne pouvait continuer son voyage à cause du rocher, essaya de le mouvoir pour se faire un passage, et il se fatigua beaucoup à ce travail, et tous ses efforts furent vains.

Ce que voyant, il s'assit plein de tristesse et dit : « Que sera-ce de moi lorsque la nuit viendra et me surprendra dans cette solitude, sans nourriture, sans abri, sans aucune défense, à l'heure où les bêtes féroces sortent pour chercher leur proie? »

Et comme il était absorbé dans cette pensée, un autre voyageur survint, et celui-ci, ayant fait ce qu'avait fait le premier et s'étant trouvé aussi impuissant à remuer le rocher, s'assit en silence et baissa la tête.

Et après celui-ci, il en vint plusieurs autres, et aucun ne put mouvoir le rocher, et leur crainte à tous était grande.

Enfin, l'un d'eux dit aux autres : « Mes frères, prions notre Père qui est dans les cieux : peut-être qu'il aura pitié de nous dans cette détresse. »

Et cette parole fut écoutée, et ils prièrent de cœur le Père qui est dans les cieux.

Et quand ils eurent prié, celui qui avait dit : Prions, dit encore : « Mes frères, ce qu'aucun de nous n'a pu faire seul, qui sait si nous ne le ferons pas tous ensemble? »

Et ils se levèrent, et tous ensemble ils poussèrent le rocher, et le rocher céda, et ils poursuivirent leur route en paix.

Le voyageur, c'est l'homme; le voyage, c'est la vie; le

rocher, ce sont les misères qu'il rencontre à chaque pas
sur sa route.

Aucun homme ne saurait soulever seul ce rocher
mais Dieu a mesuré le poids de manière qu'il n'arrête
jamais ceux qui voyagent ensemble.

LAMENNAIS, *Paroles d'un croyant*, VII.

2. — LES HARMONIES ÉCONOMIQUES.

Pour prouver que la société est soumise à des lois
générales, je ne me livrerai pas à de longues disserta
tions. Je me bornerai à signaler quelques faits qui, pour
être un peu vulgaires, n'en sont pas moins importants

Rousseau a dit : « Il faut beaucoup de philosophi
pour observer les faits qui sont trop près de nous. »

Tels sont les phénomènes sociaux au milieu desquel
nous vivons et nous nous mouvons. L'habitude nous a
tellement familiarisés avec ces phénomènes, que nou
n'y faisons plus attention, pour ainsi dire, à moins qu'il
n'aient quelque chose de brusque et d'anormal qui le
impose à notre observation.

Prenons un homme appartenant à une classe modest
de la société, un menuisier de village, par exemple, e
observons tous les services qu'il rend à la société et tou
ceux qu'il en reçoit; nous ne tarderons pas à être frappé
de l'énorme disproportion apparente.

Cet homme passe sa journée à raboter des planches,
fabriquer des tables et des armoires; il se plaint de s
condition, et cependant que reçoit-il en réalité de cett
société en échange de son travail?

D'abord, tous les jours, en se levant il s'habille, et
n'a personnellement fait aucune des nombreuses pièce
de son vêtement. Or, pour que ces vêtements, tout sim
ples qu'ils sont, soient à sa disposition, il faut qu'un
énorme quantité de travail, d'industrie, de transpor
d'inventions ingénieuses, ait été accomplie. Il faut qu

les Américains aient produit du coton, des Indiens de l'indigo, des Français de la laine et du lin, des Brésiliens du cuir; que ces matériaux aient été transportés en des villes diverses, qu'ils y aient été ouvrés, filés, tissés, teints, etc.

Ensuite, il déjeune. Pour que le pain qu'il mange lui arrive tous les matins, il faut que des terres aient été défrichées, closes, labourées, fumées, ensemencées; il faut que les récoltes aient été préservées avec soin du pillage; il faut qu'une certaine sécurité ait régné au milieu d'une innombrable multitude; il faut que le froment ait été récolté, broyé, pétri et préparé; il faut que le fer, l'acier, le bois, la pierre aient été convertis par le travail en instruments de travail; que certains hommes se soient emparés de la force des animaux, d'autres du poids d'une chute d'eau, etc.; toutes choses dont chacune, prise isolément, suppose une masse incalculable de travail mise en jeu, non seulement dans l'espace, mais dans le temps.

Cet homme ne passera pas sa journée sans employer un peu de sucre, un peu d'huile, sans se servir de quelques ustensiles.

Il enverra son fils à l'école, pour y recevoir une instruction qui, quoique bornée, n'en suppose pas moins des recherches, des études antérieures, des connaissances dont l'imagination est effrayée.

Il sort : il trouve une rue pavée et éclairée.

On lui conteste une propriété : il trouvera des avocats pour défendre ses droits, des juges pour l'y maintenir, des officiers de justice pour faire exécuter la sentence; toutes choses qui supposent encore des connaissances acquises, par conséquent des lumières et des moyens d'existence.

Il va à l'église : elle est un monument prodigieux, et le livre qu'il y porte est un monument peut-être plus prodigieux encore de l'intelligence humaine. On lui enseigne la morale, on éclaire son esprit, on élève son âme; et, pour que tout cela se fasse, il faut qu'un autre homme ait pu fréquenter les bibliothèques, les séminaires, puiser à toutes les sources de la tradition humaine, qu'il ait pu vivre sans s'occuper directement des besoins de son corps.

Si notre artisan entreprend un voyage, il trouve que, pour lui épargner du temps et diminuer sa peine, d'autres hommes ont aplani, nivelé le sol, comblé des vallées, abaissé des montagnes, joint les rives des fleuves, amoindri tous les frottements, placé des véhicules à roues sur des blocs de grès ou des bandes de fer, dompté les chevaux ou la vapeur, etc.

Il est impossible de ne pas être frappé de la disproportion, véritablement incommensurable, qui existe entre les satisfactions que cet homme puise dans la société et celles qu'il pourrait se donner s'il était réduit à ses propres forces. J'ose dire que, dans une seule journée, il consomme des choses qu'il ne pourrait produire lui-même en dix siècles.

Ce qui rend le phénomène plus étrange encore, c'est que tous les autres hommes sont dans le même cas que lui. Chacun de ceux qui composent la société a absorbé des millions de fois plus qu'il n'aurait pu produire; et cependant ils ne se sont rien dérobé mutuellement. Et si l'on regarde les choses de près, on s'aperçoit que ce menuisier a payé en services tous les services qui lui ont été rendus. S'il tenait ses comptes avec une rigoureuse exactitude, on se convaincrait qu'il n'a rien reçu sans le payer au moyen de sa modeste industrie; que quiconque a été employé à son service, dans le temps ou dans l'espace, a reçu ou recevra sa rémunération.

Il faut donc que le mécanisme social soit bien ingénieux et bien puissant, puisqu'il conduit à ce singulier résultat, que chaque homme, même celui que le sort a placé dans la condition la plus humble, a plus de satis-

actions en un jour qu'il n'en pourrait produire en plu-
ieurs siècles.

BASTIAT, *Harmonies économiques*, ch. x. (Guillaumin, édit.)

3. — UN SONGE.

.e laboureur m'a dit en songe : « Fais ton pain,
e ne te nourris plus, gratte la terre et sème. »
.e tisserand m'a dit : « Fais tes habits toi-même. »
:t le maçon m'a dit : « Prends la truelle en main. »

t seul, abandonné de tout le genre humain
)ont je traînais partout l'implacable anathème,
)uand j'implorais du ciel une pitié suprême,
e trouvais des lions debout dans mon chemin.

'ouvris les yeux, doutant si l'aube était réelle :
)e hardis compagnons sifflaient sur leur échelle,
.es métiers bourdonnaient, les champs étaient semés.

e connus mon bonheur et qu'au monde où nous sommes
lul ne se peut vanter de se passer des hommes;
:t depuis ce jour-là je les ai tous aimés.

SULLY-PRUDHOMME, *Les Epreuves*, ACTION.

4. — UNION DES AMES DANS LA SOCIÉTÉ.

Les machines (je n'excepte pas les plus belles, indus-
-ielles, administratives) ont donné à l'homme, parmi
ant d'avantages, une malheureuse faculté, celle d'unir
es forces sans avoir besoin d'unir les cœurs, de coopé-
er sans aimer, d'agir et vivre ensemble sans se con-
aître; la puissance morale d'association a perdu tout
e que gagnait la concentration mécanique.

Isolement sauvage dans la coopération même, contrat
agrat, sans volonté, sans chaleur, qu'on ne ressent
u'à la dureté des frottements. Le résultat n'est pas
ndifférence, comme on croirait, mais l'antipathie et la
aine, non la simple négation de la société, mais son

contraire, la société travaillant activement à devenir insociable.

J'ai sous les yeux, j'ai dans le cœur la grande revue de nos misères qu'on a faite avec moi. Eh bien! j'affirmerai sous serment, qu'entre toutes ces misères, très réelles, que je n'atténue pas, la pire encore, c'est la misère d'esprit. J'entends par là l'ignorance incroyable où nous vivons les uns à l'égard des autres, les hommes pratiques aussi bien que les spéculatifs. Et de cette ignorance, la cause principale, c'est que nous ne croyons pas avoir besoin de nous connaître; mille moyens mécaniques d'agir sans l'âme nous dispensen de savoir ce que c'est que l'homme, de le voir autrement que comme force, comme chiffre... Chiffre nous mêmes et chose abstraite, débarrassés de l'action vitale par le secours du machinisme, nous nous senton chaque jour baisser et tourner à zéro. J'ai observé cen fois la parfaite ignorance où chaque classe vit à l'égard des autres, ne voyant pas, et ne voulant pas voir.

Nous, par exemple, les esprits cultivés, que de peine nous avons à reconnaître ce qu'il y a de bon dans le peuple! Nous lui imputons mille choses qui tiennent presque fatalement, à sa situation, un habit vieux ou sale, un excès après l'abstinence, un mot grossier, de rudes mains, que sais-je?... Et que deviendrions-nous s'il les avait moins rudes?... Nous nous arrêtons à des misères de forme, et nous ne voyons pas le bon cœur, le grand cœur qui est souvent dessous.

Eux, d'autre part, ils ne soupçonnent pas qu'une âme énergique puisse se trouver dans un corps faible. Ils se moquent de la vie de cul-de-jatte que mène le savant. C'est un fainéant, à leur sens. Ils n'ont aucune idée des puissances de la réflexion, de la méditation, de la force de calcul décuplée par la patience...

Oui, il y a malentendu. Ils méconnaissent les puissances de l'étude, de la réflexion persévérante, qui fon

s inventeurs. Nous méconnaissons l'instinct, l'inspira-
ion, l'énergie qui font les héros.

C'est là, soyez-en sûr, le plus grand mal du monde.
Tous nous haïssons, nous nous méprisons, c'est-à-dire
ous nous ignorons.

Les remèdes partiels qu'on pourra appliquer sont
ons, sans doute, mais le remède essentiel est un
emède général. Il faudrait guérir l'âme...

Le mal est dans le cœur. Que le remède soit aussi
ans le cœur! Laissez là vos vieilles recettes. Il faut que
 cœur s'ouvre, et les bras... Eh! ce sont vos frères,
près tout. L'avez-vous oublié?...

MICHELET, Le Peuple, 1re partie, ch. VIII.

. — LA QUESTION SOCIALE EST UNE QUESTION MORALE.

Pour assurer le respect de la propriété privée, il suf-
rait de faire comprendre à ceux qui en sont dépourvus
u'ils ont eux-mêmes le plus grand intérêt à sa conser-
ation, vérité dont plusieurs d'entre eux sont déjà con-
aincus et qu'un très simple calcul, dont sont capables
 plupart des hommes en état d'exercer quelque
fluence, rendrait évidente aux autres dès qu'ils croi-
aient à la bonne foi des gens qui l'ont fait avant eux.
s n'ont donc pas tort, ceux qui voient le salut social
ans la science. Mais la science ne peut venir que de
ux qui savent. Ceux qui savent appartiennent à la
asse qui a pu s'instruire, à la classe de ceux qui pos-
èdent; et ceux qui possèdent ne sont pas écoutés des
rolétaires, qui les tiennent pour ennemis. La défiance
st le principal obstacle à la diffusion des vérités éco-
omiques, la défiance est la cause persistante du danger
ui menace nos foyers. Comment dissiper cette défiance
e l'ouvrier envers le bourgeois? telle est, nous a-t-il
emblé, la question pratique, la question urgente. A
ette question, nous n'avons trouvé qu'une réponse :

19

Pour surmonter la défiance invétérée et peut-être
hélas! méritée, qui ferme l'esprit du peuple aux raison
nements les plus élémentaires et l'ouvre aux mensonge:
de ses courtisans, il faut lui prouver qu'on est sincère
il faut lui prouver qu'on veut son bien, il faut lu
prouver qu'on l'aime; et, pour lui prouver qu'on l'aime
il faut l'aimer effectivement, l'aimer en dépit de tout
La crainte peut inspirer des mesures réparatrices. O:
songe aux intérêts du petit depuis que son suffrag‹
élève les grands : on a construit des chemins vicinaux
on chauffe les troisièmes des chemins de fer, on con
struit des palais pour l'école primaire, on travaille :
diminuer les frais de justice. Mais ces mesures collec
tives ne suffisent pas; il faut une action personnelle
d'individu à individu, que la crainte ne va pas encore ‹
suggérer et qu'elle dirigerait infailliblement à contrefins
L'hypocrisie d'une bienveillance intéressée se trahirai
à chaque instant et ne ferait qu'attiser la haine.

L'amour ne répond qu'à l'amour.

Cet amour s'exerce déjà de mille manières touchante
et fécondes; loin d'en méconnaître l'influence, nou
pensons que c'est à lui que nous devons de subsiste
encore; mais le nombre et le zèle de ses organes son
déplorablement insuffisants. Trop souvent, d'ailleurs, c
zèle se complique et s'obscurcit d'intérêts sectaires, qu
paraissent à plusieurs, et sont réellement quelquefois
des préoccupations égoïstes. Il n'aime pas, celui qu
soulage les corps dans le dessein d'asservir les âme:
ou, s'il pense les soumettre pour leur bien, il aim
mal : l'amour véritable ne veut point asservir, il veu
affranchir, et l'amour véritable peut seul inspirer l
confiance. Les efforts qu'il suggère à quelques inconnu
ralentissent le déclin de la civilisation moderne. Pou
l'arrêter sur la pente, pour restaurer son équilibre, :
faudrait que l'action de ses forces régénératrices fû

centuplée ; il faudrait que ceux qui s'étourdissent sur le danger, et qui l'augmentent incessamment par leurs folies égoïstes, fussent contraints de le regarder en face ; il faudrait que tous ceux qui l'ont compris, et qui voient où serait le remède, se disent enfin qu'il ne leur est pas permis de se démettre de l'humanité en se désintéressant de son lendemain, que leurs calculs sont bornés, que le succès n'est pas leur affaire ; mais que leur affaire est d'agir, que leur devoir strict, péremptoire, est de travailler au sauvetage dans la mesure de leurs forces, d'ordonner tous les détails de leur vie en vue de ce but et de s'y consacrer sans restriction.

Il n'existe aucun moyen de conjurer durablement le péril social résultant des conditions du travail et de la propriété, dont l'application exige préalablement une réforme morale sérieuse et profonde dans les classes autrefois dirigeantes, qui sont encore en possession de la culture et de la fortune. Comment une telle réforme est-elle concevable ? Sur quelles bases pourrait-on l'asseoir ? Tel sera l'objet d'une recherche dont les considérations précédentes avaient pour but d'établir l'urgence et l'opportunité. Nous ne voudrions pas nous exagérer l'importance d'un travail de cette nature : fussions-nous en situation de nous faire écouter, nous savons que les crises morales ne se décident guère par les considérations théoriques. La doctrine s'inspire de ces mouvements et leur prête des formules plutôt qu'elle ne les détermine. Cependant la règle n'est pas absolue, le départ de la réflexion et de la spontanéité n'est pas toujours net. A l'heure présente en particulier, la philosophie entre partout, et la réforme morale trouve dans les théories en vogue des obstacles auxquels ce serait pure affectation de refuser une certaine importance. Le besoin qui résume et renferme tous nos besoins, c'est une réforme morale de la société dans son ensemble, à commencer par les classes favorisées.

Ce que nous appelons réforme morale serait mieux nommé peut-être une révolution : c'est une conversion à la morale, ou, plus précisément encore, une naissance à la vie morale. Nous disons *la* morale, car au fond il n'y en a qu'une, bien qu'on la motive et qu'on la formule de plusieurs façons. Ne songer qu'à soi seul, vivre pour soi seul, c'est se perdre ; nous dévouer aux autres est l'unique chance de nous sauver : telle est la leçon que les circonstances du présent nous enseignent en termes si clairs, d'une voix si haute, que plusieurs ont l'air de l'entendre. Eh bien, cette vérité de l'heure présente, c'est l'éternelle vérité, c'est la vérité tout entière. Le seul moyen d'éteindre l'incendie dont notre génération a déjà vu plusieurs fois jaillir la sinistre flamme, c'est de faire aujourd'hui, sans délai, ce qu'il faut faire en tout temps.

SECRÉTAN, *La Civilisation et la Croyance.* La question véritable
(Alcan, édit.)

6. — DU ROLE DES FEMMES DANS LA SOCIÉTÉ MODERNE

Élever des hommes, c'est beaucoup, sans doute ; ce n'est rien, si vous n'élevez des femmes.

Les hommes feront des lois, les femmes seules feront les mœurs.

Un étranger, en entrant en France, s'étonne de la sécheresse des mœurs de nos jours. Je ne sais quoi d'aride, en toutes choses, comme le sable déposé par un océan qui se retire. Dans cet isolement, dans cette formation d'un nouveau monde, l'âme de la femme manque.

Où la retrouver ?

Où habite-t-elle, et comment lui parler ?

Espérons-nous recommencer la société sans qu'elle participe ? Que serait une république, une démocratie à laquelle manquerait le génie de la femme ? Tous ceux qui, dans le passé, ont travaillé au rajeunissement d'une société ont appelé à leur aide la jeune fille, l'épouse, la mère. Aujourd'hui, ferons-nous notre œuvre sans elles?...

Voulons-nous revivre? Mettons fin à tout charlatanisme dans la parole et dans l'action. Ne sacrifions plus l'être au paraître. N'enflons plus les petites choses, ne rapetissons plus les grandes. En cela l'exemple des femmes serait tout-puissant.

Quel plaisir trouvez-vous à vous enlaidir de toutes les laideurs de l'esprit : décrépitude de l'âme, dureté pour le faible, adoration du plus fort, quel qu'il soit, passion pour les voies obliques, peur de toute sincérité, horreur de toute intelligence libre? Mentir, mentir, toujours mentir; hors de là, n'y a-t-il réellement point de salut?

S'il était avéré un seul jour que les Françaises préfèrent la force de l'âme aux capitulations quotidiennes, l'être au paraître, le caractère au petit savoir-faire, le courage à la défaillance, la vie de l'esprit à la routine, la noblesse du cœur à l'art de parvenir, la sincérité à la rouerie, la simplicité au charlatanisme; s'il était entendu un seul jour que la plus grande qualité à leurs yeux n'est pas l'habileté mesquine, que l'honneur est au-dessus du succès; si c'était là leur foi civile, les hommes se rangeraient bien vite de ce côté. La régénération des Français serait accomplie presque aussitôt qu'entreprise.

Quinet, La Révolution, p. 190-219.

7. — La question féministe.

Il semble donc que la femme ait pour idéal la perfection de l'amour, et l'homme la perfection de la justice. C'est dans ce sens que saint Paul a pu dire que la femme est la gloire de l'homme et l'homme la gloire de Dieu. Ainsi la femme qui s'absorbe dans l'objet de sa tendresse est, pour ainsi dire, dans la ligne de la nature, elle est vraiment femme, elle réalise son type fondamental. Au contraire, l'homme qui enfermerait sa vie dans l'adoration conjugale, et qui croirait avoir assez vécu en se faisant le prêtre d'une femme aimée, celui-là n'est qu'un demi-homme, il est méprisé par le monde et peut-être secrètement dédaigné par les femmes elles-mêmes. La femme vraiment aimante désire se perdre dans le rayonnement de l'homme de son choix, elle veut que son amour rende l'homme plus grand, plus fort, plus mâle, plus actif. Chaque sexe ainsi est dans son rôle : la femme est plutôt destinée à l'homme, et l'homme destiné à la société; la première se doit à un, le second à tous; et chacun d'eux ne trouve sa paix et son bonheur que lorsqu'il a découvert cette loi et accepté cet équilibre. La même chose peut être bien chez la femme et mal chez l'homme, vaillance dans celle-là, faiblesse dans celui-ci [1].

1. Cf. Mme Necker de Saussure, *Étude de la vie des femmes*, I, iv : « Le Principe passif et sensitif, au moyen duquel nous recevons involontairement les impressions, l'emporte chez la femme sur le principe actif qui nous sert à diriger notre attention et nos pensées. Il suit de là que dans tout ce qui demande des efforts puissants et continus, les femmes ont évidemment du désavantage : leur organisation est trop mobile pour que la sensibilité ne prenne pas souvent les devants sur la volonté... Mais quoi de plus rapide, de plus fin que les aperçus de la femme? Elle a plus de pénétration que l'homme. Cette sagacité en elle est si grande, qu'elle l'exerce toujours sur ce qu'il y a de plus subtil, et se plaît à saisir les signes légers qui indiquent l'état des âmes. Cela seul l'intéresse même véritablement. Les pensées intimes, les affections secrètes l'occupent toujours. Il semble que le domaine de l'invisible lui soit accessible. Un admirable instinct lui révèle les impressions des autres et les lui fait aussitôt partager... Elle comprend le petit enfant qui ne parle pas et qui pense à peine, et devine le secret que gardent les infortunés... Ce qui la caractérise plus particulièrement, c'est une sorte de bon sens inné, c'est une certaine justesse de vue qui, dans l'état d'impartialité, la fait tomber droit sur le meilleur parti à

Il y a donc une morale féminine et une morale masculine, comme chapitres préparatoires à la nature humaine; au-dessous de la vertu évangélique et sans sexe, il y a une vertu *sexuée*. Et celle-ci est l'occasion d'un enseignement mutuel, chacune des deux incarnations de la vertu s'attachant à convertir l'autre, la première prêchant l'amour à la justice, la seconde la justice à l'amour; d'où résultent une oscillation et une moyenne qui représentent un état social, une époque, parfois une civilisation entière.

Telle est, du moins, notre idée européenne de l'harmonie des sexes dans la hiérarchie des fonctions. L'Amérique est en train de révolutionner cet idéal par l'introduction du principe démocratique de l'égalité des individus dans l'égalité des fonctions. Seulement, quand il n'y aura plus que des individualités bien égales, ni jeunes ni vieux, ni hommes ni femmes, ni obligés ni bienfaiteurs, la différence sociale se fera par l'écu. Toute la hiérarchie reposera sur le dollar, et la plus brutale, la plus hideuse, la plus inhumaine des inégalités sera le fruit de l'égalitarisme effréné. Joli résultat! La ploutolâtrie [1], le culte de la richesse, la frénésie de l'or se chargera de châtier un principe inexact et ses adorateurs. Et la ploutocratie sera à son tour exécutée par l'égalité. Il serait assez curieux que l'individualisme anglo-saxon vînt s'engloutir dans le socialisme latin.

Amiel, Fragments d'un journal intime. (Bâle, Georg et Cie;
Paris, librairie Fischbacher.)

prendre... Les femmes verront toujours vite et souvent juste; mais on peut désirer que leurs jugements soient confirmés par la réflexion avant d'être convertis en actes, en paroles même. Une partie de leur esprit doit s'accoutumer à attendre l'autre. »

1. Culte de la richesse.

8. — SOLIDARITÉ DANS LA FAMILLE. LE FOYER DOMESTIQUE.

Pour que les mœurs conservent ou retrouvent leur
pureté et leur énergie, la première de toutes les conditions, c'est que la femme retourne auprès du foyer, la
mère auprès du berceau. Il faut que le chef de la famille
puisse exercer la puissance tutélaire qu'il tient de Dieu
et de la nature, que la femme trouve dans son mari le
guide, le protecteur, l'ami fidèle et fort dont elle a
besoin, que l'enfant s'habitue sans y penser aux soins
et à la tendresse de sa mère. Il faut même qu'il y ait
quelque part un lieu consacré par les joies et les souffrances communes, une humble maison, un grenier, si
Dieu n'a pas été clément, qui soit pour tous les membres
de la famille comme une patrie plus étroite et plus
chère, à laquelle on songe pendant le travail et la peine,
et qui reste dans les souvenirs de toute la vie associée
à la pensée des êtres aimés que l'on a perdus. Comme il
n'y a pas de religion sans un temple, il n'y a pas de
famille sans l'intimité du foyer domestique. L'enfant
qui a dormi dans le berceau banal de la crèche, et qui
n'a pas été embrassé à la lumière du jour par les deux
seuls êtres dans le monde qui l'aiment d'un amour
exclusif, n'est pas armé pour les luttes de la vie. Il n'a
pas, comme nous, ce fonds de religion tendre et puissante qui nous console à notre insu, qui nous écarte du
mal sans que nous ayons la peine de faire un effort, et
nous porte vers le bien comme par une secrète analogie
de nature. Au jour des cruelles épreuves, quand on
croirait que le cœur est desséché à force de dédaigner
ou à force de souffrir, tout à coup on se rappelle,
comme dans une vision enchantée, ces mille riens qu'on
ne pourrait pas raconter et qui font tressaillir, ces
pleurs, ces baisers, ce cher sourire, ce grave et doux

enseignement murmuré d'une voix si touchante. La source vive de la morale n'est que là. Nous pouvons écrire des livres et faire des théories sur le devoir et le sacrifice; mais les véritables professeurs de morale sont les femmes. Ce sont elles qui conseillent doucement le bien, qui récompensent le dévouement par une caresse, qui donnent, quand il le faut, l'exemple du courage et l'exemple plus difficile de la résignation, qui enseignent à leurs enfants le charme des sentiments tendres et les fières et sévères lois de l'honneur. Oui, jusque sous le chaume, et dans les mansardes de nos villes, et dans les caves où ne pénètre jamais le soleil, il n'y a pas une mère qui ne souffle à son enfant l'honneur en même temps que la vie. C'est là, près de cet humble foyer, dans cette communauté de misère, de soucis et de tendresse, que se créent les amours durables, que s'enfantent les saintes et énergiques résolutions; c'est là que se trempent les caractères; c'est là aussi que les femmes peuvent être heureuses, en dépit du travail et au milieu des privations.

Toutes les améliorations matérielles seront les bienvenues; mais si voulez adoucir le sort des ouvriers et en même temps donner des garanties à l'ordre, ranimer les bons sentiments, faire comprendre, faire aimer la patrie et la justice, ne séparez pas les enfants de leurs mères

Jules Simon, L'Ouvrière, 1re partie, ch. iv.

9. — Solidarité dans la patrie.

J'aimais froidement ma patrie,
Au temps de la sécurité;
De son grand renom mérité
J'étais fier sans idolâtrie.

Je m'écriais avec Schiller :
« Je suis un citoyen du monde;
En tous lieux où la vie abonde,
Le sol m'est doux et l'homme cher !

« Des plages où le jour se lève
A.ix pays du soleil couchant,
Mon ennemi, c'est le méchant,
Mon drapeau, l'azur de mon rêve!

« Où règne en paix le droit vainqueur,
Où l'art me sourit et m'appelle,
Où la race est polie et belle,
Je naturalise mon cœur;

« Mon compatriote, c'est l'homme! »
Naguère ainsi je dispersais
Sur l'univers ce cœur français :
J'en suis maintenant économe.

J'oubliais que j'ai tout reçu,
Mon foyer et tout ce qui m'aime,
Mon pain, et mon idéal même,
Du peuple dont je suis issu,

Et que j'ai goûté dès l'enfance,
Dans les yeux qui m'ont caressé,
Dans ceux mêmes qui m'ont blessé,
L'enchantement du ciel de France!

Je ne l'avais pas bien senti;
Mais depuis nos sombres journées,
De mes tendresses détournées
Je me suis enfin repenti;

Ces tendresses, je les ramène
Étroitement sur mon pays,
Sur les hommes que j'ai trahis
Par amour de l'espèce humaine,

Sur tous ceux dont le sang coula
Pour mes droits et pour mes chimères :
Si tous les hommes sont mes frères,
Que me sont désormais ceux-là?

Sur le pavé des grandes routes,
Dans les ravins, sur le talus,
De ce sang, qu'on ne lavait plus,
Je baiserai les moindres gouttes;

Je ramasserai dans les tours
Et les fossés des citadelles
Les miettes noires, mais fidèles,
Du pain sans blé des derniers jours;

Dans nos champs défoncés encore,
Pèlerin, je recueillerai,
Ainsi qu'un monument sacré,
Le moindre lambeau tricolore;

Car je t'aime dans tes malheurs,
O France, depuis cette guerre,
En enfant, comme le vulgaire
Qui sait mourir pour tes couleurs!

J'aime avec lui tes vieilles vignes,
Ton soleil, ton sol admiré
D'où nos ancêtres ont tiré
Leur force et leur génie insignes.

Quand j'ai de tes clochers tremblants
Vu les aigles noires voisines,
J'ai senti frémir les racines
De ma vie entière en tes flancs.

Pris d'une piété jalouse
Et navré d'un tardif remords,
J'assume ma part de tes torts;
Et ta misère, je l'épouse.

SULLY-PRUDHOMME, *Impressions de la guerre.* Repentir.
(Lemerre, édit.)

10. — Qu'est-ce qu'une nation?

Une nation est une âme, un principe spirituel. Deux choses qui, à vrai dire, n'en font qu'une, constituent cette âme, ce principe spirituel. L'une est dans le passé, l'autre dans le présent. L'une est la possession en commun d'un riche legs de souvenirs; l'autre est le consentement actuel, le désir de vivre ensemble, la volonté de continuer à faire valoir l'héritage qu'on a reçu indivis. L'homme, messieurs, ne s'improvise pas. La nation, comme l'individu, est l'aboutissant d'un long passé d'efforts, de sacrifices et de dévouements. Le culte des ancêtres est de tous le plus légitime; les ancêtres nous ont faits ce que nous sommes. Un passé héroïque, des grands hommes, de la gloire (j'entends de la véritable), voilà le capital social sur lequel on assied une idée nationale. Avoir des gloires communes dans le passé, une volonté commune dans le présent; avoir fait de grandes choses ensemble, vouloir en faire encore, voilà les conditions essentielles pour être un peuple. On aime, en proportion des sacrifices qu'on a consentis, des maux qu'on a soufferts. On aime la maison qu'on a bâtie et qu'on transmet. Le chant spartiate : « Nous sommes ce que vous fûtes; nous serons ce que vous êtes », est dans sa simplicité l'hymne abrégé de toute patrie.

Dans le passé, un héritage de gloire et de regrets à partager; dans l'avenir, un même programme à réaliser : avoir souffert, joui, espéré ensemble, voilà ce qui vaut mieux que des douanes communes et des frontières conformes aux idées stratégiques; voilà ce que l'on comprend malgré les diversités de race et de langue. Je disais tout à l'heure : « avoir souffert ensemble »; oui, la souffrance en commun unit plus que la joie. En fait de souvenirs nationaux, les deuils valent mieux que les triomphes; car ils imposent des devoirs; ils commandent l'effort en commun.

Une nation est donc une grande solidarité, constituée par le sentiment des sacrifices qu'on a faits et de ceux qu'on est disposé à faire encore. Elle suppose un passé ; elle se résume pourtant dans le présent par un fait tangible : le consentement, le désir clairement exprimé de continuer la vie commune. L'existence d'une nation est (pardonnez-moi cette métaphore) un plébiscite de tous les jours, comme l'existence de l'individu est une affirmation perpétuelle de la vie. Oh ! je le sais, cela est moins métaphysique que le droit divin, moins brutal que le droit prétendu historique. Dans l'ordre d'idées que je vous soumets, une nation n'a pas plus qu'un roi le droit de dire à une province : « Tu m'appartiens, je te prends. » Une province, pour nous, ce sont ses habitants; si quelqu'un en cette affaire a droit d'être consulté, c'est l'habitant. Une nation n'a jamais un véritable intérêt à s'annexer ou à retenir un pays malgré lui. Le vœu des nations est, en définitive, le seul critérium légitime, celui auquel il faut toujours en revenir [1].

Nous avons chassé de la politique les abstractions métaphysiques et théologiques. Que reste-t-il, après cela? Il reste l'homme, ses désirs, ses besoins. La sécession, me direz-vous, et, à la longue, l'émiettement des nations, sont la conséquence d'un système qui met ces vieux organismes à la merci de volontés souvent peu éclairées. Il est clair qu'en pareille matière aucun principe ne doit être poussé à l'excès. Les vérités de cet ordre ne sont applicables que dans leur ensemble et d'une façon très générale. Les volontés humaines changent; mais qu'est-ce qui ne change pas ici-bas? Les

---

1. Tels sont les principes de droit international professés par la France. Nice et la Savoie n'ont été annexées qu'en vertu d'un plébiscite. Nous protestons, non seulement au nom de nos souvenirs et de notre fierté, mais au nom du droit, contre l'annexion de l'Alsace-Lorraine, parce qu'elle a été faite malgré les habitants.

nations ne sont pas quelque chose d'éternel. Elles ont commencé, elles finiront. La confédération européenne, probablement, les remplacera.

Mais telle n'est pas la loi du siècle où nous vivons. A l'heure présente, l'existence des nations est bonne, nécessaire même. Leur existence est la garantie de la liberté, qui serait perdue si le monde n'avait qu'une loi et qu'un maître.

Par leurs facultés diverses, souvent opposées, les nations servent à l'œuvre commune de la civilisation; toutes apportent une note à ce grand concert de l'humanité, qui, en somme, est la plus haute réalité idéale que nous atteignions. Isolées, elles ont leurs parties faibles. Je me dis souvent qu'un individu qui aurait les défauts tenus chez les nations pour des qualités; qui se nourrirait de vaine gloire; qui serait à ce point jaloux, égoïste, querelleur; qui ne pourrait rien supporter sans dégainer, serait le plus insupportable des hommes. Mais toutes ces dissonances de détail disparaissent dans l'ensemble. Pauvre humanité! que tu as souffert! que d'épreuves t'attendent encore! Puisse l'esprit de sagesse te guider pour te préserver des innombrables dangers dont ta route est semée!

Je me résume, messieurs. L'homme n'est esclave ni de sa race, ni de sa langue, ni de sa religion, ni du cours des fleuves, ni de la direction des chaînes de montagnes. Une grande agrégation d'hommes, saine d'esprit et chaude de cœur, crée une conscience morale qui s'appelle une nation. Tant que cette conscience morale prouve sa force par les sacrifices qu'exige l'abdication de l'individu au profit d'une communauté, elle est légitime, elle a le droit d'exister. Si des doutes s'élèvent sur ses frontières, consultez les populations disputées. Elles ont bien le droit d'avoir un avis dans la question. Voilà qui fera sourire les transcendants de la politique, ces infaillibles qui passent leur vie à se

omper et qui, du haut de leurs principes supérieurs,
rennent en pitié notre terre-à-terre. « Consulter les
opulations, fi donc, quelle naïveté! Voilà bien ces
iétives idées françaises qui prétendent remplacer la
iplomatie et la guerre par des moyens d'une simplicité
nfantine. » Attendons, messieurs; laissons passer le
gne des transcendants, sachons subir le dédain des
rts. Peut-être, après bien des tâtonnements infruc-
ieux, reviendra-t-on à nos modestes solutions empi-
ques. Le moyen d'avoir raison dans l'avenir est, à cer-
ines heures, de savoir se résigner à être démodé.

RENAN, *Discours et Conférences*. (Calmann Lévy, édit.)

11. — LA FRANCE.

La voilà, cette France, assise par terre, comme Job,
tre ses amies les nations, qui viennent la consoler,
nterroger, l'améliorer si elles peuvent, travailler à son
lut.

« Où sont tes vaisseaux, tes machines? » dit l'Angle-
rre. Et l'Allemagne : « Où sont tes systèmes? N'au-
s-tu donc pas au moins, comme l'Italie, des œuvres
art à montrer? » Bonnes sœurs qui venez consoler
nsi la France, permettez que je vous réponde. Elle est
alade, voyez-vous; je lui vois la tête basse, elle ne veut
as parler.

Si l'on voulait entasser ce que chaque nation a
épensé de sang et d'or, et d'efforts de toute sorte, pour
s choses désintéressées qui ne devraient profiter qu'au
onde, la pyramide de la France irait montant jus-
u'au ciel... Et la vôtre, ô nations, toutes, tant que vous
es ici, ah! la vôtre, l'entassement de vos sacrifices
ait au genou d'un enfant.

Ne venez donc pas me dire : « Comme elle est pâle,
tte France!... » Elle a versé son sang pour vous... —
Qu'elle est pauvre! » Pour votre cause, elle a donné

sans compter... Et, n'ayant plus rien, elle a dit : « Je n'a
ni or ni argent, mais ce que j'ai, je vous le donne...
Alors elle a donné son âme, et c'est de quoi vous vivez

Ce qui lui reste, c'est ce qu'elle a donné... Mais
écoutez bien, nations, apprenez ce que, sans nous, vou
n'auriez appris jamais : « Plus on donne, et plus o
garde! » Son esprit peut dormir en elle, mais il est tou
jours entier, toujours près d'un puissant réveil.

Il y a bien longtemps que je suis la France, vivan
jour par jour avec elle depuis deux milliers d'années
Nous avons vu ensemble les plus mauvais jours, et j'a
acquis cette foi, que ce pays est celui de l'invincib
espérance. Il faut bien que Dieu l'éclaire plus qu'un
autre nation, puisqu'en pleine nuit elle voit quand null
autre ne voit plus; dans ces affreuses ténèbres qui s
faisaient souvent au moyen âge et depuis, personne n
distinguait le ciel; la France seule le voyait.

Voilà ce que c'est que la France. Avec elle, rien n'e
fini; toujours à recommencer.

Quand nos paysans gaulois chassèrent un moment le
Romains, et firent un empire des Gaules, ils mirent su
leur monnaie le premier mot de ce pays (et le dernier)
Espérance.

MICHELET, Le Peuple, 3e partie, ch. v.

12. — SOLIDARITÉ DANS L'HUMANITÉ.

Dans les bandes d'oiseaux unis pour voyager,
Chacun soumet son aile au vol des autres ailes,
Comme au pas du troupeau chacune des gazelles
Asservit de ses bonds le caprice léger;

Ces tribus, poursuivant sans nul guide étranger
L'air plus doux, ou le champ plus prodigue envers elle
Vont au but pressenti, par un concert de zèles
Qu'un sens éclos du groupe a l'air de diriger.

Ainsi le genre humain, bien qu'il dévie et doute,
Vers l'idéal climat, dont il rejoint la route,
Porte son guide issu de sa propre unité.

Le couple fait le sang, la Cité le génie,
Et peut-être naît-il de la fraternité
Et des âmes sans nombre une force infinie.

. . . .

Une suprême fin lie entre eux tous les cœurs;
Elle se cache à nous et pourtant nous attire,
Par le même idéal hantés, sans nous le dire,   [gueurs.
Dans nos communs transports, dans nos vagues lan-

Cet idéal émeut jusques à ses moqueurs,
Sur la place publique, aux jours de saint délire
Où d'un peuple, vibrant comme une immense lyre,
L'âme unique s'exhale en formidables chœurs.

Nous pressentons alors quelque cité dernière,
Où s'uniront nos mains, nos fronts dans la lumière,
Tous frères, et rois tous par un sacre pareil;

C'est dans notre tourmente une vive éclaircie,
Dont nous reste longtemps la splendeur obscurcie,
Comme aux yeux refermés luit un profond soleil.

Sully-Prudhomme, La Justice. La Cité.

13. — LA SOLIDARITÉ MORALE DANS L'INDIVIDU ET L'HUMANITÉ.

Si je considère ma situation d'intermédiaire entre le passé et l'avenir, il m'est impossible de ne pas reconnaître que la responsabilité dont je puis être tenté de me décharger sur mes ancêtres, en tant que je suis ce qu'ils m'ont fait, je la retrouve tout entière envers mes descendants, en tant que je contribue à les faire ce qu'ils seront. Même dans le cas où je serais le terme extrême de la série, je serais mal venu à me regarder exclusivement comme un produit fatal et inerte du passé : mon devoir serait encore, aussitôt averti, de discerner entre mes dons héréditaires, et d'employer tout ce que j'aurais d'énergie spontanée à en tirer le meilleur parti possible. Mais je suis tenu à une vigilance bien autrement active, comme anneau vivant dans la chaîne ininterrompue des générations. Si, d'une part, aboutit à moi toute l'histoire de mes ascendants, et si rien ne s'est perdu de leurs sentiments, de leurs pensées bonnes ou mauvaises, mon histoire personnelle influera de même sur toute ma lignée, et, de ce que j'aurai inséré en bien ou en mal dans la série, rien ne sera perdu. Je travaille donc pour l'avenir, c'est-à-dire pour la future moralité et le bonheur futur de ma famille, de mon pays, de l'humanité, chaque fois que par mon initiative, toute restreinte qu'elle est, je développe et modifie en mieux, si peu que ce soit, ma nature. Toutes les fois, au contraire, que je déchois, je sème pour l'avenir des difficultés, des fautes et des misères. Quelle pensée pourrait être plus propre à me faire considérer la vie avec gravité?...

Imaginons un homme bien pénétré de son devoir, et le faisant consister à préparer, autant qu'il dépend de lui, l'avènement d'une humanité aussi bonne que possible, bonne et heureuse, car à la limite ce serait tout un. Si cet homme ne perdait jamais de vue la solidarité, et se comportait toujours en conséquence; s'il tâchait avant tout de s'amender lui-même, en se donnant de bonnes habitudes, mais en gardant aussi avec un soin jaloux sa liberté d'esprit; si, en toutes circonstances, surtout à chaque crise de sa vie, il songeait qu'il s'engage pour toute la suite, et qu'il y a toujours urgence pour lui à se corriger de ses défauts de peur qu'ils ne s'aggravent, à acquérir les qualités qui lui manquent de peur que plus tard ce ne soit impossible, l est clair qu'un tel homme aurait, comme individu, oute la valeur morale que comporterait sa nature...

Supposons, maintenant, que cette conduite se généraise, que ce ne soit plus seulement un seul homme, mais ent, mais mille, qui se persuadent assez des lois de la olidarité pour s'en inspirer dans tous leurs actes ; figuons-nous, je ne dis pas tous les individus d'un groupe, i même une élite imaginaire, mais simplement les onnes volontés aujourd'hui existantes parmi nous, ésormais orientées vers cette fin commune, le perfecionnement moral de l'espèce, et éclairées sur les moyens 'y concourir le plus efficacement : qui peut douter que e résultat ne soit excellent, même avant beaucoup dé énérations ? Le mieux se ferait d'abord sentir dans un ercle étroit ; mais de proche en proche il s'étendrait des amilles à la communauté civile, puis des états à la rande société humaine. Puis, réciproquement, à mesure ue la collectivité, petite ou grande, serait assainie et urifiée par la bonne initiative de quelques-uns, elle girait à son tour sur les autres avec toutes les puisances dont elle dispose...

De ce que l'humanité considérée comme un tout a sa n, il ne s'ensuit nullement que chaque individu n'ait as la sienne. Au contraire, la fin de l'espèce, par hypoièse, ne sera atteinte que le jour où toutes les fins articulières le seront, et ce jour ne viendra que si, dans cours des siècles, assez de personnes travaillent à le réparer. Or, il y a pour chacun de nous un seul moyen ir de concourir à cette œuvre : c'est de nous rendre ous-mêmes avant tout les plus parfaits possibles. La vie ndividuelle, loin de perdre rien de son prix, dans cette onception des choses, prend donc un sens plus déterïiné. Pour n'être pas un épisode isolé, mais bien une artie dans un grand tout, elle n'apparaît que plus nportante, car nul n'a le droit de faire bon marché de a propre destinée, dès qu'elle intéresse toute l'espèce.

Et la raison postule d'autant plus que chacun ait
rendre compte de ce qu'il aura fait pour l'œuvre cor
mune, à proportion de ses forces et de ses lumières.

MARION, *Solidarité morale*, p. 298, 317, 319, 3:
(Alcan, éditeur).

III. — Science et conscience.

1. — LA VRAIE CROYANCE.

J'entends souvent dire : Mieux vaut une croyan
quelconque que l'absence de croyance, et je ne sais p
de langage qui suppose un plus grand mépris de
vérité. Qu'un doute hardiment avoué serait respe
table en regard de cette recherche étourdie d'un dogn
tisme quelconque! Oh! je vous en conjure, ne souffr
pas que votre âme s'amollisse jusqu'à subir les ho
teuses empreintes d'une foi de complaisance! Le tem
est donc venu où, à côté d'un scepticisme honnète
sincère, s'élève une sorte de doctrine sentimentale o
prétend à croire pour le plaisir de croire, s'arrogeant
droit de mépriser qui ne se prête point à cette comé
méprisable. Une telle obéissance à une foi de rencon
serait au-dessous de l'esclavage qui, du moins, ne pre
que les corps et laisse l'esprit en liberté. Cette croyan
consentant à professer de bouche ce qui n'a point ré
lement atteint le fond de l'esprit, agit comme un pois
abolissant dans l'homme la vraie dignité avec la vr
sincérité. Que chacun respecte les croyances d'autr
qu'il n'abuse point de sa force pour détruire ce qu'il
saurait remplacer; mais que chacun aussi sache
cerner et confesser résolument ses doutes, s'il en
requis. Est-il dans l'erreur? La meilleure chance p
en sortir est encore de confesser cette erreur avec f
meté. Voyez ces hommes qui balbutient je ne sais qu
dogmes, croyant bien faire en s'essayant à croire

que leur raison repousse : bientôt ils ne sauront plus, s'ils s'en soucient encore, retrouver leurs vrais sentiments, leurs vraies opinions. Ils auront mêlé ce qu'ils croient aux croyances d'autrui, sans plus s'en apercevoir. Ils ont chassé par servilité d'esprit ce que leur raison leur murmure, pour croire ce que le monde leur impose. Non, non! il n'est pas nécessaire d'être croyant, comme l'affirment insolemment les nouveaux fanatiques de tout dogmatisme, mais il est ordonné d'être sincère : c'est la grande condition de l'être moral.

Doudan, *Pensées et fragments*, p. 70. (Calmann Lévy, édit.)

2. — Que la science est impuissante a fonder la vie morale.

La science arme l'homme, mais ne le dirige pas : elle éclaire pour lui le monde jusqu'aux derniers confins des étoiles, elle laisse la nuit dans son cœur, elle est invincible et indifférente, neutre, immorale.

Laissons la science pratique, qui clairement n'est qu'un instrument, et, comme tout instrument, neutre entre le bien et le mal, selon la main qui le manie. Elle travaille pour le démon comme pour Dieu, découvre la méunite comme la vaccine, arme la guerre comme la paix, fait périr et fait vivre, change la quantité de bien et de mal, non la proportion. Mais l'autre science, la vraie, la grande, celle qui ne travaille point pour une récompense, mais est sa fin à elle-même, celle qui élargit l'âme à la taille de Dieu, qui l'ennoblit de toute la beauté de l'univers, la pacifie du silence des infinis, que dira-t-elle à l'homme qui vient lui demander son mot d'ordre pour la vie? Elle a cru qu'elle était la reine du monde, et quand le chrétien déchristianisé vient à elle et lui dit : « Tu as soufflé sur mon Christ et l'as réduit en poussière; tu m'as fermé les avenues du ciel, tu as fait pour moi de la vie une chose sans objet et sans issue : eh bien, remplace ce que tu m'as pris ; dis-moi ce que je ferai de ma vie : je t'obéirai aveuglément, ordonne! » elle se trouble, balbutie, et reconnaît avec confusion et terreur que la seule chose qu'elle ait à lui dire, que sa grande découverte, son dernier mot sur la destinée humaine, c'est la parole même qui planait sur la religion qu'elle a condamnée : « Ce monde ne vaut pas la peine. » Commander à l'humanité! elle ne sait, elle ne peut, elle n'ose; elle mentirait. Quels ordres pourrait-elle bien lui donner? Au nom de quelle puissance? De quelle nécessité incoercible? Son royaume n'est pas de ce monde. Son royaume, c'est celui des extases où s'entr'ouvre l'infini des espaces et des siècles, où passe le déroulement éternel des formes de vie éphémères, c'est l'éblouissement de la grande nature, qu'elle adore en passant, avant de tomber dans le néant éternel. Et quand l'humanité se jette au pied du savant et lui crie : « C'est toi l'oracle de Dieu, le prêtre des temps nouveaux! Parle, que ferai-je? » il ne sait que jeter des flots d'amertume et de renoncement à une humanité qui pourtant ne voudrait pas mourir; ou bien il répond par l'ironie et le mépris des conseils de volupté au cri de sainte détresse des simples qui valent mieux que lui; ou sentant l'impuissance et la fragilité de toute sa science inassistée, il se frappe le cœur en silence.

DARMESTETER, Les Prophètes d'Israel, Préface, III. (Calmann Lévy, édit.)

3. — SCIENCE ET RELIGION.

De tous les antagonismes qui s'élèvent entre les croyances, le plus ancien, le plus profond, le plus grave et le plus généralement reconnu est celui de la Religion et de la Science. La bataille sans fin qui s'est livrée dans tous les siècles sous les bannières de la Religion et de la Science a eu pour effet de produire une animosité qui, par malheur, empêche un parti d'apprécier la valeur de l'autre. Sur un plus grand théâtre et avec plus de violence que toute autre controverse, elle réalise une fable d'une moralité profonde, celle de ces chevaliers qui combattaient pour la couleur d'un bouclier dont chacun ne voyait qu'une face. Chaque combattant, ne voyant bien la question qu'à son propre point de vue, accusait l'autre de sottise et de mauvaise foi parce qu'il ne l'apercevait pas sous le même aspect; ce qui manquait à chacun, c'était la franchise de passer du côté de son adversaire pour découvrir comment il se faisait qu'il vît le bouclier si différemment...

Il faut donc que chaque parti reconnaisse dans les prétentions de l'autre des vérités qu'il n'est pas permis de dédaigner. Il faut que l'homme qui contemple l'univers au point de vue religieux apprenne à voir que la science est un élément du grand tout, et qu'à ce titre elle doit être considérée avec les mêmes sentiments que le reste. D'un autre côté, celui qui regarde l'univers au point de vue scientifique apprendra à voir que la religion est aussi un élément du grand tout, et qu'à ce titre elle doit être traitée comme un objet de science, sans plus de préjugé que toute autre réalité. C'est le devoir de chaque parti de s'efforcer de comprendre l'autre, de se persuader qu'il y a dans l'autre un élément commun qui mérite d'être compris, et qui, une fois reconnu, sera la base d'une réconciliation complète.

Comment trouver cet élément commun? Comment réconcilier la religion et la science? Tel est le problème... Ce n'est pas un expédient que nous voulons, ce n'est pas un compromis, comme nous en voyons proposer de temps en temps et dont le peu de solidité n'échappe même pas à leurs auteurs. Ce que nous voulons, c'est de trouver les conditions d'une paix réelle et permanente. Ce que nous devons chercher, c'est la vérité ultime que la religion et la science pourront avouer avec une sincérité absolue, sans l'ombre d'une restriction mentale. Nous avons à découvrir une vérité fondamentale que la religion affirme avec toute l'énergie possible sans le secours de la science, et que la science affirme avec toute l'énergie possible sans le secours de la religion, et pour la défense de laquelle la science et la religion se trouvent alliées.

La connaissance positive [1] ne remplit pas et ne pourra jamais remplir le domaine entier de la pensée possible. Au bout de la découverte la plus avancée une question se dresse et se dressera toujours : Qu'y a-t-il après? Comme il est impossible de concevoir une limite à l'espace et d'exclure l'idée qu'il y a encore de l'espace au delà de cette limite, nous ne pouvons concevoir une explication assez radicale pour exclure la question : Qu'est-ce qui explique l'explication? Si nous regardons la science comme une sphère qui s'agrandit graduellement, nous pouvons dire que son accroissement ne fait qu'accroître ses pointes de contact avec l'inconnu qui l'environne... Dans quelque sens que le savant porte ses investigations, elles le ramènent toujours en présence d'une énigme insoluble, et il en reconnaît toujours plus l'insolubilité. Il apprend à la fin à connaître la grandeur et la petitesse de l'intelligence humaine, sa puissance dans le domaine de l'expérience, son impuissance dans le domaine où l'expérience ne pénètre pas. Il se fait une idée très nette de l'incompréhensibilité du plus simple fait considéré en lui-même. Plus qu'un autre, il *sait* à n'en pas douter que, dans son essence intime, rien ne peut être connu...

[D'autre part] il y a un élément que toutes les croyances professent en commun. Les religions diamé-

---

1. A partir d'ici, nous avons pris la liberté de modifier l'ordre des passages que nous empruntons à Spencer. En respectant scrupuleusement la pensée de l'auteur, nous avons pu ainsi la donner en un *extrait* moins étendu.

ralement opposées par leurs dogmes officiels s'accordent cependant à reconnaître tacitement que le monde, avec tout ce qu'il contient et tout ce qui l'entoure, est un mystère qui veut une explication. Sur ce point au moins, il y a unanimité complète.... Non seulement la croyance à l'omniprésence de quelque chose qui passe l'intelligence est la plus abstraite de celles que toutes les religions possèdent en commun, non seulement elle devient de plus en plus distincte à mesure que les religions se développent, et demeure après que leurs éléments contradictoires se sont annulés mutuellement ; mais encore, c'est cette croyance que la critique la plus impitoyable de toutes les religions laisse debout, ou plutôt qu'elle met plus vivement en lumière... Voilà donc une vérité religieuse dernière de la plus grande certitude possible, une vérité sur laquelle toutes les religions s'accordent entre elles et avec la philosophie qui combat leurs dogmes particuliers. Cette vérité, sur laquelle tous les hommes sont tacitement d'accord, depuis le fétichiste jusqu'au critique le plus froid des croyances humaines, doit être celle que nous cherchons. Si la religion et la science peuvent se réconcilier, c'est sur ce fait, le plus profond, le plus large et le plus certain de tous : que la puissance dont l'univers est la manifestation pour nous est complètement impénétrable.

SPENCER, *Premiers principes*, trad. Cazelles, chap. I, II, III, 8ᵉ édit. (Alcan, édit.)

TABLE DES MATIÈRES

PREMIÈRE PARTIE

MORALE THÉORIQUE

LEÇON I

Définition de la morale théorique. — Les questions de principes. — Nécessité de la réflexion...................... 1

LEÇON II

La conscience morale. — Différences entre la conscience morale et la conscience psychologique. — L'examen de conscience. — Rapports entre la conscience morale et la conscience psychologique. — La connaissance de soi-même nécessaire et insuffisante. — Le réel et l'idéal.... 4

LEÇON III

Données de la conscience morale. — La conscience est-elle une intuition du bien, un sentiment ou un instinct? — Elle est la raison pratique. — En quoi elle varie et progresse; en quoi elle est universelle et immuable........ 10

LEÇON IV

L'idée du devoir. — L'obligation morale. — Loi physique, loi sociale, loi morale. — En quel sens la loi morale est divine. — L'autonomie. — Maximes de Kant............ 20

LEÇON V

L'idée du bien. — Le bien inséparable du devoir. — Il n'est ni le plaisir, ni l'intérêt, particulier ou général. — Le principe rationnel de la dignité. — Le bien absolu...... 25

LEÇON VI

Rôle du sentiment dans la vie morale. — Il n'est pas le principe mais l'auxiliaire indispensable. — Divers sentiments ayant une valeur morale. — Amour du bien, du vrai, du beau, de Dieu. — Sentiments sociaux. — Amour de soi.. 33

LEÇON VII

Rôle de l'intérêt et du bonheur dans la vie morale. — Les plaisirs nécessaires. — A quelles conditions les plaisirs sont légitimes. — Le bonheur est-il inséparable du devoir? — Optimisme, Pessimisme. — Conclusion........ 42

LEÇON VIII

La vertu. — Définition. — Régularité et initiative. — La vertu œuvre d'amour, d'intelligence, de volonté. — L'art de la vie. — L'effort et le mérite...................... 46

LEÇON IX

De la responsabilité. — Définition. — Responsabilité sociale et responsabilité morale. — Conditions, degrés et limites de la responsabilité............................ 51

LEÇON X

Les sanctions. — Définition de la sanction. — Vrai sens moral de la récompense et de la punition. — Différentes sanctions : physique, légale, de l'opinion, morale, religieuse... 59

LEÇON XI

Le droit. — L'individu et la société. — Définition et principe du droit. — Le droit et le devoir................. 69

LEÇON XII

Principaux droits de la personne humaine. — Droit de vivre. — Droit d'être libre. — Droit d'être honoré. — Droit de propriété. — Justice, équité, charité............. 73

DEUXIÈME PARTIE

EXTRAITS DES MORALISTES

MORALISTES ANCIENS

SOCRATE

I. — Les lois non écrites (Xénophon)................... 81
II. — La famille (id.).................................. 82
    Un ménage parfait (id.)............................ 85
III. — Le travail (id.)................................, 87
IV. — La Providence (id.).............................,... 91

PLATON

I. — Le sentiment de l'idéal.......................... 94
    1. Il faut honorer son âme......................,, 94
    2. Le bien est le plaisir suprême..............,,,... 96
    3. Allégorie de la caverne......................... 97
II. — La justice...................................... 101
    Définition de la justice.......................... 101
III. -- Le châtiment.................................. 102
    1. La sanction future............................. 102
    2. Le châtiment est salutaire.....................,.. 103

ARISTOTE

I. — La vertu et le bonheur........................... 107
    1. La vertu est l'acte propre de l'homme........,.... 107
    2. Solidarité de la vertu et du bonheur..,........ 108
    3. L'homme vertueux ne saurait être malheureux. 110
II. — L'Amitié.. 112
III. — Les vertus pratiques........................... 115
    1. La vertu est un milieu......................... 115
    2. Le courage.................................... 116
    3. La tempérance,................................ 117
    4. La libéralité................................. 118
    5. La douceur.................................... 119
    6. La véracité................................... 120
    7. Le bon goût dans la plaisanterie.............. 120
    8. L'honnêteté. L'équité......................... 121

IV. — L'Éducation.................................... 123
    1. Importance de l'éducation..................... 123
    2. La première éducation........................ 123
    3. L'éducation publique......................... 126
    4. La gymnastique.............................. 127

LES STOÏCIENS

I. — Le devoir..................................... 128
    1. Souveraineté de la raison (Cicéron).......... 128
    2. Origine divine du devoir (Épictète)......... 129
    3. Le devoir et le plaisir (Sénèque)........... 130
    4. L'intention fait la valeur de l'action (Sénèque). 131
    5. Le bien de l'homme et le devoir (Marc-Aurèle). 132

II. — La liberté................................... 133
    1. Quelles sont les choses qui dépendent de nous
      (Épictète) 133
    2. De ce qui nous appartient (Épictète)......... 134
    3. La liberté est en nous (Marc-Aurèle)......... 135
    4. En quoi consiste le véritable esclavage (Épictète). 136

III. — La force d'âme.............................. 137
    1. La vertu est une lutte (Épictète)............ 137
    2. A quoi sert la force d'âme (Épictète)........ 138
    3. C'est la force d'âme qui nous rend libres (Marc-
      Aurèle)..................................... 138
    4. Comment il faut tirer profit du malheur (Marc-
      Aurèle)..................................... 139
    5. L'égalité d'humeur (Marc-Aurèle)............. 139
    6. L'examen de conscience (Sénèque)............. 140

IV. — L'amour des hommes........................... 141
    1. L'humanité et la vertu (Cicéron)............. 141
    2. La solidarité humaine (Sénèque)............. 142
    3. Les esclaves sont des hommes (Sénèque)....... 143
    4. L'homme doit supporter et aimer ses semblables
      (Marc-Aurèle)............................... 145

MORALISTES MODERNES

MONTAIGNE

    1. Connais-toi toi-même........................ 147
    2. Le témoignage de la conscience.............. 147
    3. La vertu réclame l'effort................... 149
    4. De la franchise............................. 151

5. De l'amitié... 152
6. Savoir par cœur n'est pas savoir................ 154
7. Ce qu'il faut savoir.............................. 154
8. L'education libérale.............................. 155

DIX-SEPTIÈME SIÈCLE

DESCARTES

1. La philosophie................................. 157
2. Morale provisoire............................. 159
3. Le souverain bien est dans la bonne volonté.. 161
4. La générosité.................................. 162
5. La satisfaction de soi-même................... 165
6. Des diverses sortes d'amour................... 166
7. De la solidarité.............................. 168
8. De la sympathie............................... 170

PASCAL

1. Connaissance générale de l'homme.............. 171
2. Dignité de la pensée.......................... 174
3. Les trois ordres de grandeur.................. 174
4. De la pensée de l'immortalité................. 176
5. Des diverses sortes de respect................ 178
6. L'homicide.................................... 180

NICOLE

1. Fragilité de la vie........................... 186
2. Des sophismes d'amour-propre, d'intérêt et de
      passion.................................... 188
3. De l'esprit de contradiction.................. 191
4. Raison fondamentale du devoir de la civilité.. 192
5. L'orgueil..................................... 194

BOSSUET

1. La double nature de l'homme................... 197
2. Rapidité de la vie............................ 200
3. Que Dieu nous est un refuge contre l'incon-
      stance des choses humaines................. 201
4. Comment l'attention peut combattre les passions. 203
5. L'ambition................................... 206
6. L'aumône..................................... 209
7. De l'esclavage des biens de ce monde......... 214

FÉNELON

Les domestiques. Sur la conduite qu'il faut tenir à leur égard.......................... 21

LA PHILOSOPHIE MORALE AU DIX-HUITIÈME SIÈCLE

1. La conscience (ROUSSEAU)...................... 22
2. Caractère sacré et inaliénable de la liberté humaine (ROUSSEAU)....................... 22
3. De l'esclavage, 1 (RAYNAL)...................... 22
4. De l'esclavage, 2 (MONTESQUIEU)............... 22
5. La justice (VOLTAIRE)........................ 22
6. Il n'y a point de liberté sans lois (ROUSSEAU)... 23
7. Le droit naturel (VOLTAIRE)..................... 23
8. Tolérance, 1 (VOLTAIRE)....................... 23
9. Tolérance, 2 (MONTESQUIEU)..................... 23
10. Tolérance, 3 (TURGOT)......................... 24
11. La liberté du travail (TURGOT).................. 24
12. Les devoirs d'un prince (DIDEROT)............... 24
13. L'amour des hommes (D'HOLBACH)............... 24

KANT

I. — Le devoir absolu................................. 24
    1. La bonne volonté...... 24
    2. Définition du devoir......................... 25
    3. Bonheur et devoir........................... 25
    4. Pureté et majesté du devoir.................. 25
    5. Le devoir................................... 25
    6. Le ciel étoilé et la loi morale................ 25

II. — Le respect.................................... 25

III. — La personne morale.......................... 25
    1. Valeur absolue de la personne................ 25
    2. La personnalité............................. 25

IV. — Le mensonge................................. 25

V. — Les croyances nécessaires impliquées par la vie morale.. 25
    1. Liberté................................... 25
    2. Immortalité de l'âme....................... 25
    3. Existence de Dieu.......................... 25

LA PHILOSOPHIE MORALE AU DIX-NEUVIÈME SIÈCLE

I. — Humanité... 268
    1. L'amour de l'humanité (J. Simon).............. 268
    2. Développement parallèle de la sympathie et de
       l'intelligence (A. Comte)..................... 270
    3. Travail et humanité (V. Hugo)................. 273
    4. Il faut s'aimer en autrui (P. Leroux).......... 274
    5. Homo sum (Sully-Prudhomme).................. 275
    6. Du bonheur (Bersot).......................... 275
    7. Le véritable progrès (Renan).................. 278
    8. Les droits de l'esprit (Renan)................ 280
    9. La guerre (Prévost-Paradol)................. 281

II. — Solidarité... 281
    1. L'union fait la force (Lamennais)............ 281
    2. Les harmonies économiques (Bastiat)........ 284
    3. Un songe (Sully-Prudhomme).................. 287
    4. Union des âmes dans la société (Michelet).... 287
    5. La question sociale est une question morale
       (Secrétan).................................... 289
    6. Du rôle des femmes dans la société moderne
       (Quinet)...................................... 292
    7. La question féministe (Amiel)................ 293
    8. Solidarité dans la famille. Le foyer domestique
       (J. Simon).................................... 296
    9. Solidarité dans la patrie (Sully-Prudhomme)... 297
    10. Qu'est-ce qu'une nation? (Renan)............. 300
    11. La France (Michelet).... 303
    12. Solidarité dans l'humanité (Sully-Prudhomme). 304
    13. La solidarité morale dans l'individu et dans
       l'humanité (Marion).......................... 305

III. — Science et conscience............................... 308
    1. La vraie croyance (Doudan).................. 308
    2. Que la science est impuissante à fonder la vie
       morale (Darmesteter)......................... 309
    3. Science et religion (Spencer)................. 310

COURS
DE
GRAMMAIRE FRANÇAISE
rédigé conformément aux programmes

DE L'ENSEIGNEMENT PRIMAIRE SUPÉRIEUR
DE L'ENSEIGNEMENT SECONDAIRE (DIVISION B)
ET DE L'ENSEIGNEMENT SECONDAIRE DES JEUNES FILLES

PAR

A. BRACHET | **J. DUSSOUCHET**

Lauréat de l'Académie française et de | Agrégé des classes de grammaire
l'Académie des Inscriptions | Professeur au lycée Henri IV

Grammaire française complète, comprenant, outre la grammaire proprement dite, une syntaxe complète, une histoire de la langue, des notions d'étymologie usuelle et de prosodie. 1 vol. in-16, cartonnage toile . . . . **2 fr.**

Exercices sur la Grammaire française complète. 1 volume in-16, cartonnage toile. . . . . **1 fr. 80 c.**

LIVRE DU MAITRE. Corrigés des Exercices sur la Grammaire française complète, et Exercices complémentaires avec Corrigés. 1 volume in-16, cartonnage toile. . . . . **3 fr.**

Grammaire française abrégée, Théorie et Exercices. 1 volume in-16, cartonnage toile. . . . . **1 fr. 80 c.**

LIVRE DU MAITRE. Corrigés des Exercices sur la Grammaire française abrégée, et Exercices complémentaires avec Corrigés. 1 vol. in-16, cartonnage toile. . . . . **3 fr.**

MORCEAUX CHOISIS
D'AUTEURS FRANÇAIS
CLASSIQUES ET CONTEMPORAINS
à l'usage de l'enseignement secondaire
(Division B)

AVEC DES NOTICES ET DES NOTES

PAR

M. ALBERT CAHEN
PROFESSEUR DE RHÉTORIQUE AU LYCÉE LOUIS-LE-GRAND

Classes de Sixième, Cinquième, Quatrième et Troisième. 1 vol. in-16, cart. toile. . . . . **4 fr.**

Classes supérieures (*Troisième, Seconde et Première*). 2 vol. in-16, cartonnage toile. . . . . **7 fr. 50**

Prose. 1 volume. . . . . **4 fr. »**

Poésie. 1 volume. . . . . **3 fr. 50**

G. LANSON
Professeur à la Faculté des lettres de Paris

HISTOIRE
DE LA
LITTÉRATURE FRANÇAISE
DEPUIS SES ORIGINES JUSQU'A NOS JOURS

Huitième édition revue et corrigée

1 volume in-16, broché. . . 4 fr.   Cartonné toile. . 4 fr. 50

Cette nouvelle *Histoire de la Littérature française*, sans diminuer la place due aux seizième, dix-septième et dix-huitième siècles, contient une étude approfondie des œuvres littéraires du moyen âge et présente, pour la première fois, un tableau complet du dix-neuvième siècle. On y suivra le développement de la littérature française depuis les origines jusqu'à la plus présente actualité. Les principaux tempéraments d'écrivains sont définis en leur individualité en même temps que l'enchaînement des œuvres est marqué dans l'évolution continue des genres; des *tableaux chronologiques* rendent sensibles tous les accidents de cette évolution. Ce livre sera d'un bon secours pour les élèves de lycées et les étudiants des Facultés qui ont des examens à préparer; mais il est destiné aussi à faire de l'étude de la Littérature française un instrument de culture intellectuelle et morale. L'auteur a voulu donner le goût de lire et non les moyens de ne pas lire les chefs-d'œuvre de notre littérature. Une *bibliographie* succincte et substantielle, faisant connaître les principales éditions et les principaux ouvrages à consulter pour chaque auteur, aidera le lecteur à pousser ses lectures et son étude aussi loin que sa curiosité l'y portera.

Du même auteur.

CONSEILS SUR L'ART D'ÉCRIRE, principes de composition et de style. 1 vol. in-16, cart. toile. . . . . . 2 fr. 50

ÉTUDES PRATIQUES DE COMPOSITION FRANÇAISE, sujets préparés et commentés pour servir de complément aux *Conseils sur l'art d'écrire*. 1 vol. in-16, cart. toile.   2 fr.